社会计算的基本方法与应用

王飞跃　李晓晨　毛文吉　王　涛　著

ZHEJIANG UNIVERSITY PRESS
浙江大学出版社

图书在版编目（CIP）数据

社会计算的基本方法与应用 / 王飞跃等著. —杭州：
浙江大学出版社，2012.12(2024.1重印)
ISBN 978-7-308-11200-0

Ⅰ. ①社… Ⅱ. ①王… Ⅲ. ①计算机应用－社会科学
－计算－研究 Ⅳ. ①C32

中国版本图书馆 CIP 数据核字（2013）第 029433 号

社会计算的基本方法与应用

王飞跃　李晓晨　毛文吉　王　涛　著

丛书策划	许佳颖
责任编辑	许佳颖　王元新
封面设计	俞亚彤
出版发行	浙江大学出版社
	（杭州市天目山路 148 号　邮政编码 310007）
	（网址：http://www.zjupress.com）
排　　版	杭州中大图文设计有限公司
印　　刷	广东虎彩云印刷有限公司绍兴分公司
开　　本	710mm×1000mm　1/16
印　　张	17.5
字　　数	282 千
版 印 次	2013 年 5 月第 2 版　2024 年 1 月第 4 次印刷
书　　号	ISBN 978-7-308-11200-0
定　　价	69.00 元

前　言

　　本书是我们团队出版的第一部关于社会计算的专著，是团队成员十余年来不懈追求与探索的结果。借此机会，我谨从个人角度就"社会计算"这一新兴交叉学科的发展，做一简要回顾。

　　自己关于社会计算的想法，源自对计算实验的认识，而对计算实验的想法又源自20世纪80年代初在浙江大学力学系读硕士研究生的经历。当时我的专业是断裂力学，导师为王仁东教授。王教授十分强调研究的试验环节，然而，30年前断裂力学的试验成本相对较高，而且非常费时，就是一次最普通的微裂纹扩展拉伸压缩的试验，往往也需要几个月的时间。可我最初选择的微裂纹下材料疲劳寿命的概率可靠性研究，按要求至少需要进行上百次这种试验方能得到有意义的结论，这几乎是不可能实施的。无奈之下，我提出了结合物理试验和数学模型的"计算实验"设想，希望以此在短时间里低成本地完成实验要求，并写了一个简单的建议呈给导师（此建议原稿一直保留，后收录于2004年我的力学论文集《弹性力学与板壳理论研究》之中）。后来，由于导师因病去世，我不得不从断裂力学转入计算力学，后又改为从事板壳和弹性理论的研究。完成硕士学业后，计算实验的想法也就不了了之。

　　回想起来，我能够从30年前的纯工程性理论研究转到今天的社会科学与计算方法结合的交叉领域，硕士学习结束时读的一本书起了很大的作用，这就是库恩的《科学革命的结构》。这是我硕士论文答辩后读过的第一本书。库恩所揭示的学人的作用、范式的转移，再加上格式塔心理学的影响，让我感觉到科学研究不再是理想中科学家探索真理的纯净过程，而似乎是一部大师们借助真理制造范式，利用个人、学术、政治及社会许多过去的影响，创造、领导科学潮流的历史。库恩对我的冲击，是感性非哲学的，就是自幼想象中罩在"科学"二字上面的"神圣"光环突然消失，再也找不回以前那种说不清、道不明的科学"神圣"感。我开始感到，许多过去认为是客观的物理定律在发现时也有很大的主观成分影响，科学的研究也是诸多研究中的一种，而献身于科学也不过是诸多献身中的一类。库恩的书，最终促使我从理论研究工作转向工程研发及其应用，也使得我重新认识文学、历史、社会学，甚至世俗的人际关系学。就是这些感性的想法，引导我开始大量地阅读经济与社会科学方向的书籍,最终有了今天的境况。

我攻读博士的专业是计算机和系统工程,而我博士毕业后做的第一件事却是申请再读经济学的博士,被拒后无奈才去了亚利桑那大学教书。20世纪90年代初,在我的第一位来自国内的研究生的鼓动之下,我开始了Day Trader的股票交易尝试。没想到,七年多"疯狂"般的交易,没有把我引上金融之道,但短时间内必须阅读大量经济、社会、政治、新闻等材料并实时决策的经历,却将自己引入了语言动力学(Linguistic Dynamic Systems, LDS)和情报与安全信息学(Intelligence and Security Informatics, ISI)的新兴研究领域。这段磨炼,对于我今天的研究至关重要,是我能够进入社会计算等交叉领域的物理和精神基础。

这段时期,我得益于与亚利桑那大学商学院的陈炘君教授(Hsin-chun Chen)和社会科学学院的史蒂夫·兰森(J. Stephen Lansing)教授的交流与合作。炘君是ISI的主要创始者,而史蒂夫是自然、人和社会交叉研究的世界领军学者。特别是后来史蒂夫和亚利桑那大学的其他几位研究人类社会学的同事,去圣塔菲研究所(Santa Fe Institute, SFI)分别担任研究员和管理者后,又给了我同SFI研究复杂性的许多著名学者交流与学习的机会,其中花旗银行Arthur博士关于人工股市的研究引起了我很大的共鸣,也使我对自然科学、工程技术与社会科学的交叉有了更加深刻的认识。1999年,我在亚利桑那大学领衔成立复杂系统高等研究中心(The Program for Advanced Research in Complex Systems, PARCS)就是这些合作交流的直接结果。十分巧合的是,刚一回国,中国科学院自动化研究所的戴汝为院士也正有成立复杂性研究机构的设想,后来就演变成于2000年在中国科学院自动化所成立的"系统复杂性研究中心",戴老师亲自担任首任主任,我是副主任。当时中心确立的主要方向之一就是经济、社会,特别是人口复杂系统的研究。

然而,促使我明确提出"社会计算"这一名词的直接原因是发生在2003年的三件事。一是美国"9·11"事件后,西方各国对反恐情报研究极为重视,陈炘君教授择机倡议召开ISI研讨会。第一届会议就在亚利桑那大学召开,除美国国家基金会NSF之外,美国中央情报局CIA、联邦调查局FBI,还有国防部等情报机构皆派人参加,作报告并提供资助。2004年,又在图森召开了第二届会议,情况与上一届基本一样。然而,对于情报二字,当时心里总有顾虑,内心不希望自己的名字与"情报"一词联系起来,加上会议又涉及许多情报机构的专业人士,就更加担心了。而且,会议上交流的论文大多专注于计算方法的应用,使我感到了ISI还缺少真正的科学内涵和自己的方法体系。因此,我希望能用一个新的角度来审视 ISI。这些考虑，是我提出"社会计算"的主要原因，目的就是要使情报研究进一步"中性"，使社会舆情的分析等也成为其主要的内容之一。2005 年，我与炘君合力，终于把 ISI 发展成 IEEE 的国际会议，而社会计算也成了会议的主题之一。二是 2003 年和 2004 年参加了中国科学院组织的几次关于建立科学发展观理论体系的内部讨论会，使我更加明确了以人工社会对社会问题进行建模，将计算机作为社会实验室进行试验，再把人工社会与实际社会并举互动，实现平行执行管理与控制的思路。这一认识是我研究断裂力学时计算实验想法的扩展，也是自适应控制方法的发展，一定意义上缓解了因科学发展观问题一般无法做实验所导致的根本性矛盾。这就是后来的 ACP（人工系统＋计算实验＋平行执行）方法，当时得到了许多与会领导和学者的共鸣与支持。三是当时中国科学院复杂系统与智能科学重点实验室未来发展方向的迫切需要。2003 年初，我代表实验室首次参加了科技部组织的每五年一次的工程类国家重点实验室评估，评审专家纷纷认为实验室定位不清，不知"复杂系统"是什么，质疑我们研究了"复杂科学"的哪些问题，而且认为我们哲学讨论多，具体方法少。苦思数月并与室内多位研究人员，特别是与戴汝为院士讨论之后，我们最终认定 ACP 是一个方向，而复杂社会问题是一个突破口。当时，我与戴老师正参加由国家计划生育委员会组织，蒋正华、宋健和徐匡迪等领导和学者主持的国家人口发展战略的重大研究项目，因此提出了与计划生育委员会合作建立社会计算实验平台的建议，并与蒋正华和戴汝为两位老师撰写了一篇利用人工人口系统进行复杂人口问题研究的文章。2003 年，我完成了"从一无所有到万象所归：人工社会与复杂系统研究"一文，投《科学时报》，呼吁大家关注这一研究方向。由于初稿过长，不适于报纸上发表，修改后还是太长，最后只好变相作为"广告"性质的文章于 2004 年春发表。在这篇文章中，我首次提出"计算社会学"的名词和概念，显然是受到过去从事计算力学工作的影响。在此文的影响下，我们开始组织人员撰写基于人工交通系统研究城市交通堵塞问题的"973 计划"立项书，并于次年在上海召开首届人工交通系统研讨会，主要就是讨论"973 计划"的立项问题。

"社会计算"一词和 ACP 方法的正式提出是在 2004 年，相关文章可见本书附表 2 所列的目录，分别发表在我自己创办、后由周孟初教授主编的国际智能控制与系统杂志（*International Journal of Intelligent Control and Systems*，IJICS）和几份中文期刊上。不用"计算社会学"而用"社会计算"，是为了消除有些从事计算研究的科研人员的顾虑，因为他们可能不希望涉入社会科学的研究，而"社会计算"一词比较中性，更容易被看成是关于一类计算方法的研究。2005年春,正值中科院信息技术学部和技术学部在河南省南阳市联合举办《科学·技术·人文》论坛,我受邀做了《社会计算:科学·技术·人文》的报告,这是自己关于社会计算的首次正式报告。之后,《科学时报》(现《中国科学报》)又组织了华中科技大学原校长杨叔子院士与自己的一次访谈,给了我又一次通过报纸宣传社会计算的机会。

在此之前,当我与学生一起上网查询时,不论是百度还是谷歌,都没有中文"社会计算"作为一个研究术语出现的情况,但英文"Social Computing"一词早在1994年就有人用过。这曾一度使我十分沮丧,但找来原文一查,发现文中虽用了"Social Computing"一词,可一开头就解释"Social Computing"是"Social Software",即社会软件之意,如电子邮件、计算机支持的协作CSCW等,并不是我们所指的"社会计算",即广义而言的"面向社会科学的计算理论和方法",狭义而言的"面向社会活动、社会过程、社会组织及其作用和效应的计算理论和方法"。这一发现,使我释然,最后决定还是以"社会计算"而非"计算社会学"来命名这一新的研究领域。

为什么提倡社会计算研究呢?

以农业时代向工业时代过渡为例。工业时代中的各种"人造过程",如现代工厂里的各种物理化学反应过程,其实在农业时代里都存在,但却是自然的过程,其强度、速度或规模一般都比较小,一旦大了,有的就是"自然灾害"了。"人造"自然过程的强度、速度和规模要求我们必须以工业化的生产方式进行管理,因此过程控制系统(PCS)、集散控制系统(DCS)和企业资源规划(ERP)系统等,都成了当今工业时代必不可少的"人造过程"。因为再按过去农业时代的方式进行生产管理,就会产生"人造"自然过程的爆炸、起火、污染和资源的浪费,而新的工业化管理的基础就是现代物理学和其他现代科学。

目前,我们的社会正从工业时代向智业或知业时代过渡。由于因特网、社会媒体,特别是微博等的出现,催生了许多"人工过程",如人肉搜索、团购、"秒杀"等。其实,这些社会现象过去都有,但在无网络的时代,这些过程的速度、强度、规模和影响力往往很小,一旦大了就可能是"社会动乱"。可以预见,未来的"人工"社会过程之强度、速度和规模将要求我们必须以科学化的社会管理方式来治理社会,所以未来的社会过程控制(SPC)系统、集散社会管理(DSM)系统和社会资源规划(SRP)系统等,将变得必不可少。因为再按过去的方式管理社会,"人工"社会过程的"爆炸"、"起火"、"污染"和资源的"浪费"将不可避免。

而实现科学化的社会管理,落实"科学发展观",保障"可持续和谐社会"的基础就是社会科学真正的"现代化",从定性走向定量,从离线走向在线,从时滞走向实时,其核心就是社会计算方法或计算社会科学。一句话,社会系统本身已光速化、量子化了,社会科学也必须像百年前发生的物理科学革命那样,实现"量子化"、"光速化"、计算化。

所以,我们要研究并普及社会计算。

2006年,借成立国际计算机协会ACM北京分会和ISI国际合作团队评审的机会,我们在北京组织了第一次关于社会计算的研讨会,即"ACM Workshop on Societal Security and Computing",同时申请香山会议,即后来的2007年第299届香山会议"社会计算的基础理论和应用"。之后在国内外,我们团队首先于2008年举办了IEEE Social Computing Workshop(SoCo)和中国科协学术沙龙"社会计算——社会能计算吗?"。2009年,由来实验室寻求合作的Justin Zhan博士推动并启动了IEEE International Conference on Social Computing和中国首届社会计算会议。此外,我们团队还于2006年和2007年与《中国计算机学会通讯》和《IEEE智能系统》合作组织了中外最初的新意义下的社会计算专刊。

在美国,除社会软件的Social Computing研讨会,第一次真正意义下的相关会议是2007年底哈佛大学举行的"计算社会科学"研讨会。我曾被邀参加此次研讨会,可惜因为当年10月刚去波士顿参加了IEEE TAB会议并顺访了哈佛大学,无精力于12月再回去,故与此次会议失之交臂。2008年,美国空军等资助在亚利桑那州举行了"社会计算、行为建模和预测"的研讨会,同年还有海军资助的"社会计算与文化建模"的研讨会。2009年,美国《科学》杂志发表了哈佛研讨会的总结,大大地促进了计算社会学或社会计算的研究。同年,应美国海军全球研究办公室之邀,我去泰国,在第二届国际"社会计算与文化建模"研讨会上做了关于人肉搜索及网民社会运动群体(CeSMO)的主题报告。现在,社会计算已成为一个全球化的研究热点。

过去,总有人问我什么是社会计算。现在,很少有人再问我这个问题了。但我却要说,要十分明确地说清楚何谓社会计算非常不易,因为这是一个发展十分迅猛的新领域。

不管怎样,从文献而言,"社会计算"一词新在中文,旧在英文,但新意义下真正明确的社会计算研究源于中国。对此,我十分欢迎大家提供相关的反例。

值得高兴的是,在中国科学院研究生院(即今天的中国科学院大学,简称国科大)的大力支持下,社会计算已于 2012 年成为跨"控制科学与工程"、"计算机科学与技术"和"管理科学与工程"三个一级学科的交叉学科,学科代码为"99J2",拥有博士和硕士学位授予权,学位培养工作已依托国科大和中国科学院自动化研究所展开。本书的撰写,正是因为社会计算研究生培养的迫切需要。需要说明的是,在本书的基础上,我们还正在组织《社会信息处理》和《社会行为建模与管理》的撰写工作。

社会计算是一门年轻的交叉学科,其发展成熟还需要一段较长的时间,特别是近年兴起的解析学(Analytics)、大数据以及社会制造等的研究,无疑将给社会计算带来新的冲击。因此,实际上目前并不是撰写一本完整且稳定的社会计算专著的成熟时机。本书主要是我们团队近十年研究工作的一个阶段性的概括性总结。由于时间限制,书中的内容选择和安排不尽理想,文字处理更非精细,这些问题希望在今后的版本中作进一步改善。显然,本书只能起到抛砖引玉的作用,希望更多的学者和学生都参与到这一领域,出版更高水平的专著,促进社会计算的深入发展与广泛应用。

在此,我谨向在社会计算研究起步时给予我极大支持的陈炘君教授、Steve Lansing 教授、Jim Hendler 教授、戴汝为院士、吴宏鑫院士、张钹院士、陈国良院士、陆汝钤院士、李国杰院士、郑南宁院士,以及 Wendy Hall 和 Tim Berners-Lee 等教授表示衷心的感谢。曾大军教授虽然因时间的原因没有参加本书的写作,但他为社会计算学科的成长付出了很多心血和努力,在此深表感谢。在过去的八年时间里,我们团队培养了十余名社会计算领域的博士和硕士研究生,相应的成果形成了目前研究和应用工作的核心与基础,特别是我从他(她)们身上也学到了许多新的知识。实际上,我们许多在读和毕业的研究生都为本书的完成作出了贡献,书中一些内容还引用了部分学生的论文及项目成果,在此深表感谢。需要特别致谢的是陈伟运、罗川、张清鹏、张长利、王友忠、苏鹏、谭章文、曾轲、王晓等。同时,衷心感谢科技部、国家自然科学基金委、中国科学院长期以来给予的大力支持!

最后,感谢浙江大学出版社陈晓嘉、许佳颖老师在本书出版过程中所给予的大力帮助。

王飞跃
2012 年 12 月于北京中关村

目　录

2

3

5

引 言

随着互联网技术的发展、计算资源和移动设备可获取性的增长、富媒体内容的普及以及随后的社会经济文化变迁,当代信息社会条件下的社会问题日益呈现出动态性、快速性、开放性、交互性和数据海量化等特点,使得社会计算作为社会科学、管理科学与计算科学等的新兴交叉学科应运而生并迅速发展,成为处理网络化复杂社会系统的建模、分析、管理和控制等问题的有力方法和手段。

1.1 社会计算的研究背景

各种迹象表明,继物理计算和生物计算之后,社会计算可能成为科学计算研发的新焦点,并产生新的方向和领域(王飞跃,2006)。形成这一趋势的最根本性原因就是互联网的出现及其在社会各个层面和角落的不断深入与普及。每时每刻,世界各地数亿人游历于网上,工作和生活于真实的"虚"空间里,这一事实本身就是人类发展历史上的一个奇迹。而且,按照互联网研发先驱者的思路,这一奇迹也是一场规模空前的"社会计算"。虽然目前还很难预测互联网对人类生活的最终影响是什么,但可以肯定,人与人之间正在建立一种新型的"远程"社会关系,即从面对面的传统交流到数字操纵的网络交往,而这必将深刻地改变我们已有的社会模式。而且,随着基于网络的行为的不断演化和发展,其隐性的后果将是深远的,必将深刻影响未来人们的交往方式、相互关系,以及社会的组织形式和活动机制。

在网络化社会的背景下,网上社会团体的组织及其影响的形成已变得非常容易,而且其动态变化更快、更难以预测,其组织形式也更广泛、更深不可测。正是基于这一背景,使得社会计算成为社会管理与发展必须面对且必不可少的科学工具,社会计算成为信息工作者必须面对的一个新的重要领域。

例如,网络化社会的社会安全就是一个越来越突出的问题。不仅普通人在生活和工作中利用网络,恐怖和犯罪组织也在利用网络。正如原子弹的出现改变了现代战争的概念一样,互联网的发展也深刻地改变着人们关于社会治安的传统概念。原子弹的威力在于其残酷程度极高,杀伤范围极广,完成破坏的时间极短,机动能力极强;同原子弹类似,通过网络发送危害社会的信息也具有成本代价极低、影响范围极广、完成时间极短、机动能力极强的特点。目前已发生的网络现象,从计算机病毒的传播,到普通人通过在网上的怪异行为而一夜成为"名人",都说明网络社会的发展态势及其影响不容忽视。目前,这些网络现象还可以被看成是社会的"良性"肿瘤,但我们必须利用人文社会知识,深入进行关于数字网络化社会状态及其动态趋势的研究,为应付将来网络上可能出现的危害性更大、更广的"恶性"社会肿瘤做好准备。社会计算必将成为解决此类重大问题的关键技术之一。

1.2 社会计算的历史和发展

布什(Bush)、里克利德(Licklider)和恩格尔巴特(Englebart)是公认的互联网的主要先驱者,其中布什和里克利德还被认为是催生互联网的第一、二号人物。尽管这三位学者都没有亲自参与创立和发展现代互联网和万维网,但他们的思想和远见是后来许多互联网和万维网技术发明的源泉,而且目前的技术只是实现他们想法的开端,还有许多更有意义的设想目前没有实现。对本书而言,更重要的是介绍他们的人文思想和与社会计算相关的远见。

布什是现代科学史上的一位传奇性人物。第二次世界大战之前,布什作为美国麻省理工学院的一名研究人员,负责模拟计算机的研制。第二次世界大战时,他是卡内基梅隆大学的前身——卡内基学院的院长。美国参战之后，他向罗斯福总统建议将科学家组织起来参加战时的军事研究，并成为国家国防研究委员会与后来的科学研究和发展局的负责人，协调指挥 6000 多名科学家从事军事研发，其中最著名的项目就是曼哈顿计划。第二次世界大战末期，布什提交了一份给美国总统的著名报告《科学：无边的新领域》(*Science：The Endless Frontier*)，建议了后来成立的国家科学基金会(NSF)和国防部先进研究项目署(ARPA，也就是目前的 DARPA，直接组织了互联网的前身——阿帕网的实施)。

布什的工作为包括阿帕网在内的许多"Big Science"项目创造了条件。但布什的直接影响是他于 1945 年发表的科技散文《随便我们想》(*As We May Think*)，特别是文中提出的通过关联加强人记忆能力的装置"Memex"，被认为是个人计算机的原始模型。正是读了布什的散文，鼠标的发明人恩格尔巴特才意识到利用计算机来管理信息在处理数字之外的无比潜力。后来，恩格尔巴特在里克利德的支持下，直接参与了阿帕网的实施。此外，超文本(Hypertext)的主要发明人纳尔逊(Nelson)也把他的工作归功于布什散文的启示。个人计算机的出现被看成是"Memex"的一种简化，而万维网被看成是其初级实现方式，现在流行的博客更能从布什的散文中看到影子。

尽管布什散文中的许多想法已在不同程度上得到了实现，但它所蕴含的宏大图景，即社会计算或计算的社会化，目前只能说是"初露端倪"，而且还没有被信息工作者充分认识和重视。虽然布什没有明确提出"社会计算"一词，但他散文的主要动机和思路都是围绕着以下三点展开的：①个人计算的集成化；②群体计算的可能性和重要性；③历史性计算的可能性和重要性。而如果把"集成深度计算"、"群体广度计算"和"历史经验计算"综合起来，恰恰揭示了社会计算的内涵。

提出社会计算概念的一个客观依据是：我们实际上可以把传统的限于语言层次和静态的知识，不管是书本上还是社会上、解析型还是经验型、历史的还是现实的，都数字化、网络化和动态化，并用于各种复杂社会问题的建模、分析和决策支持，而这也是布什的主要动机与目的。既然大家都公认布什的散文是催生互联网的原始动因，社会计算的思想是他写作散文的动力，那么我们也可以说，社会计算是互联网产生的原始动机。

里克利德和恩格尔巴特的工作，以及今天互联网所带来的现实，或许能使我们认识到社会计算也将是互联网所导致的必然结果。同布什一样,里克利德对互联网的贡献也是思想性的。1960 年,里克利德开展了开创性的工作"人机合作(Man-Computer Symbiosis)";1962 年,他应邀加入 ARPA,主管行为科学、命令与控制两个部门,开始为实施阿帕网铺路。1968 年,里克利德和泰勒(Taylor)合作发表了题为 *The Computer as a Communication Device* 的科普性文章,以散文和卡通的形式勾画出了阿帕网和互联网的基本结构、原理、协议和过程。除了这些重大思路之外,里克利德还提出了 JAVA 式网络软件思想和"未来图书馆"、分时系统以及类似于万维网的"预先认知系统(Procognitive System)"的设想。他认为,计算机及其网络就是一种可建模的可塑或可铸介质,一种"前提可流成结论"的动态介质,最重要的是,一种大家都可以贡献并试验的公共介质。显然,里克利德的这些思想,是实现社会计算功能的基础和保障。

里克利德从人与人、人与机、人与物理和精神实体的互动角度,隐含地阐明了社会计算的意义和实现途径。恩格尔巴特则进一步发挥,从人的智力扩展的角度作了更为深刻、具体的说明。他在 1962 年完成了给 ARPA 的著名报告《增强人类智慧:一个概念架构》(*Augmenting Human Intellect: A Conceptual Framework*)。他在报告中指出,必须在所有计算技术的进展中融入心理和组织发展学,进而提出涉及社会计算核心的"人工物品与社会文化语言活动共同演化"的概念。从鼠标的发明、第一个超文本系统 NLS(oNLine System)的成功开发,到以 NLS 为基础在里克利德的领导下参与阿帕网的实施、提出建立国家信息中心的设想,恩格尔巴特的一生都在为实现他理想中的计算模式而努力。他后期的许多工作,如超媒体、多窗口、文件版本控制、计算机辅助会议系统、分布式客户服务器结构、开放超文件系统等,都已成为今天社会软件的基础,并得到广泛的应用。有理由相信,这些成果也会是下一步社会计算的基石。

回顾和反思布什、里克利德和恩格尔巴特的工作,他们的思路和远见可以使我们全面地理解社会计算与互联网发展之间的内在关系,进一步体会社会计算的意义和作用,更清楚地认识社会计算在未来信息和知识社会中的地位和功能。

近年来,社会计算已引起国内外学术界的高度重视。尽管英文中"Social Computing"一词早已出现(Schuler,1994),但其内涵多指某一类具有单纯功能的"社会软件(Social Software)",如电子邮件系统或其他计算机支持协同工作软件(Computer Supported Cooperative Work,

CSCW)的应用。基于面向社会活动、社会结构、事物发生发展过程、社会组织及其有关系统、社会功能、传播效能等的社会计算的概念,始于我国学者对信息技术与互联网的飞速发展及网络社会化趋势的深刻思考。2004 年,王飞跃率先提出了计算社会学和计算社会经济学的概念,并给出了基于复杂系统方法进行社会计算研究的基本框架(Wang,2004;王飞跃,2004b)。在此基础上,王飞跃及其团队开展了着眼于更广泛领域的社会计算方法的研究与应用。

社会计算旨在架起社会科学和计算技术间的桥梁,从基础理论、实验手段及领域应用等各个层面突破社会科学与计算科学交叉借鉴的困难(王飞跃,2005a;王飞跃,2005c)。2007 年 4 月,国内学者在北京组织了以"社会计算的基础理论和应用"为主题的香山科学会议(戴汝为,王飞跃等,2007);此后,国际上也开始关注这方面的研究。2007 年底,美国哈佛大学举办了计算社会学研讨会;2008 年 4 月,美国军方在亚利桑那州立大学举办了社会计算、行为建模和预测国际研讨会。2009 年 2 月,Science 杂志发表了计算社会学文章(Lazer,Pentland et al.,2009),阐述了利用网络数据研究群体社会行为及其演化规律。自此,计算科学和社会科学的交叉融合逐渐成为国际瞩目的前沿研究和应用热点。之后,Science 杂志又相继发表了多篇与社会计算相关的论文(Vespignani,2009;Centola,2010;Mucha,Richardson et al.,2010),信息科学领域的国内外多个学术期刊也纷纷出版专刊,介绍与社会计算密切相关的社会学习、社会媒体分析、社会与经济计算等领域的发展情况(Yang,Liu et al.,2010;Zeng,Hsinchun et al.,2010;Mao,Tuzhilin et al.,2011)。

5

作为计算科学与社会科学等的交叉融合科学,社会计算可以从两个方面来认识(王飞跃,2006;Wang,Carley et al.,2007;王飞跃,2012)。一方面,侧重信息技术在社会活动中的应用,这一角度主要关注社会软件的技术层面,且已有较长的历史;另一方面,侧重社会知识在信息技术中的嵌入和使用,以提高、评估和控制社会活动的效益与水平。近年来刚刚兴起,涉及社会、经济和工程等领域的诸多重大问题研究,其核心是以人和社会为表征的建模、实验与分析评估,其主要方法是社会科学、计算科学、管理科学等多学科的交叉融合。

后一方面认识的萌芽出现在十几年前,当时的东欧社会变革促使美国兰德公司(RAND Corporation)研究人员提出"人工社会"的概念,以便研究信息设施对社会与文化,特别是"封闭"社会与文化的冲击和影响。可以认为，这是社会计算向面对真实社会问题转化的开始。十几年前的"9·11"恐怖事件催生了亚利桑那大学研究人员发起"情报与安全信息学"的研究。虽然这些工作都没有明确提及社会计算这一概念，但却极大地推动了对社会计算的新认识。

兰德公司研究人员在其关于人工社会的报告中指出：在下几个年代里，最重要的政策制定将发生在信息技术与社会变化的交界处。政府应当寻求各种控制或利用信息技术对社会影响的政策。然而，目前我们关于信息技术对不同文化、不同社会结构的影响的了解，不足以确保制定出正确的政策。利用人工社会研究信息技术对不同文化群体和不同社会结构的影响与冲击，正是兰德公司研究人员提出人工社会方法的动机。在此基础上，可以把计算机作为各类社会实验室，对不同的政策进行试验评估，从而了解各类信息技术和基础信息设施对社会的影响。兰德公司研究人员认为，人工社会的研究应是一项长期的任务，应成为社会和政府功能整体的一部分，应成为社会理论发展和未来政策制定的基础。

激发兰德公司研究人员提出这一研究报告的主要原因是，信息技术在 20 世纪 80 年代末东欧各国发生的一系列政治事件中所发挥的关键作用。这些事件表明：信息技术对"封闭社会"的影响巨大，已引发（或更直接地煽动起）根本性的政治权利的转移。而且，在可以预见的将来，在能够规划的最远处，没有其他的东西能够比信息技术的发展和应用更快地改变世界，就连人口和生态的趋势也不能如此深刻而迅速地改变世界。今天，信息技术已有了巨大的发展，但兰德报告中所提到的许多问题依然存在，因此还必须进一步研究信息技术对社会的影响。

促进这种社会计算认识的另一个重大原因是国际恐怖事件，包括美国的"9·11"、西班牙的"3·11"、英国的"7·7"。自"9·11"事件之后，世界各国，特别是美国和西欧国家，都扩大和加速开展了有关社会安全方面的科学研究。2002 年，美国白宫颁布了"国土安全的国家战略"报告；同年，美国国家研究委员会（NRC）公布了"使国家更安全：科学和技术在反恐中的角色"的报告；次年，美国国家科学基金会（NSF）宣布，强制性资助在信息技术及安全策略方向所展开的有关中长期国家安全的研究。在此背景下，美国在 2003 年率先提出"情报与安全信息学"的概念，并于 2003 年和 2004 年由 NSF 和情报与安全机构资助召开了两次 ISI 国际研讨会议。2005 年始，IEEE 与 NSF 合办了 IEEE ISI 国际年会。ISI 研究只是将新型计算方法和手段应用于社会问题的一个具体例子。种种迹象表明,随着数字化和网络化的不断普及深入,各类社会问题的数量化和实时化分析变得日益迫切和重要;国际上大型计算方法的研究和应用已从传统的科学计算、热门的生命或生物计算,扩展到社会计算,即以计算手段研究习惯上被认为是政治社会学领域中的定性问题,形成了计算研究与应用的新焦点。

1.3　社会计算的研究方法

从社会人文的角度研究社会计算问题,是一项困难而有意义的工作。这方面的工作与复杂系统的研究密不可分,下面将讨论如何借鉴复杂系统已有的研究成果,特别是复杂系统建模、分析评估与决策的计算理论,建立社会计算的理论框架体系(王飞跃,2006;Wang,2010;Wang,2011;Wang,2012)。

社会计算不可避免地涉及关于人与社会及其相关人文知识的系统,而相对于有限资源,在本质上,无法对社会计算系统通过独立分析其各部分的行为来确定其整体行为,也不能在大时间和空间范围内预先确定其行为。因此,需采用整体论而不是还原论来研究社会计算问题;可能性而不是确定性,应成为社会计算研究的主要特征。同时,必须考虑将"主观性的倾向"引入社会计算,正视这方面研究的主观性和心理作用。所以,在研究复杂社会计算问题时,应当认识到:①必须采用整体论的观点考虑问题;②复杂社会计算问题不存在"一劳永逸"的解决方案;③社会计算问题不存在一般意义下的最优解,更不存在唯一的最优解,应当接受有效解决方案的概念。基于此,应当在"不断探索和改善"的原则下,寻求社会计算问题的有效解决方案。这一思路与基于经验的"摸着石头过河"解决复杂社会问题的方法异曲同工,其任务是使社会计算研究更加科学化、系统化和综合化,进而在"不断探索和改善"的原则下,利用人工系统、计算实验、平行系统等方法和理论,结合从定性到定量的综合集成方法和并行分布式高性能计算技术,建立社会计算研究的理论和方法体系。

与人工社会、计算实验和平行系统相对应的哲学与科学基础是社会物理学、社会心理学和社会计算学,而这三种理论又可以根据波普尔关于现实由三个世界组成的思想进行解释。波普尔认为,现实世界由物理世界1、心理世界2和人工物品的世界3构成,这三个世界又可称为客观世界、主观世界和人工世界。在此基础上进一步深入,形成自成体系的理论,使实验、观察、演绎、证伪等成为可能,使社会计算和复杂系统理论"科学"化。对于前两个世界,人们没有异议,但人工世界并没有成为一个被普遍接受的观念。一般认为,人工世界由以下三部分组成:世界3.1——已在物理上实现的人工对象;世界3.2——已在心理上认识的人工对象;世界3.3——人工世界中未知的对象。

从实用角度,可以认为社会物理学、社会心理学和社会计算学是世界3的产物,分别对应世界3.1、3.2和3.3,而且彼此之间有相当的重叠。这一认识可使我们更加放开地利用人工社会的模型,以计算机作为实验手段,在人工世界里对涉及社会计算的假说进行检验和论证,演绎性地对其"科学"性进行界定。在此基础上,可以给出图1.1所示的社会计算理论方法框架。

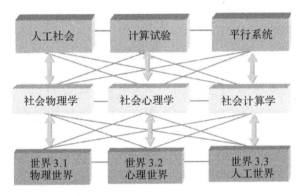

图1.1 社会计算理论方法框架

1.3.1 基于人工系统的社会计算建模方法

对于许多复杂系统,特别是涉及社会与人的复杂系统,迄今为止,还无法建立准确描述其行为的有效方法和模型。基于人工社会的人工系统方法,是目前这方面的一个有意义的尝试。采用这一方法对社会计算所涉及的复杂问题进行建模时,不再完全以逼近某一实际复杂系统的程度作为唯一标准,而是把模型也认为是一种"现实",是实际复杂系统的一种可能的代替形式或另一种可能的实现方式;而实际系统只是可能出现的现实中的一种,其行为与模型的行为"不同",但却"等价"。这就是利用人工系统研究社会计算问题的思想基础。

人工系统方法并不排除逼近客观系统,许多实际应用,仍是我们追求的目标。行为"等价"的思想,是在极端或不可能的情况下退而求其次的折中方案。目前,人工系统建模的核心方法是基于代理的描述,主要由三部分组成,即代理、环境和规则。代理即人工社会中的"人"和物,具有自己的内部状态、行为规则,并可以随着时间、交流和外部世界的变化而变化。环境或空间是代理赖以生存的地方,是它们"生命"的舞台,可以是实际的物理环境,也可以是虚拟的数学或计算机过程,一般表达为由代理活动的场所所形成的网格。规则是代理、场所本身,是代理之间、场所之间、代理与场所之间"行事处世"的准则和步骤,包括从简单的代理活动规则,到复杂的文化、战争和贸易等规则。

1.3.2 计算实验与社会计算的分析与评估

目前研究社会计算问题时,大多是采用被动的观察和统计方法,很难对其研究对象进行主动的"试验",更不用说是"重复性"试验或"实验"了。即使做了试验,其中的主观和不可控、不可观察因素也太多,往往使结果和结论不具有普适性。由于无法全部用解析推理的方法分析社会计算问题,因此,如何解决复杂社会计算研究中的"实验"问题,已成为推动这一领域进一步发展的关键之一。而前面所述的人工系统,为解决社会计算的"实验"问题提供了一种思路和方法,即通过利用人工系统,把计算机作为实验的一种手段,从而可以用较容易操纵和重复的形式,进行各种各样的精确、可控的实验,对社会计算的各种影响因素进行"量化"的分析和估计。

计算实验是计算仿真随着计算技术和分析方法进一步发展而必须迈上的一个更高的台阶。将计算实验用于社会计算的研究,则传统的计算机模拟就变成了"计算机实验室"里的"试验"过程。同物理实验一样,计算实验也必须面对实验的标定、设计、分析和验证等基本问题。首先是计算实验的标定问题,主要包括单个代理行为模型的标定、环境模型的标定和自我发展及交往规则的标定。标定的目的是要使人工计算模型与所研究的实际系统尽可能在结构、规模和组织上保持一致,从而得到能在定性和定量上有相似可比的行为和现象。当然,计算实验中并不苛求计算实验现象与实际发生的现象相同。其次是计算实验的设计、分析和验证。在这些方面,统计学中成熟的实验设计和分析方法完全可以直接用于计算实验中。最后,计算实验也必须遵循复制(Replication)、随机化(Randomization)和分块化(Blocking)这三个实验设计的基本原理,以保证计算实验学在社会计算分析中的实际有效性。对于复杂社会问题中各种因素影响的分析,以及决策参数的制定等,这一点尤为重要。

1.3.3　平行系统与社会计算的实现

将人工系统与实际系统同时运行,即组成社会计算问题的平行系统,通过平行系统中人工与实际事件的相互对应和参照,可以实现对现实系统的有效控制与管理、对相关行为和政策的实验与评估、对有关人员和系统的培训与改进等。社会计算平行系统的主要目的是,通过实际系统与人工系统的相互连接,对两者之间的行为进行对比和分析,完成对各自未来状况的"借鉴"和"预估",相应地调整各自的管理与控制方式,落实复杂社会问题的有效解决方案或者学习和培训目标的实施问题等。为了有效利用平行系统这一结构,首先必须建立针对社会计算的多目标、多个有效解决方案的评估体系。其次,要借鉴成熟的自适应控制理论,特别是参考模型自适应控制方法,建立平行系统内部的反馈机制和对应的控制及自适应算法,以及基于计算实验对实际系统的组成与行为进行辨识和控制的方法;同时,基于优化理论,特别是区间滚动优化方法,还可以建立社会计算平行系统的摄动分析和序贯优化方法。最后,通过建立平行系统运行的基本框架和人工系统与实际系统相互作用的过程及协议,可以实现平行系统的不同组合运行模式,如实验与评估、学习与培训、管理与控制等。显然,在社会计算平行系统的运行框架中,各种反馈控制方法,特别是自适应控制的思想,都能得到应用。这方面工作的具体化,将是社会计算平行系统未来的一个主要研究方向。

1.4　社会计算的主要研究与应用领域

从数据获取、建模分析、决策支持及社会计算应用方面来看,目前社会计算的研究和应用主要集中在社会数据感知与知识发现、个体与群体的社会建模、社会文化建模与分析、社会交互及其规律分析、决策支持与应用等领域(毛文吉,曾大军等,2011)。

1.4.1 社会数据感知与知识发现

对社会数据的获取和规律性知识的挖掘,包括社会学习、社会媒体分析与信息挖掘、情感及观点挖掘、行为识别和预测等。社会数据的主要形式包括文本、图像、音视频等,其来源除了网络媒体信息(包括博客、论坛、新闻网站等)外,还包括专用网络、传统媒体和应用部门的闭源数据等。为有效利用数据源所隐含的社会化信息的结构特征,研究者提出仿照物理学传感器的原理,构建社会传感网络(王飞跃,2005;王晖,姜志宏等,2010)的思想,通过对重要节点信息的动态监控,实现对社会数据的全方位、分层次感知。基于社会数据的知识发现包括对社会个体或群体行为和心理的分析与挖掘,多种学习算法已用于预测组织行为(Martinez, Simari et al. , 2008; Li, Mao et al. , 2009)。在行为预测的基础上,规划推理方法可以识别行为的目标和意图等深层信息(Mao, Gratch et al. ,2012)。社会群体心理分析主要面向文本信息(包括语音识别后转化成的文本),通过分析大量社会媒体信息,挖掘网民群体的观点及情感倾向(Wright,2009;赵妍妍,秦兵等,2010)。

1.4.2 个体与群体的社会建模

个体与群体的社会建模包括构建社会个体或群体的行为、认知和心理模型,以及对社会群体的行为特点的分析,还包括对社区结构、交互模式、个体间的社会关系等的建模。许多社会科学的理论模型都与个体和群体的社会建模相关。例如,社会心理学(Tajfel,1981;Heider,1982)揭示社会认知与心理的形成机制及其发展的基本规律;社会动力学(Weidlich,2002)研究人类社会发展的动态过程及其演化规律;社会物理学(牛文元,2001;牛文元,叶文虎,2003;王飞跃,2008)研究社会稳定的机理以及人类行为模式与社会稳定的关系。从计算角度研究社会个体与群体的工作大多基于文本数据,近期工作的趋势是面向多媒体数据和群体行为特点进行分析与建模。2010 年,IEEE Computer 杂志发表了封面文章"社会多媒体计算"(Tian, Srivastava et al. ,2010),

11

该杂志同期的另一篇封面文章则分析了中国特有的"人肉搜索"现象中的群体行为特点(Wang,Zeng et al.,2010)。社会网络是刻画个体间社会交往与互动关系的主要手段,社会群体的识别主要通过网络节点间的链接关系来发现潜在的社会群体(Chau,Xu,2007；Steinhaeuser,Chawla,2008)。

1.4.3　社会文化建模与分析

社会文化建模与分析包括基于社会文化因素的建模、基于智能体的人工社会建模、计算实验分析、人工社会系统与计算实验平台设计等。利用计算技术来研究文化冲突和变迁,分析不同文化背景的国家或组织的决策过程,探寻其行为所依赖的社会文化因素,已成为社会计算建模的重要研究方向(Subrahmanian,2007；Subrahmanian,Albanese et al.,2007)。由于社会事件的出现往往具有突发性和不可重复性,所以,采用传统方法对其演化过程进行实验分析和评估十分困难。针对复杂社会系统的实验分析困境,我国学者提出以社会学基本模型为基础的人工社会(Artificial Societies)＋计算实验(Computational Experiments)＋平行执行(Parallel Execution)的 ACP 方法(王飞跃,2004a；王飞跃,2004c；王飞跃,2004d；Wang,2007)对社会文化进行建模与分析。人工社会是一种自下而上的基于智能体的建模方法,适用于动态刻画社会事件中的涌现行为;计算实验利用人工社会中实验的可设计性和可重复性特点,对人工系统设计不同的实验方案;平行执行就是按不同指标体系对复杂社会事件的演化规律进行可量化的实验分析。

1.4.4　社会交互及其规律分析

社会交互及其规律分析是对人群交互行为的特点及社会事件演化规律进行分析,也包括社会网络结构、信息扩散和影响、复杂网络与网络动态性、群体交互和协作等的分析。计算社会学(Lazer,Pentland et al.,2009)认为网络上的大量信息,如博客、论坛、聊天、消费记录、电子邮件等,都是现实社会的人或组织行为在网络空间的映射,这些网络数据可用来分析个人和群体的行为模式,从而深化人们对生活、组织和社会的理解。计算社会学的研究涉及人们的交互方式、社会群体网络的形态及其演化规律等问题。社会事件演化规律分析主要针对事件产生、发展、激化、维持和衰减的过程和机理进行分析与评估。例如,在分析群体活动演化规律方面,研究者借助社会动力学,基于对 10 万个移动用户终端的长期跟踪检测,对人类时空运行轨迹的规律进行分析,发现人们的运行方式遵循可重复的模式(Gonzalez,Hidalgo et al.,2008)。此外,研究者已采用多种模型分析信息在网络中的传播、扩散规律及其影响因素(Leung,Hui et al.,2009;Cha,Haddadi et al.,2010;Lerman,Ghosh,2010;Suh,Hong et al.,2010)。

1.4.5 决策支持与应用

社会计算在社会经济与安全等领域的应用包括向管理者和社会提供决策支持、应急预警、政策评估和建议等。近年来,社会计算取得了长足发展,并已得到广泛的应用。网络社会媒体由于能够充分体现人们的价值取向和真实意愿,往往可以做出比传统媒体更为迅速、灵敏、准确的反应。开源信息在辅助决策支持和应急预警中发挥着重要作用(王飞跃、李乐飞等,2007;王飞跃,2008)。在社会与公共安全领域,中国科学院自动化研究所情报安全信息学研究团队与国家相关业务部门合作,基于 ACP 方法研发了大规模开源情报获取与分析处理系统,对社会情报进行实时监控、分析、预警以及决策支持与服务,在相关部门的实际业务和安全相关领域的实战中得到了广泛应用。社会文化计算已开始应用于安全和反恐决策预警中(Subrahmanian,2007;Subrahmanian,Albanese et al.,2007;Martinez,Simari et al.,2008)。此外,由于社会系统的复杂性,大规模开展社会计算研究需要计算环境和平台支持,包括云计算平台以及各种建模、分析、应用、集成工具和仿真环境等。

1.5 本书的结构

基于上述社会计算研究与发展现状,本书着重介绍社会计算的主要研究方向和热点。第 1 章指出社会媒体中蕴含着海量的社会信息,

13

能为开展社会计算研究提供强有力的数据支持。第 2 章从社会传感网络出发,介绍社会媒体数据的获取;在此基础上,介绍包括行为抽取、观点挖掘和情感分析在内的几种典型的社会媒体数据分析方法。社区是复杂社会系统的重要组成单元,如何从海量数据中准确有效地发掘社区是社会计算的重要研究课题。第 3 章着重介绍非重叠社区和重叠社区的发现方法及其算法评价。第 4 章是在社区发现基础上,介绍社会网络建模与分析的主要方法。第 5 章针对与互联网社会事件密切相关的社会群体——网群运动组织,着重介绍其定义、特点和计算建模,并通过人肉搜索群体的案例,分析其演化过程。第 6 章提出社会行为分析与决策建议的基本方法,用于识别个体与组织的行为,并提供可操作的行动建议。第 7 章面向情报与安全信息学、互联网舆情计算和突发事件应急管理三个典型应用领域,展示本书介绍的主要技术方法在实际社会计算系统中的具体应用。第 8 章介绍社会计算的产业应用,即社会制造的主要内容。第 9 章总结并展望社会计算的未来研究课题。

本书章节的组织结构如图 1.2 所示。

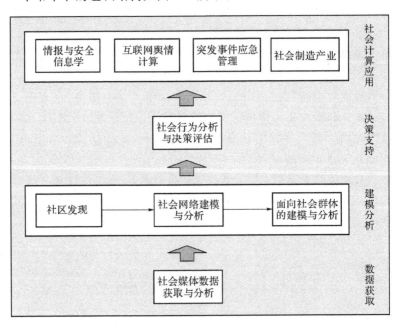

图 1.2　本书组织结构图

参考文献

Centola D. The spread of behavior in an online social network experiment. Science, 2010,329(5996): 1194.

Cha M, Haddadi H, et al. Measuring user influence in twitter: The million follower fallacy. Proceedings of the 4th International AAAI Conference on Weblogs and Social Media (ICWSM10),2010.

Chau M, Xu J. Mining communities and their relationships in blogs: A study of online hate groups. International Journal of Human-Computer Studies, 2007, 65(1): 57—70.

Gonzalez M C, Hidalgo C A, et al. Understanding individual human mobility patterns. Nature,2008,453(7196): 779—782.

Heider F. The psychology of interpersonal relations. Lawrence Erlbaum,1982.

Lazer D, Pentland A, et al. Computational social science. Science, 2009, 323(5915): 721—723.

Lerman K, Ghosh R. Information contagion: An empirical study of the spread of news on Digg and Twitter social networks. Proceedings of 4th International Conference on Weblogs and Social Media,2010.

Leung I X Y, Hui P, et al. Towards real-time community detection in large networks. Physical Review E,2009,79(6): 066107.

Li X C, Mao W J, et al. Performance evaluation of machine learning methods in cultural modeling. Journal of Computer Science and Technology,2009,24(6): 1010—1017.

Mao W, Gratch J, et al. Probabilistic plan inference for group behavior prediction. IEEE Intelligent Systems,2011,27(4): 27—36.

Mao W, Tuzhilin A, et al. Social and economic computing. IEEE Intelligent Systems,2011,26(6): 19—21.

Martinez V, Simari G I, et al. CONVEX: Similarity-based algorithms for forecasting group behavior. IEEE Intelligent Systems,2008,23(4): 51—57.

Mucha P J, Richardson T, et al. Community structure in time-dependent, multiscale, and multiplex networks. Science,2010,328(5980): 876—878.

Schuler D. Social computing. Communications of the ACM,1994,37(1): 28—29.

Steinhaeuser K, Chawla N V. Community detection in a large real-world social network. Social Computing, Behavioral Modeling, and Prediction, 2008: 168—175.

Subrahmanian V. Cultural modeling in real time. Science,2007,317(5844): 1509—1510.

15

Subrahmanian V，Albanese M，et al. CARA：A cultural-reasoning architecture. IEEE Intelligent Systems，2007，22(2)：12—16.

Suh B，Hong L，et al. Want to be retweeted? Large scale analytics on factors impacting retweet in twitter network. Proceedings of the 2010 IEEE International Conference on Social Computing，2010.

Tajfel H. Human groups and social categories：Studies in social psychology. London：Cambridge University Press，1981.

Tian Y，Srivastava J，et al. Social multimedia computing. IEEE Computer，2010，43(8)：27—36.

Vespignani A. Predicting the behavior of techno-social systems. Science，2009，325(5939)：425—428.

Wang F Y. Social computing：Concepts，contents，and methods. International Journal of Intelligent Control and Systems，2004，9(2)：91—96.

Wang F Y. From piecemeal engineering to Twitter technology：Toward computational societies. IEEE Intelligent Systems，2012，27(4)：2—3.

Wang F Y. Toward a paradigm shift in social computing：The ACP approach. IEEE Intelligent Systems，2007，22(5)：65—67.

Wang F Y. Old verse，new idea：Why artificial is real. IEEE Intelligent Systems，2010，25(5)：2—3.

Wang F Y. Really artificial or artificially real? IEEE Intelligent Systems，2010，25(2)：2—3.

Wang F Y. Back to the future：Surrogates，mirror worlds，and parallel universes. IEEE Intelligent Systems，2011，26(1)：2—4.

Wang F Y，Carley K M，et al. Social computing：From social informatics to social intelligence. IEEE Intelligent Systems，2007，22(2)：79—83.

Wang F Y，Zeng D，et al. A study of the human flesh search engine：Crowd-powered expansion of online knowledge. IEEE Computer，2010，43(8)：45—53.

Weidlich W. Sociodynamics：A systematic approach to mathematical modelling in the social sciences. Nonlinear Phenomena in Complex Systems，2002，5(4)：479—487.

Wright A. Our sentiments，exactly. Communications of the ACM，2009，52(4)：14—15.

Yang Q，Liu N N，et al. Special issue on social learning. IEEE Intelligent Systems，2010，25(4)：9—11.

Zeng D，Hsinchun C，et al. Social media analytics and intelligence. IEEE Intelligent Systems，2010，25(6)：13—16.

毛文吉，曾大军等. 社会计算的研究现状与未来.中国计算机学会通讯，2011，7

（12）：8—12.

牛文元. 社会物理学与中国社会稳定预警系统. 中国科学院院刊,2001,1：15—20.

牛文元,叶文虎. 全面构建中国社会稳定预警系统. 中国发展,2003(4)：1—4.

王晖,姜志宏等. 基于 Web 社会媒体的社会传感器网络. 第二届全国社会计算会议,2010.

王飞跃. 平行系统方法与复杂系统的管理和控制. 控制与决策,2004a,19(5)：485—489.

王飞跃. 从一无所有到万象所归:人工社会与复杂系统研究. 科学时报,2004b.

王飞跃. 关于复杂系统研究的计算理论与方法. 中国基础科学,2004c,6(5)：3—10.

王飞跃. 计算实验方法与复杂系统行为分析和决策评估. 系统仿真学报,2004d,16(5)：893—897.

王飞跃. 社会计算——科学、技术与人文的数字化动态交融. 中国基础科学,2005a,7(5)：5—12.

王飞跃. 社会计算与情报安全学发展规划. 中国科学院复杂系统与智能科学技术报告,2005b.

王飞跃. 社会计算与数字网络化社会的动态分析. 科技导报,2005c,23(9)：4—6.

王飞跃. 社会计算的意义及其展望. 中国计算机学会通讯,2006,2(2)：28—35.

王飞跃. 万维社会媒体在防灾应急中的作用. 科技导报,2008,26(10)：30—31.

王飞跃. 关于社会物理学的意义及其方法讨论. 复杂系统与复杂性科学,2008(3)：13—22.

王飞跃. 社会计算还是社会化计算. 中国计算机学会通讯,2012,8(2)：57—59.

王飞跃,李乐飞等. 关于长周期连续安全节能有效生产基础理论的探讨. 计算机与应用化学,2007(12)：1711—1713.

戴汝为,王飞跃等. 社会计算的基础理论和应用. 香山科学会议,2007.

赵妍妍,秦兵等. 文本情感分析. 软件学报,2010,21(8)：1834—1848.

17

社会媒体数据获取与分析

互联网与移动技术提供了信息传播、内容产生、交互式通信的技术平台,促进了社会媒体的发展。从广义上讲,社会媒体是一种群体间讯息生成、传播与交流的新型模式。社会媒体不同于传统的广播媒体,它打破了作者与读者的固有职能界限,使得信息的消费传播过程与创造分享过程更加密不可分(Zeng, Hsinchun et al. , 2010)。

事实上,社会媒体的主要功能模块,包括用户自生成内容、消费者生成媒体等,均带有鲜明的 Web 2.0 特点。从工具角度,一组网络应用即可代表社会媒体的功能形态,如博客、微博、在线论坛、维基、播客、流媒体、社会书签、网络社区、社会网络站点、虚拟现实等;从应用角度,许多社会媒体网站的流行程度均非常高,如维基(群体智慧)、MySpace 和 Facebook(社会网络站点)、YouTube(社会网络与多媒体内容共享)、Digg 和 Delicious(社会浏览、新闻排序、书签系统)、第二人生(虚拟现实)、Twitter(社会网络与微博)等。

社会媒体已成为信息生态圈的关键部分,其平台及应用在用户、消费者、选民、商务人士、政府机关、非盈利组织间得到了广泛应用,大众对社会媒体相关研究与应用的兴趣也日益浓厚。盈利性公司正在将社会媒体开发为信息发布源头和商务执行平台,并在此基础上进行产品设计与创新、消费者—管理者间关系维护以及市场营销等。对它们而言,社会媒体是下一代商务智能平台的重要组成部分。对政治家、政治党派和政府,社会媒体是一种理想的传播媒介和信息渠道,可用于评估公众对政策和政治人物的观点,并为政治候选人寻求公众支持。公共卫生部门能利用社会媒体检测疾病暴发的早期征兆,并为公共卫生政策和应急措施提供反馈。对于国土安全和情报分析人员,社会媒体提供了研究恐怖组织行为的机会,可用于理解其所处的社会文化背景、识别网上招募及公关计划。智库、社会科学和商业研究者则将社会媒体视为传感网络及实验室,同时进行自然实验以发现有价值的信息,并测试社会交互的理论假设。

对个人而言,社会媒体已成为应对信息及认知过载问题的独特信息来源,有助于发现更多有价值的社会经济交换机会。此外,通过分享知识与观点,社会媒体已成为个人建立网络、发起多种动态对话的平台。社会媒体已渗透入大量的应用中,并发挥着巨大作用。随着人们对社会媒体持续的兴趣,社会媒体中信息/元信息也日益增长,这将推动激动人心的新应用不断出现,同时逐渐改变那些传统应用。

由于商业领域对社会媒体研究和应用的高度重视,以及社会媒体本身所展示出的巨大机遇与挑战,相关科学研究在过去数年内如火如荼地开展。社会媒体分析本质上是多学科交叉的,其吸引了几乎所有重要科学研究者的关注。从信息技术的角度,社会媒体分析致力于开发、评估信息工具和框架,用于收集、检测、分析、总结和展示社会媒体数据,通常由特定应用的具体需求驱动。

社会媒体分析的实际研究需求出于两方面。一方面,互联网公司致力于优化社会媒体应用,改善用户体验,吸引更多用户的访问,以获取经济利益。在这些商业公司的大力推动下,许多研究者开始分析社会媒体中的用户交互数据,推断用户兴趣及需求,以辅助设计人性化的社会媒体应用。另一方面,社会媒体作为开放的信息发布平台,支持用户发表和传播不同类型的信息,这些信息中包含了大量对现实世界的当前状态及已发生事件的描述,可帮助决策者跟踪社会最新进展,为决策者提供有价值的情报,以辅助决策制定。上述两方面需求的实现都离不开社会媒体数据的获取与分析。本章首先介绍基于社会传感网络的社会媒体数据获取,进而将聚焦行为和情感这两类重要的信息,介绍面向社会媒体数据的分析技术。

2.1 社会传感器网络

人不仅是社会的参与者、改变者和创造者,也在日常活动中不停地感知、理解自然和社会,并通过人际交往传播和集成这些感知信息,因此可视作一种智能的传感器。在传统社会中,大量个体或小群体的感知信息仅在小范围里传播,很难被实时采集到;而报纸、电台、电视等传统媒体,也只是实现了信息有选择性地单向扩散,同样难以对人类感知进行全面探测和采集。互联网及社会媒体应用的出现,实现了用户感知信息的共享和双向流动,使用户不仅能迅速发布个体感知信息,还能直接参与到感知信息的集成与传播过程中。目前,基于社会媒体平台,研究感知信息的智能检测与采集技术,以迅速全面地感知自然和社会,已成为一个新兴的跨学科研究领域。本节将分析人作为社会传感器的特性,探讨构造社会传感器网络的可行性;在此基础上,介绍基于万维社会媒体的社会传感器网络及其概念模型和技术体系(王飞跃,2005;王晖,姜志宏等,2010),为社会传感器网络理论和方法研究提供框架建议和思路。

2.1.1　社会传感器网络概念

人类社会中,每个人都不同程度地拥有空间知识,对自己生活、工作的自然和社会环境有着详尽的了解。同时,每个人还能通过感觉器官对环境变化进行全面的感知,以获取新的知识,包括地形特征、交通拥堵、自然灾害、社会活动等;这些知识是难以用自动化手段获取的专题信息。因此,可以将每个人看作一个能在社会和自然环境中自主移动,能感知、解读和集成信息,并且能通过社会网络进行相互信息交换的智能传感器。这种以人作为传感器的观点称为 Human as Sensor (Wagner, Dvorak et al., 2009)或 Citizen as Sensor(Sheth, 2009)。显然,由人类全体(数十亿人)构成的巨大传感器群落,不仅覆盖了世界的大部分区域,而且其传感能力还延伸到社会、经济、军事、人文等方面。因此,人作为传感器,不仅能对局部世界的物理特性进行感知,还能对大范围的人类社会进行全面感知。

就人作为传感器的概念而言,万维社会媒体的出现,为原本不可能实现的传感信息收集和汇总提供了一种可行的渠道。万维社会媒体的特色主要是与之伴生的新型人际互动方式和信息表现形式。它强调个性参与、充分共享与互动交流,使得信息的双向流动成为可能;其受众不仅能够迅速获取信息,而且能直接参与信息的制造、处理与传播。尤其是当万维社会媒体与移动计算技术相结合后,万维社会媒体用户可以通过手机等移动通信设备，将感知到的地理环境、社会事件等信息发送到社会媒体，进一步促进了以人类自身为中心的社会传感体系形成。即大量人类个体借助万维社会媒体，将自身感知到的社会信息，以文本、声音或视频方式进行收集、分析和报告，并通过真实社会网络和由万维社会媒体激活的虚拟社会网络进行信息传播和集成。而在个体完成社会传感器功能的同时，也构成了一个庞大的社会传感器网络。与一般传感器网络相比，社会传感器网络在社会覆盖程度上具有更高的广度和深度，这也使得它能在许多重大事件中发挥重要的作用。如2008年11月发生在印度孟买的恐怖袭击事件，部分 Twitter 用户通过移动电话实时报告事件的发展，上传了大量袭击现场的照片（新浪科技，2008），对安全部门跟踪事件的最新进展提供了帮助。

从社会传感器网络中获取信息存在着较大的技术挑战，这主要在于人作为传感器与物理传感器的区别。首先，作为传感器的个体存在巨大的异构性。这些异构性表现为信息感知的偏好性，即个体在感知社会时往往存在兴趣和偏好导向的特点。就某类专题信息而言，这种个体兴趣偏好可能会降低信息采集的密度，从而导致数据稀疏，甚至失真。个体异构性还表现在对信息处理的能力上。从未开化的儿童到经过高度训练的专业科学家，人类个体间的知识水平和经验程度差别巨大。信息处理能力上的差异决定了其对信息的解读、集成和融合程度；而且信息处理结果还受到个体情感、体验等主观因素的影响。这使得人作为传感器，即使针对同一对象，所感知的信息内容，仍然具有很高的个性化倾向，所以通常传感器技术中的基于统计和归纳的分析方法并不完全适用。其次，人作为传感器，采集和处理后的信息是模糊的、无结构的，具有多种媒体表现形式，如自然语言文本、语音、图片和视频等，跨媒体的语义抽取和关联分析也仍然是一个难题。最后，作为传感器的个体数量巨大，且地域分布广阔，所采集到的信息在收集和汇总上，即使采用抽样的方式，也是无法有效实现的。例如，传统基于问卷的社会学调查方式，无论是可操作性还是时效性，都无法满足社会传感的要求。

2.1.2　社会传感器网络模型

基于 Web 社会网络的社会传感器网络模型框架如图 2.1 所示，该模型为具有反馈机制的层次结构。模型中最底层是真实的人类社会，

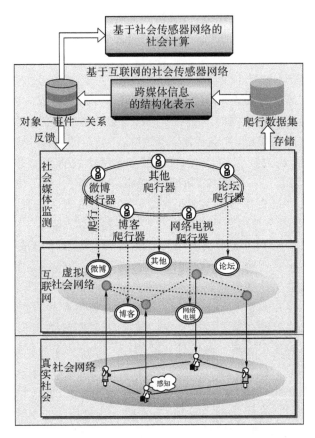

图 2.1 基于 Web 社会网络的社会传感器网络模型框架

其中人类个体构成数量庞大的社会传感群,实现无时无处不在的社会感知,并且通过社会交互进行小范围的感知信息交换和集成。人类个体在自我展现、激励等动力驱动下,将个体感知和集成的信息在微博、博客、社会性网络电视等社会媒体上共享,推动感知信息的传播,同时进行更大范围内的信息交换和集成。各类 Web 社会媒体组成了模型的社会媒体层。为了跟踪社会媒体上的感知信息,并获取其传播演化过程,需要设计和部署高效的 Web 爬行器,对各类 Web 社会媒体进行面向主题的聚焦爬行监测和垂直搜索,从而构成社会媒体监测层。由于社会媒体中,人类感知信息的载体包括从文字、图片、声音到视频等多种形式,并且大部分不具备明确的结构化语义,因此还需要对爬行器获取的原始数据进行语义抽取,并转换为形式化描述格式,最终形成具有明确语义的对象—事件—关系数据。对爬行器的爬行数据进行结构化语义表述,构成了模型的传感信息语义预处理层,不仅为更上层的社会计算提供了形式化的数据,同时也是指导社会媒体监测层进行爬行聚焦和优化的依据。

2.1.3　社会传感器网络技术体系

为支持图 2.1 所示的社会传感器网络模型,需要在 Web 爬行、复杂网络分析、跨媒体语义理解,以及社会心理学、社会物理学等多个跨学科领域展开研究,相应的社会传感器网络技术体系如图 2.2 所示。

图 2.2　社会传感器网络技术体系

在真实社会层和社会媒体层,由于社会传感器个体在信息感知上具有偏好性,可能会降低信息采集的密度,导致数据稀疏甚至失真,因而需要研究社会传感器运行的社会机理与激励机制。在社会机理研究方面,可对特定的社会媒体进行目标受众分析(Target Audience Analysis)和行为动力学分析,以研究在社会媒体传播驱动下,目标受众的文化冲突和心理变迁,并通过分析目标受众对知识、情绪(即感知信息)通过社会媒体进行共享的行为模式、行为所依赖的文化和心理因素

23

及其内在的动力学机理,建立目标受众群体进行社会传感的行为动力学模型。在激励机制方面,可在目标受众的行为动力模型基础上,研究社会传感激励机制的设计和实施。对于社会传感网络而言,众包(Crowdsourcing)作为一种以自由自愿的形式外包给非特定的大众网络的做法,是一种有潜力的激励机制,需要对其相关理论、方法和实施形式展开研究。

在社会媒体监测层,各种类型 Web 社会媒体的表现形式、系统架构和使用流程都不尽相同,需要结合特定社会媒体应用的 API 接口和Web 爬行技术,研究应用于不同 Web 社会媒体的爬行器。为了提高爬行器的准度和精度,加强监测的实时性,需重点研究爬行聚焦技术、爬行协同技术和爬行器的自部署优化技术等。

传感信息语义预处理层包括结构化元数据抽取、与媒体形式无关的语义模型、传感信息的时空分析、传感信息的主题分析等技术,其主要功能是将传感信息从复杂、混乱、无结构的原始数据形式转换为统一、有序、结构化并包含对象—事件—关系等明确语义信息的预处理数据形式,为上层应用提供形式化的语义数据。

2.1.4 小 结

人不仅是社会的参与者、改变者和创造者,同时也作为改变和创造的前提。因为人首先是自然和社会的感知者,并可通过人际交往传播和集成所感知的信息,因此可看作是一种特殊的智能传感器。

Web 社会媒体的出现,不仅带来了新型的人际互动方式和信息表现形式,还使得人类个体感知信息的自由发布和双向流动成为可能。如何利用 Web 社会网络,实现对复杂社会系统和社会行为的实时感知,已经成为疾病和灾害监测、社会公共安全等领域的重要研究内容。

2.2 行为知识抽取

社会传感网络提供了从社会媒体中快速有效获取社会信息的窗口。在社会传感网络中,用户节点每天发布不同主题的社会媒体信息,其中包括大量的事件和行为描述,如地震事件、附近街道上的游行示威等。这些事件和行为信息记录了包括社会中突发群体现象和社会个体的行动，及时准确地获取这些信息能为决策者感知社会状态提供有价值的情报。

事件抽取是行为知识抽取的前提和基础。事件抽取致力于设计自动方法从海量文本中发现事件，包括事件时间、地点、类型等元素。事件抽取的研究起步较早，起源于消息理解会议（Message Understanding Conference，MUC）中的场景模板抽取，即抽取指定事件的相关要素，比如火箭发射的时间、地点等信息。MUC会议的事件抽取指定了事件领域，由于事件元素模板也是固定的，从而限制了事件抽取系统的可移植性。因此，如何构建自适应的系统已成为事件抽取研究的热点。这方面的研究成果包括从人工标注过的语料中学习规则（Cardie，1997），建立人机交互的学习机制以减少人工参与（Day，Aberdeen et al.，1997；Grishman，2001；Califf，Mooney，2003），通过Bootstrapping从语料中自动获取领域知识（Yangarber，2000）等。

继MUC会议后，自动内容抽取会议（Automatic Content Extraction，ACE）于2000年正式启动。与MUC相比，目前的ACE评测不针对某个具体的领域或场景，而是采用基于漏报和误报为基础的一套评价体系，还对系统跨文档处理能力进行评测（赵琦，刘建华等，2008）。近年来，随着自然语言处理技术的发展，统计机器学习方法开始被应用到事件抽取任务中。如Ahn（Ahn，2006）针对ACE 2005中的事件抽取任务要求，提出了一个模块化的事件抽取系统，将事件的抽取分为事件定位、事件元素识别、事件属性识别、事件共指识别四个阶段，并根据词语、上下文关联、句法信息及语义知识库等来获取事件特征和事件要素特征，利用KNN及最大熵分类器进行事件及其要素的识别。

2008年后，社会媒体网站开始流行。由于社会媒体的实时性和对现实世界动态的快速响应特性，很多研究者开始利用社会媒体数据进行事件抽取。与传统事件抽取研究相比，由于社会媒体文本存在特有的数据特点，基于社会媒体的事件抽取面临着新的挑战（Becker，Naaman et al.，2009）。传统新闻文本的语法、句法和样式比较标准，而社会媒体数据中的文字叙述较短，一般为简单的描述，如标题、关键字标签等。此外，社会媒体数据中噪音较多，这使得传统的事件抽取技术难以有效地应用于社会媒体数据。同时，社会媒体信息中也包含了额外的有价值的背景信息，如用户提供的标签、自动生成信息（如内容上传时间）等。这些背景信息可能是有噪音或不可靠的，但是它们共同提供了每个社会媒体文档的信息,能有效辅助事件抽取。

　　基于社会媒体的事件抽取的任务目标与传统事件抽取相似,主要是从实时信息中抽取事件的时间、地点,进行事件早期检测与预警,常用于检测突发事件,如地震灾难等(Sakaki, Okazaki et al., 2010; Stewart, Smith et al., 2011)。当突发事件发生时,在感应到事件发生的用户群体中,有一部分可能会将事件信息发布到社会媒体中。这类事件信息往往是在事件发生后很短时间内集中出现的,因此可利用计算技术根据这些信息推测事件的发生。社会媒体中事件抽取的主要流程如下。①确定事件类型,计算社会媒体消息的事件相关程度,即该消息是否描述了此类事件。一般可选用文本分类的方法,标注训练文本,利用监督学习方法学习事件分类器。此时可选用的分类特征除传统的文本特征外,还可选用社会媒体的特有特征,如标签。②根据相关的社会媒体消息集合,判断事件是否真实发生。其挑战在于分辨真实报道与误报或虚假信息。常见的方法是将事件发生后消息的数量分布模拟为特定概率分布(如指数分布),并定义消息的误报率,根据检测到的消息数量推断事件发生的概率。如定义概率阈值,超过阈值则判定事件发生。③推断事件的实际发生时间及地点等,这常根据社会媒体消息附带的发表时间和发表地点属性进行分析。其中,事件发生时间的推测较为简单,可近似为社会媒体信息的发表时间,这是因为社会媒体的报道往往非常及时,在事件发生后很短的时间内就会响应。而事件发生地点的推断相对复杂,这取决于事件的影响范围大小和影响方式,需考虑事件中心附近的受影响用户的分布。

2.2.1　行为抽取的意义和挑战

　　行为抽取是一类特殊的事件抽取问题,致力于从文本中抽取个人或组织的行为。行为抽取与事件抽取有较大关联而又存在一定区别。首先,行为是一类特殊的事件,相对事件而言,行为的表现形式更微小、更隐蔽,受到的关注更小。其次,行为往往面向特定社会个体,具有较强的针对性,而事件一般面向领域来划分。

　　行为抽取需要定义行为知识的表示形式,在现有研究中,最常用的行为表示方法为规划表示(Fikes, Nilsson, 1972)。规划表示在刻画行为方面有着较大的优势。首先,规划是人工智能领域内经典的知识表示,提供了清晰的知识结构,主要描述行为和世界状态(包括前提、结果、目标等)间的关联,其表示能力在行为方面明显优于其他方法。其次,对规划的研究起步较早,其描述语言、规划构建及智能推理等技术均非常完善,具有坚实的理论基础,且已被广泛地应用于智能系统中,能较好地满足组织行为预测的要求。最后,人或组织行为本身就具有明显的目标性和计划性,现实世界的个体一般都会制定长期或短期规划来指导其行为,所以使用规划来表示行为自然合理。

在以往的研究中,行为知识一般由专家手工编写,费时、费力且出错率高。由于目前网络上已存在大量的组织行为信息,因此从开源数据中获取行为知识具有较大的可行性;此外,知识抽取领域的研究进展为规划知识的获取提供了方法支持。因此,研究者开始尝试从网络开源数据来抽取行为知识,典型工作包括组织行为抽取等(Li, Mao et al. ,2010;Sil, Huang et al. ,2010;Ge, Mao et al. ,2012;李晓晨,2012)。

行为知识抽取主要面临着三方面的挑战:①人工智能中的行为描述语言一般为命题逻辑或一阶逻辑语言,而在自然语言文本中,行为的形式尚属未知;②从非结构化文本中抽取知识的难度极大;③抽取出的行为知识主要用于后续的行为推理,这对知识精度要求极高,而信息抽取的结果往往存在较多噪音,如何平衡这两者间的矛盾是一个较大的难题。

在规划表示中,行为由行为名称及其关联的行为前提和结果表示(Fikes,Nilsson,1972)。其中,行为名称为该行为的类型,前提为行为执行前必须为真的状态,结果为行为执行后达到的状态。在逻辑语言中,状态为一个或多个文字(Literal)的联合,代表当前世界的快照。图2.3所示为一个简单的行为示例,"*Have Lunch*(吃午饭)"为行为的名称,在执行该行为前必须满足前提条件"*Have Money*(有钱)"和"*At Restaurant*(在餐馆)",在执行行为后得到的结果为"*Full*(饱)"。

Have Lunch   前提:*Have Money* ∧ *At Restaurant*   结果:*Full*

图 2.3 行为示例

2.2.2　行为名称抽取与求精

行为名称抽取的主要目的是从海量网页文本中提取对象(即行为执行者,如组织或个人)的可能行为。为了简单起见,下面将统一以"组织"为对象介绍行为抽取。

行为名称抽取流程如下。对于给定的组织,首先抽取所有包含该对象名关键字的句子,然后运用句法分析生成每个抽取句子的句法结构,再从句法结构中,得到句子的主语、谓语和宾语(如果存在)。如果句子的主语代表这个组织,则抽取出谓语和宾语词对作为组织的行为名称。对于谓语和宾语,主要记录动词和名词,忽略其他类型,如形容词、副词、冠词。如在以下句子中

Al-Qaeda leaders attend a rally in Gaza City.
"Al-Qaeda leaders"是主语,"attend"是谓语,"rally"是宾语。从这个句子中抽取出的组织行为名称就是"attend rally"。

注意到抽取出的谓语-宾语词对并不都代表行为,例如"have capability"和"is friend"。这些动词(如"have"和"be")是"静态动词"(Crystal,2003),即一类表示状态而不是表示行为的动词。此外,抽取的行为名称可能包含重复、冗余或表示相似语义。因此,需要对行为名称进行求精,主要包括去重及相似信息合并。

1. 行为名称去重

在行为名称抽取后,还存在大量的重复行为名称。这些行为名称在本质上是相同的,但具有不同的句法形式,如"plan attacks","planned attack"和"planning attack"。为准确识别并去除重复行为名称,可利用语义知识库(如 WordNet(Stark,Riesenfeld,1998))将行为名称转化为基本形式(如"plan attack"),并进行去重。

2. 基于相似度的行为名称合并

与重复行为名称不同,有些行为名称具有不同的句法形式,但表示着相似的语义,例如"plot attack"和"plan attack"。将相似的行为名称合并,精简所抽取的行为名称非常重要。行为名称相似有以下三种情况,可利用语义知识库(如 WordNet)进行合并。

(1)相同谓语和相似宾语。如"attack Germany"和"attack India"。

如果两个宾语对应的名词在 WordNet 中有共同祖先节点,则这两个行为名称可合并为一个更抽象的行为名称(如"attack country")。

(2)相似谓语和相同宾语。如"kidnap soldier"和"abduct soldier"。如果动词是同义词(如"kidnap"和"abduct"),则这两个行为名称仅保留其中之一(如"kidnap soldier")。

(3)相似谓语和相似宾语。如果两个动词是同义词,两个宾语对应的名词名称有共同祖先节点,则这两个行为名称可合并为一个更抽象的行为名称。

2.2.3　行为知识抽取

行为知识刻画行为与状态(主要包括行为前提、行为结果)以及行为与行为间的关联(时序和层次关系),这些知识在描述实体行为方面起着关键作用。其中,行为与状态的关联描述了社会状态与实体行为间的相互影响,行为与行为间的关联描述了实体的行为习惯、行为规律和行为层次等。

由于行为和状态间的关联信息常常包含在领域文本中,所以可以通过设计模板来提取行为前提和结果。状态的表示形式定义为名词短语(Noun Phrase),并忽略其他类型的信息,包括形容词、副词和冠词等。例如,"masses of chemicals"和"loss of life"都属于状态。

1. 行为结果提取

结果是行为执行后达到的状态,行为导致了结果的发生,因此行为与其结果间的关联本质上属于因果关系。在因果关系抽取方面,Khoo等(Khoo, Kornfilt et al. ,1998; Khoo, Myaeng et al. ,2001)总结了五类因果关系模板,即因果连接、原因词、结果词、条件、因果形容词与副词,并从新闻文本中抽取因果知识。其中,因果连接主要用于连接两个有因果关系的从句或短语,如 therefore, because, that's why 等;原因词是暗示了行为或事件结果的词,如 kill 和 break;结果词是句子中跟在对象后面表示行为结果的词,如"I painted the car **yellow**";条件一般表示前面的短语导致后面的短语,如 If…then…;因果形容词与副词是语义中包含因果含义的词,如"Brutus **fatally** wounded Caesar"。Girju等(Girju, Moldovan,2002)提出了一种半自动抽取因果关系句法模板的方法,该方法主要根据使役动词识别因果关系,其模板形式为⟨NP1 verb NP2〉。首先在 WordNet 中遍历名词,在名词的语义解释中识别存在因果关系的名词对。例如,在 bonyness 的语义中包含这样的描述:"bonyness is usually caused by starvation or disease",此时能抽取出因果名词对 bonyness 与 starvation。然后以这些因果名词对为种子,匹配网络文本信息,抽取两个名词间的新动词,这些动词即为可能的使役动词。上述传统的因果关系抽取致力于寻找两个句子间一般的因果关系,而行为结果提取主要抽取行为和状态间的因果关系,知识类型更具体,抽取任务也更复杂。

在抽取行为结果方面,可参考已有的研究成果,并设计句法模板进行信息抽取。表 2.1 列举了一些常用的行为结果抽取模板(Li, Mao et al.,2010),其中〈name〉代表实体名称,〈action(verb + object/verb)set〉代表实体行为,〈effect set〉代表行为结果。

表 2.1　行为结果抽取模板

〈name〉〈action(verb+object/verb)set〉[*in order to*| *in an effect to*| *in a plot to*| *to*] *cause*〈effect set〉

〈name〉〈action(verb+object/verb)set〉[*in order to*| *in an effect to*| *in a plot to* | *to*] *produce*〈effect set〉

〈name〉〈action(verb+object/verb)set〉[*in order to*| *in an effect to*| *in a plot to*| *to*] *trigger*〈effect set〉

〈name〉〈action(verb+object/verb)set〉[*in order to*| *in an effect to*| *in a plot to* | *to*] *bring about*〈effect set〉

〈name〉〈action(verb+object/verb)set〉,[*causing*| *resulting in*| *producing*]〈effect set〉

〈name〉〈action(verb+object/verb)set〉, *that*[*bring about*| *result in*| *lead to*| *trigger*| *cause*| *produce*| *give rise to*]〈effect set〉

〈name〉〈action(verb+object/verb)set〉, *which*[*bring about*| *result in*| *lead to*| *trigger*| *cause*| *produce*| *give rise to*]〈effect set〉

〈action(verb-ing+object/verb-ing)set〉[*bring about*| *result in*| *lead to*| *trigger*| *cause*| *produce*| *give rise to*]〈effect set〉

〈effect set〉*be*[*caused*| *produced*| *triggered*| *brought about*]*by*〈action(verb-ing +object/verb-ing)set〉

2. 行为前提抽取

与抽取行为-结果关联不同,行为与前提的关联是条件关系而不是因果关系。一般认为,可划分为四种不同类型的前提,其中,necessity/need 模板抽取的是必须满足的前提;permission/possibility 模板抽取的是可选的前提；means/tools 模板抽取的是工具类前提；negative patterns 模板与 necessity/need 模板抽取的前提类型相似，但使用的是否定的语言表达形式。一些常用的句法模板如表 2.2 所示(Li，Mao et al.，2010)，其中〈precond set〉代表行为前提。与抽取行为结果类似，抽取行为前提的模板更加具体，主要关注行为(VP)与状态(NP)间的条件关系。

表 2.2　行为前提抽取模板

necessity /need	〈precond set〉(*believed*) *necessary to*〈action (verb＋object/verb) set〉 〈name〉*need*〈precond set〉*to*〈action (verb＋object/verb) set〉
permission /possibility	〈precond set〉*allow*〈name〉*to*〈action (verb＋object/verb) set〉 〈precond set〉[*enable*| *create the possibility for*]〈name〉*to*〈action (verb＋object/verb) set〉
means /tools	〈name〉*use*〈precond set〉*to*〈action (verb＋object/verb) set〉 〈name〉〈action (verb＋object/verb) set〉(,) *using*〈precond set〉 〈name〉〈action (verb＋object/verb) set〉*by using*〈precond set〉 [*provide*| *supply*| *offer*]〈precond set〉*for*〈name〉*to*〈action (verb＋object/verb) set〉 [*provide*| *supply*| *offer*]〈name〉*with*〈precond〉*to*〈action (verb＋object/verb) set〉
negative patterns	*lack of*〈precond set〉[*prevent*| *stop*]〈name〉*from*〈action (verb-ing＋object/verb-ing) set〉 *the shortage of*〈precond set〉[*disable*| *undermine*]〈action (verb-ing＋object/verb-ing) set〉 〈name〉*cannot*〈action (verb＋object/verb) set〉*without*〈precond set〉

3. 行为时序关系抽取

在网络新闻中还包含行为间的直接关联信息，即实体执行行为的先后顺序。这些时序关系描述了实体的行为习惯。可设计信息抽取模板来获取这类信息，构成行为-行为集合。典型抽取模板如下：

〈name〉〈action(verb＋object/verb) set1〉[*in an effect to*\| *in order to* \| *in a plot to* \| *in an attempt to*\| *so as to*\| *to*]〈action(verb＋object/verb) set2〉

以 Could Al Qaeda or another terrorist group acquire a warhead or enough radioactive material to create a dirty bomb 为例，这里抽取出

的行为是 acquire materials 和 create bomb，行为 acquire materials 的目的是为了执行下一个行为 create bomb，这两个行为之间存在行为时序关系。

4. 行为层次关系抽取

行为层次是行为知识的重要组成部分，主要用于表示行为间的上下位语义关联。根据前面抽取的行为名称、行为前提及结果，可自底向上构建行为层次。对于句法形式不同但语义相似的行为 a_1（谓语 v_1 和宾语 o_1）和行为 a_2（谓语 v_2 和宾语 o_2），行为层次可基于 WordNet 构建，分为如下三种情形。

（1）如果 v_1 和 v_2 有相同的上位词 v，o_1 和 o_2 相同或同义，则构建一个 OR 节点 a（包括 v 和 o_1）。a_1 和 a_2 为其子节点，a'（包含 v 和 o_2）为其同义词。

（2）如果 v_1 和 v_2 相同或同义，o_1 和 o_2 有相同的上位词 o，则构建一个 OR 节点 a（包括 v_1 和 o）。a_1 和 a_2 为其子节点，a'（包含 v_2 和 o）为其同义词。

（3）如果 v_1 和 v_2 有相同的上位词 v，o_1 和 o_2 有相同的上位词 o，则通过以下两步构建层次。第一步，构建 OR 节点 a_1'（包含 v_1 和 o）和 OR 节点 a_2'（包含 v_2 和 o），a_1 为 a_1' 的子行为，a_2 为 a_2' 的子行为；再构建一个 OR 节点 a（包含 v 和 o），令 a_1' 和 a_2' 为其子行为。第二步，构建 OR 节点 a_3'（包含 v 和 o_1）和 OR 节点 a_4'（包含 v 和 o_2），a_1 为 a_3' 的子行为，a_2 为 a_4' 的子行为；再构建一个 OR 节点 a^*（包含 v 和 o），令 a_3' 和 a_4' 为其子行为。

如图 2.4 所示，行为 buy car 和行为 buy truck 有共同的谓语 buy，car 和 truck 有相同的上位词 vehicle。此时，能自动构建 buy vehicle 作为抽象行为，buy car 和 buy truck 为其子行为。类似的，可构建 get vehicle 为抽象行为，buy vehicle 和 rent vehicle 为其子行为。可从 WordNet 中同义词集合层次最低的词开始，由下向上构建行为层次。

5. 常识知识的扩充

在实际抽取过程中，文本中的行为-状态知识往往是分布不均衡的；行为-前提关系在文本中数量较多，而行为-结果关系出现频率则相对较少。这主要是因为行为-结果关系更近似于常识性知识，但在新闻报道中，这种常识性知识由于显而易见，一般不会明显地提到。行为-

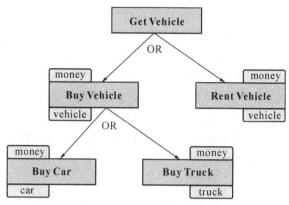

图 2.4　所构建的行为层次示例

结果关系的缺乏给后续行为推理造成了较大的困难。鉴于自然语言处理领域已存在多个常识知识库,包括 CYC(Lenat, Prakash et al., 1985),ConceptNet(Liu, Singh,2004),VerbNet(Kipper, Dang et al., 2000)等,可行的解决方案是利用现有常识知识库补充行为与结果间的关联。

CYC 是由 CYC 公司开发的大型常识性知识库,覆盖了社会、财政、心理、气候、化学等多个不同领域的常识性知识,其知识表示形式为二阶逻辑语言。CYC 知识库中存储了 10^5 个基本词(Atomic Term)和 10^6 个断言(Assertion)。断言声明了词与词间的关系,典型的断言如 Every tree is a plant。CYC 中也包含行为的常识性知识,但数量较少,且较少提及行为对应的前提和结果知识。

ConceptNet 为 MIT 媒体实验室建立的知识库,目前已包含了 25 万条人类日常生活的常识性知识。ConceptNet 的知识表示形式为语义网络,其节点为半结构化的自然语言形式,按类型可划分为名词短语(Noun Phrase)、属性(Attribute)和行为短语(Activity Phrase)。节点间的语义关系主要包括四类,即物体(Things)、事件(Events)、行为(Action)和空间(Spatial)。其中,行为关系中的 Effect of 代表某个行为的结果,如(Effect of "commit perjury","go to jail"),这种知识与行为结果完全一致。然而,ConceptNet 中的行为过于具体,领域偏向日常生活行为,应用范围有限,很难对应到特定领域的行为,如组织行为 buy bomb 在 ConceptNet 中就无法查到。

VerbNet 是最大的英语动词词典,所有动词通过本体的方式来组织,动词间关系为 is A 关系。VerbNet 中的每个动词由语义角色、参数语义限制及框架来描述。语义角色指的是句子中与该动词关联的其他词,如主语、对象等。语义限制主要用于限制参数的类型,如限制主语为 animal,human 或 organization 类型。框架包括句法和语义信息。句法为动词的典型搭配形式,如 Agent V Patient;而语义信息由一系列的语义谓词构成,每个谓词与一个事件变量 E 关联,能用于表示事件各个阶段的谓词是否成立。如 start(E)为事件开始前,during(E)为事件进行阶段,而 end(E)为事件结束后,其中包含 end(E)的谓语能指代动词的结果。例如图 2.5。

NP V NP

    EXAMPLE   "Carmen bought a dress."

    SYNTAX   <u>Agent</u> V <u>Theme</u>

    SEMANTICS   HAS_POSSESSION（START（E），? Source，Theme）
                 TRANSFER（DURING（E），Theme）HAS_POSSESSION
                 （END（E），Agent，Theme）
                 CAUSE（Agent，E）

图 2.5 动词 buy 的 VerbNet 框架

动词 buy 的语义中包含 HAS_POSSESSION（END（E），Agent，Theme）,表示执行了 buy 行为后,Agent 将获得 Theme。根据这条信息可推出一条根据行为推理其结果的规则"buy sth → have sth"。

除 HAS_POSSESSION 谓词外,在 VerbNet 中还有其他谓词代表"得到/获得"的语义,如 EXIST,可按类似的方法获得行为结果的推理规则。按这种映射方法对 VerbNet 中动词的语义进行检查,只考虑句法 Agent V Theme 对应的框架,最终可构建多条规则。根据这些规则,对抽取到的行为进行匹配,可有效补充缺失的行为-结果知识。

2.2.4 讨 论

下面将对行为抽取中存在的主要问题及可能的解决途径进行探讨。

1. 行为和状态的表示

在已有方法中,行为的表示形式为动词+宾语,而状态最终转化为单个名词表示。这种表示方法较为简单,降低了计算难度,然而却难以完整地表达行为和状态的语义,因此导致部分抽取结果较为抽象,如状态"building blueprints"最终被标准化为"blueprint",将影响生成规划的可理解性。可行的应对方法是根据句法结构建立更具体的行为和状态表示框架,并表示行为的间接对象、状态的具体类型等信息,以保存其原有语义。然而对采用具体表示框架的行为或状态进行合并是一个难题。此外,如何保持表示框架的表示能力和计算复杂性间的平衡是另一个难题。

2. 行为层次构建

行为层次关系主要包括抽象-具体关系和行为分解关系。上面介绍了如何根据抽取的行为知识构建抽象-具体关系,即将两个具体的行为合并为一个抽象的行为,如"attack USA"和"attack Germany"合并为"attack country"。而行为分解关系的抽取则相对复杂,它代表了父节点行为可由执行所有子节点的行为来实现,如"attack country"行为可分解为"raise fund","buy arm"和"launch attack"。这种关系可能需要在语义层面上进行判断,目前尚缺乏较好的抽取方法。

3. 指代消解问题

在抽取过程中,主要基于实体名称定位与实体相关的行为。然而在新闻描述中,行为的主语通常用代词表示,如"The organization carried out the bloody April attack on a synagogue in Tunis",其中的"The organization"实际指代基地组织,此时许多组织相关行为均被忽略了。一种可能的应对方法是通过指代消解技术(Aone, Bennett, 1995)将代词替换为实际的主语,进而对组织行为进行识别。此外,当实体为组织时,句子的主语可能为组织的成员,而成员执行的行为往往是组织指派的。如"Atiyah was planning a terrorist attack against the U. S. that was potentially set to coincide with the tenth anniversary of 9/11",其中"Atiyah"为基地组织关键人物,其行为"plan attack"属于组织行为。在这种情况下,可考虑从文本中自动抽取组织成员列表,利用组织名和成员名共同识别组织行为。

35

2.3　观点挖掘

事件抽取和行为抽取致力于从社会媒体中抽取客观性描述,而观点挖掘则关注于从网络文本中分析和理解人的主观意识及认知状态,包括人们对产品的评价、对社会热点事件的看法以及网民情绪等。这些信息对商家提高产品和服务的质量,以及政府部门为保障国家、社会、公民权益采取正确决策都有着非常重要的意义。

观点的经典表示形式(Kim,Hovy,2004)为一个四元组[Topic,Holder,Claim,Sentiment],其中 Topic 代表情感对象;Holder 代表意见的持有者;Claim 代表陈述部分,分为有情感的陈述和没有情感的陈述;Sentiment 代表情感倾向。例如"本·拉登躲藏在巴基斯坦"是一个没有情感的陈述;而"××优盘质量相当不错,速度、质量、包装我都很满意"主题是"××优盘、速度、质量、包装",情感持有者是"我",情感倾向是"不错、满意",整句话表达了一个有情感的陈述。

观点挖掘的主要任务是对情感倾向和情感对象进行抽取。对情感倾向进行分析前需对情感进行归类。目前的情感归类法主要分为以下三种:①依据形容词和心理动词中的情感词,并基于心理感受,将情感倾向划分为 24 类;②依据词的表现力可分为正向、负向及中性三种情感倾向;③依据情感程度可分为强、弱、客观等。目前,观点挖掘领域的情感倾向主要采用正向、负向及中性的划分方法;而情感分析方法大致可分为两类:一类是基于规则的方法,另一类是基于机器学习的方法。在分析粒度上可划分为词语级、句子级、段落级和篇章级情感分析(Zhang,Zeng et al,2005)。

2.3.1　词语级情感倾向性分析

词语级情感倾向性分析(即对词语的情感倾向性进行分析)是文本情感倾向性分析的基础,包括对词语的极性、强度以及上下文语境的分析,目前主要有以下三种方法。

1. 基于词典的方法

根据已有的语义知识库(英文知识库包括 GI(General Inquirer), WordNet(Stark, Riesenfeld, 1998), SentiWordNet(Esuli, Sebastiani, 2006); 中文知识库包括 HowNet(Gan, Wong, 2000))等推断词语的语义倾向性。首先给定一个具有情感倾向的种子——词语集合(词性一般为名词、动词、形容词和副词)。当识别新词倾向性时,使用语义词典查找与新词语义相近的词语集,并根据该词与种子集中每个词的语义相似程度来确定其语义倾向值。新词与正向种子集中的各个词联系越紧密,则该词的正向倾向越强烈;与负向种子集中的各个词联系越紧密,则该词的负向倾向越明显。

令新词为 w,定义种子集为 seedset $=\{PP, PN\}$,其中 PP 代表正向种子词集,PN 代表负向种子词集。词 w 的语义倾向值定义如下:

$$\text{Polarity}(w) = \frac{1}{K} \sum_{k=1}^{K} \text{sim}(w, pp_k) - \frac{1}{L} \sum_{l=1}^{L} \text{sim}(w, pn_l)$$

其中,$pp_k \in PP$,$pn_l \in PN$,K 和 L 分别为正向种子集和负向种子集中种子词的个数。设置阈值为 $\theta(\theta \geqslant 0)$,则 $\text{Polarity}(w) > \theta$ 表明该词是正向的,$\text{Polarity}(w) < -\theta$ 表示该词是负向的,$|\text{Polarity}(w)| \leqslant \theta$ 表示该词是中性词。$\text{Polarity}(w)$ 数值大小表征词 w 的正负倾向强度。

2. 基于无监督学习的方法

此方法的基本思路与前一种方法类似,都是根据给定情感种子词集合来识别新词语义倾向性。两者的主要区别在于基于词典的方法是根据语义相似度来判断新词,而基于无监督学习的方法是以词语在语料库中的共现来判断新词的语义倾向性。典型工作如 Turney 等(Turney, 2002; Turney, Littman, 2003)的 PMI-SO 方法,分别以"真"、"善"、"美"为正向种子词集合,以"假"、"恶"、"丑"为负向种子词集合。对于一个新词,PMI-SO 方法首先计算该词与正向种子词的点态互信息(PMI)之和,并用该值减去该词与负向种子词的点态互信息之和。如果结果为正,则该词为正向词;反之,如果结果为负,则为负向词;如果结果为 0,则为中性词。两个词的点态互信息(PMI)定义为:

$$\text{PMI}(word_1, word_2) = \log_2 \left(\frac{P(word_1 \wedge word_2)}{P(word_1)P(word_2)} \right)$$

其中,$P(word_1 \wedge word_2)$ 表示 $word_1$ 与 $word_2$ 在文档集中共现的概率。

新词语义倾向值的计算公式为：

$$SO-PMI(word) = \sum_{pword \in Pwords} PMI(word, pword) - \sum_{mword \in Nwords} PMI(word, mword)$$

其中,$Pwords$ 为正向种子词集合,$Nwords$ 为负向种子词集合。

3. 基于大规模语料库的学习方法

该方法利用词语的共现关系以及搭配关系来判断词的语义倾向性。典型工作如 Hatzivassiloglou 等（Hatzivassiloglou, McKeown, 1997)的方法,是基于大规模未标识语料库,根据形容词间的连接词（如 and, or, but, either-or, neither-nor 等)及其共现关系来识别具有语义倾向性的词。如 and 连接的两个形容词的极性一般是相同的,如 fair and legitimate、corrupt and brutal;而 but 连接的两个形容词的极性一般是相反的,如 simplistic but well-received。该方法把形容词作为节点,以相同极性和相反极性为边（如 and 为相同极性边,but 为相反极性边),构成了一个图,并应用聚类算法把图分割为正向和负向两个聚类簇,其中一个为正向语义倾向性的词簇,另一个为负向语义倾向性的词簇。

2.3.2　句子级情感倾向性分析

句子的情感倾向性大多通过计算句子中包含的所有情感词的平均语义倾向性值而得到（Yuen, Chan et al., 2004)。令 ADJ_p 表示语义倾向性为正的种子情感词集,ADJ_n 为语义倾向性为负的种子情感词集,句子中的情感词 W_i 的词性为 POS_j（j 可以是形容词、副词、名词和动词)。W_i 的语义倾向性计算公式如下：

$$L(W_i, POS_j) = \log \left(\frac{\dfrac{Freq(W_i, POS_j, ADJ_p) + \varepsilon}{Freq(W_{all}, POS_j, ADJ_p)}}{\dfrac{Freq(W_i, POS, ADJ_n) + \varepsilon}{Freq(W_{all}, POS, ADJ_n)}} \right)$$

其中,$Freq(W_{all}, POS_j, ADJ_p)$ 表示种子集中词性为形容词且语义倾向性为正的所有词的出现频率总和,$\varepsilon = 0.5$ 为平滑常数。对于一个句子,首先计算句子中所有情感词的平均语义倾向值,若平均值大于设定的正向阈值 t_p,则句子的语义倾向性为正;若平均值小于设定的负向阀

值 t_n,则句子的语义倾向性为负;平均值介于 t_p 与 t_n 间,则句子语义倾向性为中性。

下面将介绍篇章级情感倾向性分析,由于段落级情感倾向分析与篇章级情感倾向分析处理方法一致,本章则不再赘述。

2.3.3　篇章级情感倾向性分析

篇章级情感倾向性分析主要是针对某个主题或事件进行倾向性判断,代表性的工作有对电影评论的倾向性分析(Pang, Lee et al.,2002;Turney,2002)。Turney(Turney,2002)采用基于规则的方法对文档的语义倾向性进行分析。首先对评论进行标注,并提取规则标识形容词或者副词词性的短语,评估每一个被标识短语的语义倾向性;然后计算这些短语的平均语义倾向性,根据所有短语的平均语义倾向值来确定评论的语义倾向性。该方法采用情感倾向性的词典,不需要人工标注训练语料。Pang 等(Pang, Lee et al.,2002;Pang, Lee,2004)使用基于机器学习的方法将电影评论分为正、反两类语义倾向性,利用人工标注的语料作为训练集,使用 Unigram、Bigram、POS 以及词语位置等特征,学习语义倾向的分类器。McDonald 等(McDonald, Hannan et al.,2007)提出一个基于 CRF 的 Large-Margin 结构模型研究句子级到篇章级的语义倾向性分析。该方法利用句子的上下文关系,并从文章的整体上判断评论的语义倾向性。Abbasi 等(Abbasi, Chen et al.,2008)使用更为宽泛的句法(如 N-grams、POS 等)及体裁风格(如功能词显示方式、词汇丰富度、个别字符的显示样式等)特征作为分类器预选的分类特征,对于每个特征计算其信息增益熵值。然后,选择那些信息增益熵值大于给定阈值的特征作为预选特征,并采用遗传算法对这些预选特征进行特征选取:用二进制字符串作为染色体,字符串的每一位代表一个预选特征,每一位的值表示该预选特征是否被选取,随机产生一定数量的二进制字符串作为最初的染色体,根据设定的条件进行交叉变异;根据产生的二进制串选择特征,训练分类器并进行评估,根据分类器的评估结果来判别选取的特征是否最优,接着再进行迭代选择,直到达到终止条件。Denecke(Denecke,2008)使用 SentiWordnet 情感词典对篇章进行语义倾向性分析,其局限性在于没有考虑否定词以及情感词在篇章中出现的频率等因素。

39

2.3.4 情感对象抽取

情感对象是指主观性文本中情感词汇修饰的对象或讨论的主题。情感对象的抽取方法有多种,其中一种是句法规则结合模板的方法。该方法需要借助自然语言处理工作中的一些结果,如词性标注、句法分析、命名实体识别等。如文献(Yi, Nasukawa et al.,2003)使用三种递增的启发式规则,基于词性标注,从候选的名词短语中提取评价对象。

情感对象的出现依赖上下文中的情感词,正确地识别情感词有助于提高对情感对象的提取效果。文献(Qiu, Liu et al.,2011)基于句法分析的结果设计了一系列规则,同时提取产品评论文本中的情感词汇和评价对象。先由人工选取少量具有明显情感倾向的词作为种子扩展评价对象,再利用提取出的情感对象扩展更多的情感词;通过识别文本中的并列关系,实现情感词集合和情感对象集合的相互扩展。由于单独使用规则会得到相当比例的错误结果,所以需根据评价对象的频繁程度对迭代过程中产生的候选结果进行过滤。

上述方法利用了领域语料中情感对象数量有限的特点。而在更自由的文本类型,如新闻、博客中,情感对象的数量会大大增加,相应地,同一种情感对象的出现频率也会相应降低。文献(Liu,Zhao,2008;Jakob,Gurevych,2010;Wang, Ma et al.,2010)将情感对象抽取看作是一类序列标注问题,以文本中词语位置、词性、语义依存树等为特征,直接采用条件随机场识别情感对象可能出现的位置。虽然这些研究工作的抽取结果和面向特定领域(如产品评论)的情感对象提取结果相比,正确率和召回率稍低,但在自由文本中,条件随机场仍是提取情感对象最主流和有效的方法。

2.4 情感分析

针对英文文本已有大量情感分析研究工作。中文作为世界上使用人数最多的语言之一,在互联网上也被广泛使用,但到目前为止,针对中文文本的情感分析研究工作还开展得比较少。与英文相比,中文本身具有与英文不同的特征,因此对中文文本进行情感分析挖掘存在诸多技术挑战:①英文以空格作为词语间隔,而中文词语间没有间隔,需要对中文进行分词处理;②中文情感修饰语非常丰富,中文句子也具有非常微妙和模糊的情感表达;③中文词义比英文更丰富,句法依存关系更为复杂。本节将针对中文文本,讨论情感分析领域存在的关键问题,并重点介绍两种不同粒度的分析方法(Zhang,Zeng et al.,2009;张长利,王磊等,2010)。

2.4.1 基于字符串核的情感倾向性分析算法

传统的基于学习的情感分析方法需要确定文本中与情感相关的特征,标注训练集并训练机器学习算法,从而得到情感分类模型。该模型支持对文本进行情感分析任务。基于学习的方法是情感分析领域的主流方法,其局限性在于构建特征需要较深的领域知识,其过程较为复杂且代价高昂。此外,在抽取过程中还可能会丢失重要的信息,如与倾向性分析相关的关键信息。下面将介绍基于字符串核函数的机器学习方法,其可以在不丢失信息的情况下对文本进行情感分析。

基于字符串核的情感倾向性分析方法主要分为两步:首先提取文本表示的字符串核特征,然后根据所选取的特征集用机器学习算法进行文本情感倾向分类。下面将简要介绍字符串核特征。

字符串核。使用学习算法进行文本分类通常需要把文档表示为特征向量,向量中的每个元素代表特征在文档中的出现次数(如常用的TF-IDF权重)。特征的定义有多种方式,常用的是词语在文档中出现的次数,如词袋(Bag of Words)及向量空间模型(Vector Space Model)。

在具体情感分析过程中,词序是非常重要的因素,不能只考虑词频而不关注词的位置信息。例如下面的两个句子:

我喜欢这本书。

我不喜欢这本书。

这两个句子具有完全相同的词和词频,由于不同的词序结果导致完全相反的表达含义,使用词袋模型不能区分这两个句子,所以需要用字符串核及词序列核来处理有关词序问题(Zhang,Zhang et al.,2006)。

在字符串核(String Subsequence Kernel)中,文档被表示成由字符按顺序构成的所有可能的子序列,两个字符串的相似程度通过比较两个字符串所共有的子串数量以及子串的连续程度来度量。字符串核在训练及分类过程中不考虑领域知识,可最大限度地减少重要信息的丢失。

字符串核序列(Lodhi, Saunders et al., 2002)定义如下。设 Σ 是有限字符集,字符串是 Σ 上的有限字符序列,包括空字符序列。对于字符串 $s = s_1 \cdots s_{|s|}$,$|s|$ 表示字符串 s 的长度,用 st 表示字符串 s 与字符串 t 的连接,$S[i:j]$ 表示 s 中下标从 i 到 j 的子字符串 $s_i \cdots s_j$。如果存在下标 $i = (i_1, \cdots, i_{|u|})$,并且 $1 \leqslant i_1 < \cdots < i_{|u|} \leqslant |s|$;对于 $j = 1, \cdots, |u|$,有 $u_j = s_{i_j}$,则 u 是 s 的子序列,或简写为 $u = s[i]$。如 $S = $ "qulity",$i = [1,3,5]$,则 $s[i] = $ "qlt"。$l(i) = i_{|u|} - i_1 + 1$ 为 s 的子序列 $s[i]$ 的跨度。

设 Σ^n 为所有长度为 n 的有限字符串构成的字符串集合,Σ^* 为所有字符串集合,则:

$$\Sigma^* = \bigcup_{n=0}^{\infty} \Sigma^n$$

设特征空间 $F_n = \Re^{\Sigma^n}$。对于给定的 $u, u \in \Sigma^n$,$\phi_u(s)$ 表示相对于坐标 u 的 s 的特征映射函数,有:

$$\phi_u(s) = \sum_{i:u=s[i]} \lambda^{l(i)}$$

其中 $\lambda \leqslant 1$,即 $\lambda \in (0,1]$。则对应两个字符串 s, t 的特征向量的核函数内积为:

$$
\begin{aligned}
K_n(s,t) &= \sum_{u \in \Sigma^n} \langle \phi_u(s) \cdot \phi_u(t) \rangle \\
&= \sum_{u \in \Sigma^n} \sum_{i:u=s[i]} \lambda^{l(i)} \sum_{j:u=t[j]} \lambda^{l(j)} \\
&= \sum_{u \in \Sigma^n} \sum_{i:u=s[i]} \sum_{j:u=t[j]} \lambda^{l(i)+l(j)}
\end{aligned}
$$

直接计算可得两个文本的字符串核的时间和空间复杂度为 $O(|\Sigma|^n)$。但当文本包含的字符很多时,需要耗费大量的时间。为了对字符串核进行有效计算,可对核函数进行递归化计算。引入附加公式:

$$K'_i(s,t) = \sum_{u \in \Sigma^m} \sum_{i:u=s[i]} \sum_{j:u=t[j]} \lambda^{|s|+|t|-i_1-j_1+2}$$

其中,$m = 1, 2, \cdots, n-1$。递归化计算公式及步骤如下:

(1) 对于所有的 s, t,令 $K'_0(s,t) = 1$;

(2) 如果 $\min(|s|, |t|) < i$,$K'_i(s,t) = 0$;

(3) 如果 $\min(|s|, |t|) < i$,$K_i(s,t) = 0$;

(4) $K'_i(sx,t) = \lambda K'_i(s,t) + \sum_{j:t_j=x} K'_{i-1}(s,t[1:j-1])\lambda^{|t|-j+2}$,

$i = 1, 2, \cdots, n - 1;$

(5) $K_n(sx, t) = K_n(s, t) + \sum_{j:t_j=x} K'_{n-1}(s, t[1:j-1])\lambda^2$。

经过递归化处理,算法的时间复杂度降为 $O(n * |s| * |t|)$。

表 2.3 为字符串核函数示例。假设有 4 个文档,分别包括"cat","car","bat","bar"四个字符串;考虑子字符串长度 $k=2$,可以得到 8 维的特征空间,这些词对应的特征映射函数值见表 2.3。

表 2.3　字符串的特征映射值表

	c－a	c－t	a－t	b－a	b－t	c－r	a－r	b－r
$\phi(\text{cat})$	λ^2	λ^3	λ^2	0	0	0	0	0
$\phi(\text{car})$	λ^2	0	0	0	0	λ^3	λ^2	0
$\phi(\text{bat})$	0	0	λ^2	λ^2	λ^3	0	0	0
$\phi(\text{bar})$	0	0	0	λ^2	0	0	λ^2	λ^3

由表 2.3 可知,"car"与"cat"的字符串核函数值为:$K(\text{car}, \text{cat}) = \lambda^4$;对 $K(\text{car}, \text{cat})$ 核函数进行正规化处理,即 $K(\text{car}, \text{car}) = K(\text{cat}, \text{cat}) = 2\lambda^4 + \lambda^6$,因此正规化后的 $K(\text{car}, \text{cat}) = \lambda^4 / (2\lambda^4 + \lambda^6) = 1/(2 + \lambda^2)$。

在获取字符串核特征后,可使用监督学习分类模型进行情感分类的训练和预测,可选择模型包括 SVM、Naïve Bayes Multinomial 及 Decision Tree 等。

2.4.2　从句子到篇章级的情感分析算法

基于字符串核的情感分析方法适用于句子级别的情感倾向性分析,本小节将介绍篇章级别的中文情感分析方法。首先根据句子中的情感词以及词语的上下文和依存关系确定句子的情感倾向性,然后对文章中所有的句子的情感倾向进行聚合,最终计算出整篇评论的情感倾向性。

算法总体框架如图 2.6 所示。

算法包括两个主要步骤:句子情感分析和文档情感聚合分析。考虑到中文文本表达的复杂性,该方法首先把文档分解为以句子为单位的序列集合,再分析每个句子的情感倾向性。文档中每个句子的情感

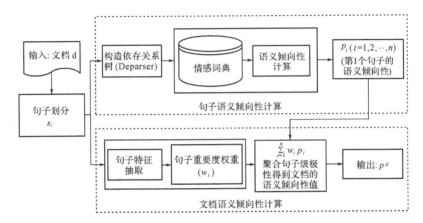

图 2.6 基于规则的情感倾向性分析框架

倾向性都会对整篇文档的情感倾向性有所贡献,每个句子的贡献大小以句子权重衡量,如文档主题中心句权重明显高于其他句子。

问题的规范化表示如下。对包含句子序列 $\{s_1,s_2,\cdots,s_n\}$ 的文档 d,计算每个句子 s_i 的情感倾向性值 p_i,并对句子的极性进行加权求和,得到文档的情感倾向性值 p^d:

$$p^d = \sum_i w_i p_i$$

其中 w_i 为句子 s_i 的权重。如果 $p^d > 0$,则文档为正向情感倾向性;如果 $p^d < 0$,则为负向的情感倾向性;如果 $p^d = 0$,则为中性情感倾向性。

1. 句子情感倾向性分析

这种方法主要基于情感词典和句子句法结构分析句子情感倾向性,主要步骤如下。

(1)主观句子标识。文档中的许多句子并非主观句,即不具有情感倾向性。为了进行更深入的情感倾向性分析,首先需要基于主观词汇对句子进行筛选,忽略那些不具有情感倾向性的客观句子。该方法使用 HowNet 情感词典识别主观句子及分析词语的情感倾向性。How-Net 中描述了汉语词语所代表的概念、词语间以及词语与其属性间的关系,已被用于很多中文语言处理的相关研究中(Veale,2005;Zhu,Zheng et al. ,2008;Kao,Liu et al. ,2009)。HowNet 中包括 3730 个正向评价词(如"漂亮/pretty")、3116 个负向评价词(如"丑陋/ugly")、836 个正向情感词(如"爱慕/love")、1254 个负向情感词(如"悲伤/

sad")以及 219 个程度副词(如"很/very")。此外,HowNet 还能根据程度副词的强度对其进行量化,如"非常"的强度为 2,而"很"的强度为 1.5。由于 HowNet 未提供否定词语,所以该方法通过基于词素和规则的方法标识否定副词,如"否/not+suffix"、"不/no+suffix"、"勿/do not+suffix"、"毋/not+verb morpheme"动词词素。

(2)依存关系树构建。由于中文语言表达的丰富性与复杂性,使得采用简单的基于句子是否包含主观词汇来分析句子的情感倾向性远远不够,需要更深入地分析句法结构才能进行精确的判断。句子情感倾向性分析通过对句子进行浅层句法解析,构建依存关系树。其中,每个节点代表一个词,树由多个词之间的二元关系构成,每个关系中有一个词作为父节点,另外一个词作为子节点;对于每一个词有且仅有一个父节点,而一个词可以有多个子节点。该方法所使用的依存关系类型主要包括八类,如表 2.4 所示。

表 2.4 中文句子中词语之间的依存关系

Relation type	Description	Example	Dependency
ATT(attribute)	定中关系	这部相机/this camera	这部←相机
COO(coordinate)	并列关系	美丽大方/beautiful and decent	美丽→大方
CMP(complement)	动补结构	好得很/quite good	好→得很
MT(mood-tense)	语态结构	好极了/extremely good	好→极了
DE	"的"字结构	精彩的/wonderful	精彩←的
ADV(adverbial)	状中结构	很好/very good	很←好
SBV(subject-verb)	主谓关系	我赞成/I agree	我←赞成
VOB(verb-object)	动宾关系	是错误/is a mistake	是→错误

图 2.7 所示为依存关系树示例,例句为"这部相机真的很好"。图中关系被表示成带箭头的线,从父节点指向子节点,线上的标签表示关系的类型。在这个例子中,词"相机"、"真的"、"很"是主观词"好"的子节点,词"真的"和"很"直接修饰"好"。

(3)句子情感倾向性分析。句子中词语的情感倾向性有三种形态:原极性、修饰极性及动态极性(Wilson,Wiebe et al.,2009)。

原极性是指不考虑句子中词语的上下文,只考虑情感词语本身的

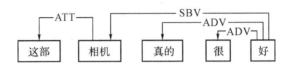

图 2.7 "这部相机真的很好"的句法依存关系

情感倾向性。确定词语原极性的方法有多种：一种是通过给定的主观词典来确定词语的原极性，另一种是通过信息检索的方法，如 SO-PMI 方法，来识别情感词的原极性。本小节使用 HowNet 情感词典作为中文主观词典来确定原极性。

主观词的实际极性可能与该词的原极性不同，这是因为主观词修饰极性的作用。修饰极性是指在修饰词（包括程度副词和否定词）影响下的主观词情感极性，其中否定词可改变情感词的极性，程度副词可加强或减弱句子中情感词的极性强度。不考虑修饰极性会导致对句子情感倾向性预测的不准确，需通过分析句子中的主观词及该词的依存修饰词来最终确定主观词的情感倾向性。

在主观词典中，每个主观词都有确定的原极性。在将句子解析为依存关系树后，词语的修饰极性就体现在该词的子节点对它的修饰作用上；如果没有子节点，则说明没有修饰词。通过对中文语言表达方式的深入研究，可基于主观词与其子节点的依存关系类型以及子节点的类型（如否定词和程度副词），总结出一些计算修饰极性的启发式规则：

• 如果句子中的词语与其子节点的依存关系类型为 VOB（如"是→错误"）、COO（如"美丽→大方"）、DE（如"精彩←的"），则该词的极性由子节点的极性决定。

• 如果句子中的词语与其子节点的依存关系为 CMP（如"好→得很"）、MT（如"好→极了"），且子节点是程度副词，则该词的极性被子节点修饰，即加强或减弱该词的极性，可乘以子节点的强度值。

• 当词语之间的依存关系为 ADV 或 ATT 时，修饰极性的处理比较复杂。在这种情况下，父节点可能有多个子节点，子节点有可能是否定词或程度副词，或者两者都有。在中文中，程度副词与否定词共同修饰主观词时，程度副词与否定词的顺序不同也将影响最终的修饰极性，具体情况如下。①如果最接近的子节点是程度副词，且没有否定词（如"很←高兴"），则该词的极性被加强，即主观词的原极性乘以程度副词的强度；②如果最接近的子节点是否定词（如"不←高兴"），且没有程度

46

副词作为子节点,则主观词的极性强度被否定,操作改变,即该主观词的极性变为与原极性相反且强度减半;③如果词语有两个连续的子节点(程度副词和否定词),且顺序为程度副词－否定词(如"很－不←高兴"),则情感词的极性首先被否定词修饰,再被程度副词修饰,其修饰极性变为与原极性相反,强度减半后再乘以程度副词的强度;④如果词语有两个连续的子节点(否定词和程度副词),且子节点的顺序为先否定词再程度副词(如"不－很←高兴"),则修饰极性的强度减半,然后再乘以程度副词的强度。

句子是由词语根据一定的语言规则组成的,因此句子的情感倾向性等于句子依存关系树根节点的情感倾向性。可使用递归方法从依存解析树的根节点开始对构成句子的每个词进行情感倾向性计算,最终根据根节点的情感倾向性求得句子的情感倾向性。

图 2.8 说明了不同情况下的情感倾向性计算,其中"高兴"的原极性是＋1,程度副词"很"的强度是 1.5。

47

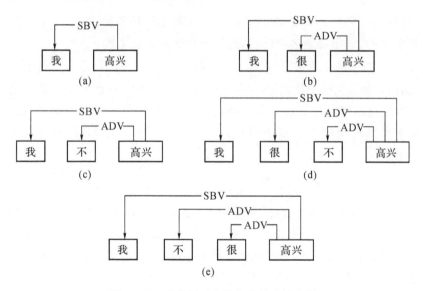

图 2.8　五个句子对应的依存关系树实例

图 2.8 中的情感极性计算如下。

(a)我高兴。

修饰极性＝原极性＝＋1

(b)我很高兴。

修饰极性＝原极性× 强度＝＋1×1.5＝＋1.5

(c)我不高兴。

修饰极性＝原极性×（－1)/2＝＋1×（－1)/2＝－0.5

(d)我很不高兴。

修饰极性＝原极性×（－1)/2×强度

$\qquad$＝(＋1)×（－1/2)×（1.5)＝－0.75

(e)我不很高兴。

修饰极性＝原极性×强度×1/2

$\qquad$＝(＋1)×（1.5)×（1/2)＝＋0.75

2. 文档情感倾向性聚合分析

该方法采用级联的方法通过聚合文档中所有句子的情感倾向性，即根据文档中句子的不同重要程度,赋予句子不同的权重来调整其对文档情感倾向性的贡献值,最终预测文档的情感倾向性。为度量句子在文档中的重要程度,定义五个与领域无关的特征:句子在文档中的位置(w_p)、词频句子频的加权和(w_t)、句子的主题相似度(w_h)、句子的概括度(w_k)、句子的表述度(w_f),这五个特征分别定义如下。

• 句子的位置重要度。设文档 $D=\{s_1, s_2, \cdots, s_n\}$ 是一个句子的集合,s_i 表示文档中第 i 句,即句子的位置;n 表示文档的句子总数。文档开始与结尾的句子通常是文档的主题句,比其他句子更重要,因此,可对文档两端的句子赋予更高的权重。句子的位置特征(w_p)定义如下:

$$w_p(s_i) = \frac{1}{\min(i, n-i+1)} \qquad 1 \leqslant i \leqslant n$$

• 词频句子频重要度:表示句子中表达的信息量大小,即句子中包含的重要术语越多则句子越重要。该方法对传统的向量空间模型(Salton, Wong et al.,1975)的词频文档频进行转化,定义两个句子级的度量指标:词频 $TF(t, s)$——词 t 在句子 s 中出现的频率,句子频 $SF(t)$——文档中包含词 t 的句子的数量。参照 TF-IDF(Term Frequency Inverse Document Frequency)的权重模式,可定义词频逆句子频(Term Frequency Inverse Sentence Frequency，TF-ISF)权重来度量词对句子的重要程度,这种重要程度随着句子中该词出现的次数增加而增大,随着文档中出现包含该词的句子数的增加而降低。词频句子频重要度定义为在句子中所有词的 TF-ISF 的求和:

$$w_t(s_i) = \sum_{t \in s_i} \mathrm{TF}(t, s_i) \cdot \log \frac{n}{\mathrm{SF}(t)}$$

其中，n 为文档中句子的总数。

• 句子的主题相似度：表示句子与主题间的相似度。句子与主题的余弦相似度可用于度量句子在文档中的重要程度。通常标题是对文档简明扼要的概括，句子与主题 h 之间的相似度越高，则该句子对文档极性的贡献权重越大。可使用余弦相似度来计算句子的主题相似度：

$$w_h(s_i, h) = \frac{s_i \cdot h}{\|s_i\| \cdot \|h\|}$$

其中，s_i 和 h 表示 TF-ISF 的特征向量空间，$\|\cdot\|$ 表示向量的模，$s_i \cdot h$ 表示 s_i 与 h 的数量积。

• 句子的概括度：表示句子关键字的加权和。句子中关键字的出现的频率表明句子与文档中心内容的相关程度及句子的重要性。本书通过关键词提取方法（Matsuo, Ishizuka, 2004）来标识文档中的关键词。该算法基于词共现统计信息，用词与频率词在一个文档中共现的概率分布抽取关键词，特别适用于领域独立（无关）的单文档关键词抽取。句子的概括度计算公式如下：

$$w_k(s_i) = \sum_{t \in s_i} \mathrm{keyword}(t)$$

其中，t 为用关键词提取算法在文章中提取的关键词。

• 句子的表述度：表示句子是否以第一人称陈述或表达，例如句子中含有"我"或"我们"等第一人称表述。这种句子趋向于与文档整体情感倾向性保持一致，因此，如果句子中的情感持有者为第一人称，可赋予该句子较高的重要程度。句子的表述度定义如下：

$$w_f(s_i) = \begin{cases} 1 & \text{if } s_i \text{ contains a first-person pronoun} \\ 0 & \text{otherwise} \end{cases}$$

把上述度量句子重要程度的五个特征权重规范化到 [0,1] 区间，进一步把这五个特征权重聚合成一个权值。句子的重要程度用权重 w_i 表示，聚合公式如下：

$$w_i = \lambda_p w_p(s_i) + \lambda_t w_t(s_i) + \lambda_h w_h(s_i) + \lambda_k w_k(s_i) + \lambda_f w_f(s_i)$$

其中，参数 λ_p，λ_t，λ_h，λ_k 与 λ_f 的和为 1，表示每个特征对句子总体权重的影响。当计算出每个句子的权重及句子的情感倾向性后，文档的情感倾向性为文档中句子情感倾向性的加权和，计算公式如下：

$$p^d = \sum_{i=1}^{n} w_i p_i$$

其中，p_i 表示句子 s_i 的情感倾向性，p^d 表示文档的情感倾向性。

参考文献

Abbasi A，Chen H，et al. Sentiment analysis in multiple languages：Feature selection for opinion classification in Web forums. ACM Transactions on Information Systems（TOIS），2008，26(3)：12.

Ahn D. The stages of event extraction. Proceedings of the COLING-ACL 2006 Workshop on Annotating and Reasoning about Time and Events，2006.

Aone C，Bennett S W. Evaluating automated and manual acquisition of anaphora resolution strategies. Proceedings of the 33rd Annual Meeting on Association for Computational Linguistics，1995.

Becker H，Naaman M，et al. Event identification in social media. Proceedings of the ACM SIGMOD Workshop on the Web and Databases（WebDB'09），2009.

Califf M E，Mooney R J. Bottom-up relational learning of pattern matching rules for information extraction. The Journal of Machine Learning Research，2003，4：177—210.

Cardie C. Empirical methods in information extraction. AI Magazine，1997，18(4)：65.

Crystal D. A dictionary of linguistics & phonetics. Blackwell Pub，2003.

Day D，Aberdeen J，et al. Mixed-initiative development of language processing systems. Proceedings of the 5th Conference on Applied Natural Language Processing，1997.

Denecke K. Using SentiWordNet for multilingual sentiment analysis. Proceedings of the 2008 IEEE 24th International Conference on Data Engineering Workshop，2008.

Esuli A，Sebastiani F. SentiWordNet：A publicly available lexical resource for opinion mining. Proceedings of LREC，2006.

Fikes R E，Nilsson N J. STRIPS：A new approach to the application of theorem proving to problem solving. Artificial Intelligence，1972，2(3—4)：189—208.

Gan K W，Wong P W. Annotating information structures in Chinese texts using HowNet. Proceedings of the Second Workshop on Chinese Language Processing，2000.

Ge A，Mao W，et al. Extracting action knowledge in security informatics. Proceedings of the 2012 IEEE International Conference on Intelligence and Security Informatics，2012.

Girju R，Moldovan D I. Text mining for causal relations. Proceedings of the 15th International Florida Artificial Intelligence Research Society Conference，2002.

Grishman R. Adaptive information extraction and sublanguage analysis. Proceedings of the 17th International Joint Conference on Artificial Intelligence,2001.

Hatzivassiloglou V, McKeown K R. Predicting the semantic orientation of adjectives. Proceedings of the 18th Conference on European Chapter of the Association for Computational Linguistics,1997.

Jakob N, Gurevych I. Extracting opinion targets in a single-and cross-domain setting with conditional random fields. Proceedings of the 2010 Conference on Empirical Methods in Natural Language Processing,2010.

Kao E C C, Liu C C, et al. Towards text-based emotion detection a survey and possible improvements. Proceedings of the 2009 International Conference on Information Management and Engineering,2009.

Khoo C, Kornfilt J, et al. Automatic extraction of cause-effect information from newspaper text without knowledge-based inferencing. Literary and Linguistic Computing,1998,13(4): 177.

Khoo C, Myaeng S, et al. Using cause-effect relations in text to improve information retrieval precision. Information Processing and Management,2001,37(1): 119—145.

Kim S M, Hovy E. Determining the sentiment of opinions. Proceedings of the 20th International Conference on Computational Linguistics,2004.

Kipper K, Dang H T, et al. Class-based construction of a verb lexicon. Proceedings of the 17th National Conference on Artificial Intelligence and 12th Conference on Innovative Applications of Artificial Intelligence,2000.

Lenat D, Prakash M, et al. CYC: Using common sense knowledge to overcome brittleness and knowledge acquisition bottlenecks. AI Magazine, 1985, 6(4): 65.

Li X, Mao W, et al. Automatic construction of domain theory for attack planning. Proceedings of the 2010 IEEE International Conference on Intelligence and Security Informatics,2010.

Liu H, Singh P. ConceptNet—a practical commonsense reasoning tool-kit. BT Technology Journal,2004,22(4): 211—226.

Liu K, Zhao J. NLPR at multilingual opinion analysis task in NTCIR-7. Proceedings of the 7th NTCIR Workshop,2008.

Lodhi H, Saunders C, et al. Text classification using string kernels. The Journal of Machine Learning Research,2002,2: 419—444.

Matsuo Y, Ishizuka M. Keyword extraction from a single document using word co-occurrence statistical information. International Journal on Artificial Intelligence Tools,2004,13(1): 157—169.

51

McDonald R, Hannan K, et al. Structured models for fine-to-coarse sentiment analysis. Proceedings of the 45th Annual Meeting of the Association of Computatianal Linguistics,2007.

Pang B, Lee L. A sentimental education: Sentiment analysis using subjectivity summarization based on minimum cuts. Proceedings of the 42nd Annual Meeting on Association for Computational Linguistics, 2004.

Pang B, Lee L, et al. Thumbs up?: sentiment classification using machine learning techniques. Proceedings of the ACL-02 Conference on Empirical Methods in Natural Language Processing, 2002.

Qiu G, Liu B, et al. Opinion word expansion and target extraction through double propagation. Computational Linguistics,2011,37(1): 9—27.

Sakaki T, Okazaki M, et al. Earthquake shakes Twitter users: Real-time event detection by social sensors. Proceedings of the 19th International Conference on World Wide Web,2010.

Salton G, Wong A, et al. A vector space model for automatic indexing. Communications of the ACM,1975,18(11): 613—620.

Sheth A. Citizen sensing, social signals, and enriching human experience. IEEE Internet Computing,2009,13(4): 87—92.

Sil A, Huang F, et al. Extracting action and event semantics from web text. Proceedings of the 2010 AAAI Fall Symposium on Commonsense Knowledge,2010.

Stark M M, Riesenfeld R F. Wordnet: An electronic lexical database. Proceedings of 11th Eurographics Workshop on Rendering, Citeseer,1998.

Stewart A, Smith M, et al. A transfer approach to detecting disease reporting events in blog social media. Proceedings of the 22nd ACM Conference on Hypertext and Hypermedia,2011.

Turney P, Littman M L. Measuring praise and criticism: Inference of semantic orientation from association. ACM Transactions on Information Systems, 2003, 21(4):315—346.

Turney P D. Thumbs up or thumbs down?: semantic orientation applied to unsupervised classification of reviews. Proceedings of the 40th Annual Meeting on Association for Computational Linguistics,2002.

Veale T. Analogy as functional recategorization: Abstraction with HowNet semantics. Proceedings of the 2rd International Joint Conference on Natural Language Processing,2005.

Wagner D, Dvorak D, et al. A control architecture for safe human-robotic interactions during lunar surface operations. Proceedings of the AIAA Infotech@ Aerospace Conference,2009.

Wang C, Ma T, et al. PKUTM experiments in NTCIR-8 MOAT task. Proceedings of NTCIR-8 Workshop Meeting, 2010.

Wilson T, Wiebe J, et al. Recognizing contextual polarity: An exploration of features for phrase-level sentiment analysis. Computational Linguistics, 2009, 35 (3): 399—433.

Yangarber R. Scenario customization for information extraction. PhD Thesis, New York, USA: New York University, 2000.

Yi J, Nasukawa T, et al. Sentiment analyzer: Extracting sentiments about a given topic using natural language processing techniques. Proceedings of the 3rd IEEE International Conference on Data Mining, 2003.

Yuen R W M, Chan T Y W, et al. Morpheme-based derivation of bipolar semantic orientation of Chinese words. Proceedings of the 20th International Conference on Computational Linguistics, 2004.

Zeng D, Hsinchun C, et al. Social media analytics and intelligence. IEEE Intelligent Systems, 2010, 25(6): 13—16.

Zhang C, Zeng D, et al. Sentiment analysis of Chinese documents: From sentence to document level. Journal of the American Society for Information Science and Technology, 2009, 60(12): 2474—2487.

Zhang L, Zhang D, et al. Weighted kernel model for text categorization. Proceedings of the 5th Australasian Conference on Data Mining and Analystics, 2006.

Zhu H, Zheng D, et al. Research on query translation disambiguation for CLIR based on HowNet. Proceedings of the 9th International Conference for Young Computer Scientists, 2008.

王晖, 姜志宏等. 基于 Web 社会媒体的社会传感器网络. 第二届全国社会计算会议, 2010.

王飞跃. 社会计算与情报安全学发展规划. 中科院复杂系统与智能科学技术报告, 2005.

李晓晨. 社会计算中组织行为的计算建模与预测方法. 中国科学院自动化研究所博士学位论文, 2012.

张长利, 王磊等. ISI 项目技术报告. 中科院自动化研究所情报与安全信息学团队, 2010.

新浪科技. 博客 Twitter 实时直播孟买恐怖袭击. http://tech.sina.com.cn/i/2008-11-28/-611152611202.shtml. 2008-11-28.

赵琦, 刘建华等. 从 ACE 会议看信息抽取技术的发展趋势. 现代图书情报技术, 2008, 3: 18—23.

53

3 社区发现

信息技术的飞跃发展,使得人与人之间的联系日趋紧密,关系也变得越来越复杂,社会网络中的六度分离现象也逐渐趋于五度甚至四度分离(Markoff,Sengupta,2011)。然而,社会人群间的各种社交网络仍呈现出社区结构,而且在其他复杂网络中,类似社区的网络形态同样普遍存在。

3.1 社区的基本概念

现实世界中的许多复杂系统都存在社区结构,如社交网络、科学合作网络及互联网等,都在不同程度上体现出社区特性。图 3.1(Za-chary,1977;Girvan,Newman,2002)展示了真实世界中一些具有社区结构特性的网络。

对社区的认识主要分为以下三种(Fortunato,2010)。①从局部来认识社区,即将一个全连通的子图定义为社区,或将每个节点的内联接都多于外联接的局部网络定义为社区,或将内联接总数多于外联接数的局部网络定义为社区。②从网络整体来认识社区,采取与基准网络比较的方式来区分。基准网络一般设为随机网络,如果某网络社区的特征与基准网络存在显著差异,则认为该网络具有社区结构。③从节点的相似性来认识网络社区,即假定社区内节点都是相似的,采用某种指标来衡量网络节点间的相似性,再根据节点相似性划分社区。

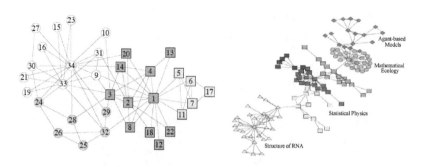

（a）空手道俱乐部网络　　　（b）圣塔菲研究所科研合作网络

图 3.1　真实世界复杂网络中的社区现象

网络社区发现具有非常重要的意义，它不仅有助于揭示复杂网络是如何由许多相对独立且相互关联的单元社区构成的，而且能帮助理解系统不同层次的结构特征、功能特性及运行规律。如社会网络中的社区可用于揭示具有共同兴趣、爱好或背景的社会团体；万维网中的社区结构可用于提高网络搜索性能，实现信息过滤、热点话题追踪和网络情报收集、分析等功能；生物化学网络和电子电路网络中的社区结构可用于发现系统中功能相关的结构单元等。

复杂网络中的社区发现问题最早由 Girvan 和 Newman 在 2002年提出，他们基于实证数据发现，复杂网络中普遍存在社区结构，即复杂网络的结构普遍具有"同一社区内的节点相互紧密连接，而不同社区间的节点相互稀疏连接"的特点（Girvan，Newman，2002）。该发现促使其他研究者对社区发现问题进行深入探索，并引发了研究热潮。近年来，研究者从层次聚类、优化算法、随机游走、仿生计算、信息传播、信息论、统计推理等不同的视角提出了多种社区发现方法，并在很多特定网络社区上成功应用；研究角度正逐步从对单一关系、单一类型节点社区结构的研究扩展到对多层次、多种类型节点和关系的网络，包括有向网络、加权网络、符号网络、二分网络、多关系网络、异质网络等的研究。

传统的社区概念通常认为网络中的个体只能属于一个社区，即非重叠社区；而在许多复杂网络中，节点可能同时属于多个社区，如一个科学家可能会对好几个研究领域感兴趣。Palla 等（Palla，Derenyi et al.，2005）对传统社区概念进行了扩展，允许一个节点同时属于多个社区，社区之间可以有交叠重合的部分，并基于此提出了重叠社区发现算法。下面将针对非重叠社区及重叠社区(见图 3.2)分别介绍对应的社区发现方法,然后讨论社区发现算法的评估标准。

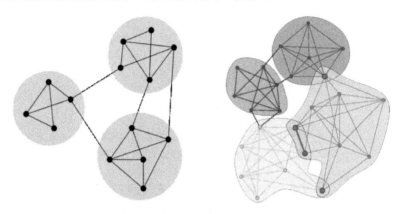

图 3.2 非重叠社区与重叠社区

3.2 非重叠社区发现

网络社区发现是将完整网络划分成子网络的过程。复杂网络中的非重叠社区的网络社区发现研究自 2002 年开始,已经有诸多研究成果。研究者针对不同的应用场景提出了不同的解决思路,目前主要有采用网络分裂思路的方法、基于模块度优化的方法、利用网络对应矩阵的谱信息的方法、基于网络动力学相关的方法、基于统计推理相关的方法等。

虽然复杂网络中的社区发现研究最为热门,但类似的研究问题同样存在于其他领域,且提出更早,如分布式计算的任务分配、社会学中的人群划分等问题。针对这些问题发展出了一类重要的分析方法,将原来解决非网络科学问题的方法成功借鉴到复杂网络社区发现中。本节首先对社会学与计算机科学中社区发现的两类重要算法——层次聚类算法和图分割算法进行介绍,然后介绍网络科学中用到的社区发现主要算法。

3.2.1 层次聚类方法

在社会学领域,一般通过给定网络的拓扑结构定义网络节点间的相似性或距离,然后采用单连接层次聚类或全连接层次聚类将网络节点组成一个树状图层次结构。其中,树的叶节点表示网络节点,非叶节点一般由相似或距离接近的子节点合并而得到。

层次聚类方法的基本思想是:通过某种相似性测度计算节点之间的相似性,并按相似度由高到低排序,逐步重新连接各节点。该方法的优点是可随时停止划分,主要步骤如下(丁连红,时鹏,2008):

(1)移除网络中的所有边,得到有 n 个孤立节点的初始状态;

(2)计算网络中每对节点的相似度;

(3)根据相似度从强到弱连接相应节点对,形成树状图;

(4)根据实际需求横切树状图,获得社区结构。

为了方便描述,图 3.3 展示了一个小型网络;对应的邻接矩阵为 A,如图 3.4 所示。

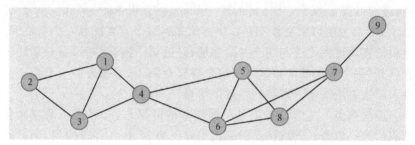

图 3.3　一个具有 9 个节点和 14 条边的小型社会网络

$$A = \begin{bmatrix} 0 & 1 & 1 & 1 & 0 & 0 & 0 & 0 & 0 \\ 1 & 0 & 1 & 0 & 0 & 0 & 0 & 0 & 0 \\ 1 & 1 & 0 & 1 & 0 & 0 & 0 & 0 & 0 \\ 1 & 0 & 1 & 0 & 1 & 1 & 0 & 0 & 0 \\ 0 & 0 & 0 & 1 & 0 & 1 & 1 & 1 & 0 \\ 0 & 0 & 0 & 1 & 1 & 0 & 1 & 1 & 0 \\ 0 & 0 & 0 & 0 & 1 & 1 & 0 & 1 & 1 \\ 0 & 0 & 0 & 0 & 1 & 1 & 1 & 0 & 0 \\ 0 & 0 & 0 & 0 & 0 & 0 & 1 & 0 & 0 \end{bmatrix}$$

图 3.4　邻接矩阵

凝聚式层次聚类算法中,边的添加过程可用一个树状图(Dendro-gram)来表示。以图 3.3 中的网络为例,采用基于邻接矩阵的相似性度量方法,得到如图 3.5 所示的树状图。

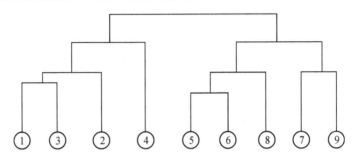

图 3.5　凝聚层次聚类树状图

由图 3.5 可以看出,凝聚过程中出现了一些不平衡的合并(较大规模的社区与单个节点的社区合并,如节点 4 与{1,2,3}合并),从而导致较高的计算开销。改进的算法考虑了社区规模,并对合并标准进行了修改,首先合并规模相近的社区,从而形成一个更加平衡的社区层次结构,进而提高了效率。Blondel 等(Blondel, Guillaume et al. ,2008)提出了 FUA 方法以解决该问题。该方法先将每个节点视为一个基社区,再根据模块度判定应与它合并的邻居;经过第一遍合并后,部分基社区被合并;每个社区的度数和连接信息被整合到一起,视为一个节点。这种多层次方法对于大规模网络效果明显。

层次聚类方法的结果不是一种简单的网络划分,而是一系列嵌套而成的网络划分。若将网络的邻接矩阵视为 N 个 N 维行向量,则可通过计算节点间的欧式距离或者 Pearson 相关系数来刻画节点间的距离或相似性(也可选用节点间最短路径或路径条数来计算相似性)。与迭代二分方法不同的是,层次聚类方法不需要指定网络的社区个数和社区规模,但不能确定网络的最优划分。此外,层次聚类方法依赖于节点相似度的衡量标准,可能会将某些节点划分成单独的社区,或不能正确划分网络的外围节点。

3.2.2　图分割方法

在计算机科学领域,图分割(Graph Partitioning)是一种类似于社区发现的问题,主要目的是将网络大致等分成给定数量的子网络,使子网络间边的连接尽可能少。如在并行计算的任务分配问题中,为了使得各个处理器的负载均衡且处理器之间的通信量尽可能少,常用节点表示处理器、边表示处理器间的通信关系,并对这种网络进行最优划分。图分割通常通过迭代分割将网络划分成子网络:首先将网络最优划分为两个子网络,然后再重复对这些子网络进行最优二分,直到划分为给定数量的子网络为止。Kernighan-Lin 算法(Corneil,Gotlieb,1970)与谱平分方法(Spectral Bisection)(Pothen,Simon et al.,1990)是其中两种重要的图分割方法。

Kernighan-Lin 算法是一种贪心算法,它通过定义网络划分的一个收益函数,采用贪婪搜索来得到收益函数值最大的网络划分。收益函数定义为两个子网络内部边的数量减去网络间边的数量。Kernighan-Lin 算法先将待分割的网络随机划分成指定大小的两个子网络,再以该初步划分为基础,通过交换两个子网络的节点来优化收益函数。首先,计算两个子网络间所有可能的节点对交换所对应的收益函数变化值,并交换收益函数变化值增幅最大或降幅最小的一对节点。在每个节点仅能交换一次的约束下,重复上述节点交换过程,直至其中一个子网络的所有节点均被交换过为止。然后,检查所有的节点交换序列,找出收益函数值最大的划分,即为网络的最优二分。收益函数值最大的网络二分结果被选作新的迭代起点,直到整个网络被划分成指定数量的子网络为止。

谱平分方法是基于网络拉普拉斯矩阵特征值的方法。网络拉普拉斯矩阵是一个半正定矩阵,其最小特征值为 0,且该特征值对应的特征向量为元素全为 1 的 N 维向量。如果一个网络是由 k 个互不连通的子网络组成,则该网络对应的拉普拉斯矩阵有 k 个特征值为 0,对应的 k 个特征向量指示了节点的社区属性;如果这个网络是由 k 个子网络稀疏互联组成的连通网络,则其对应的拉普拉斯矩阵除了一个为 0 的特征值外,还有 $k-1$ 个接近于 0 的特征值。基于这一特点,谱平分方法根据网络拉普拉斯矩阵的第二小特征值对应的特征向量,对网络进行二分。由于网络对应的拉普拉斯矩阵是实对称阵,其特征向量是相互正交的,因此第二小特征值对应的特征向量是由正负元素组成的向量。谱平分方法就是根据向量元素的正负特点将网络节点划分成两部分的。实际网络一般是稀疏的,即网络对应的拉普拉斯矩阵也是稀疏阵,采用 Lanczos 方法可以较快地求得特征值。

Kernighan-Lin 算法和谱平分方法的主要局限在于不能保证迭代

二分就能得到正确的划分(如将网络分成 3 个子网络时存在多种结果),而且缺少有效的二分停止条件。对于 Kernighan-Lin 算法,另一个主要问题在于算法开始前,需要知道两个子网络的大小,否则算法将无法得到准确的划分结果。

3.2.3　G-N 算法及扩展

G-N 算法是典型的分裂型非重叠式社区发现算法,其基本思想是不断地删除网络中具有相对于所有源节点的最大边介数的边,然后再重新计算网络中剩余的边相对于所有源节点的边介数,重复这个过程,直到网络中所有边都被删除。在分裂过程中,可在任意时刻终止,并输出当前结果作为发现的社区结构。用户也可定义算法终止条件,如限定划分的社区数量、得到的社区结构性质(强连通社区和弱连通社区)、模块度要求等。很多学者从各个角度对 G-N 算法进行了多种扩展,如 Radicchi 算法等。这些算法使用不同的测度定义边的权重,制定不同的删边策略,进而得到不同的社区划分结果。

1. G-N 算法

在复杂网络中发现社区的一种简单思路是找出所有的社区间连接,并将它们全部删除,然后每个连通分支即形成了一个社区。这就是基于划分的社区发现方法的基本原理,其关键点在于如何合理地找出社区间连接,从而产生合适的社区划分。

基于上述思想,Girvan 和 Newman 提出了著名的社区发现 G-N 算法(Girvan,Newman,2002)。该算法认为不同社区间存在的少数几条连接往往是社区间通信的瓶颈,是不同社区成员通信时的必经之路。G-N 算法引入边介数的概念,即网络中经过该连接的任意两点间最短路径的条数。将边介数作为衡量网络中边的通信负载流量的标准,则边介数高的边应该是连接不同社区的通道;并认为社区间连接的边介数应大于社区内连接的边介数。

该算法通过反复计算边介数、识别社区间连接、删除社区间链接,以分裂式的方式建立一棵层次聚类树,一般步骤如下:

(1)计算网络中所有边的边介数;

(2)删除边介数最高的边;

(3)重新计算网络中所有边的边介数;

(4)重复步骤(2)和(3)直到网络中所有的边都被删除。

通常也将 G-N 算法看成是一种分裂分层算法,但与一般分裂算法不同的是,G-N 算法并不是寻找关联最弱的节点对并删除它们之间的边,而是寻找通信流量最大的边并将其删除。

该算法的局限在于计算速度。G-N 算法每移除一条边,都要重新计算网络中剩余边的边介数,并不断地计算节点对之间的关联度,直到网络中不存在任何边,所以时间复杂度很高。因此,该算法只适合处理中小规模网络。此外,该算法也无法预知网络最终可被分为几个社区,且对于稀疏网络或星形网络往往难以取得满意的效果。

2. G-N 算法扩展

针对 G-N 算法的不足,有研究者提出了改进方法。由于边介数定义为通过该边的最短路径的条数,所以任何一条边的删除都会影响剩余边的介数值。这将导致 G-N 算法每删除一条边,都需要重新计算剩余边的边介数,时间耗费巨大。因此,Radicchi 算法(Radicchi, Castellano et al. ,2004)采用边聚类系数(Link Clustering Coefficient)来取代 G-N 算法中的边介数,以减少计算量。边聚类系数定义为包含一条边的三角环的实际数量占可能存在的所有三角环总数的比例。在社会网络中,若一个三角环包含一条边连接不同社区的边,则该三角环另两条边中的某一条边连接这两个社区的可能性很大。由于连接不同社区的"桥"通常很少,因此不可能存在多个连接不同社区的三角环。边 $e(i,j)$ 的边聚类系数 $C_{i,j}$ 的具体计算方法如下:

$$C_{i,j} = \frac{z_{i,j} + 1}{\min(d_i - 1, d_j - 1)}$$

其中,d_i,d_j 分别表示节点 i 和节点 j 的度数,$z_{i,j}$ 表示网络中包含该边的三角环的实际个数,$\min(d_i - 1, d_j - 1)$ 表示包含该边的三角环的最大可能的个数。

Radicchi 算法通过反复删除网络中集聚系数最小的边,逐步将整个网络划分为层级结构,基本步骤如下:

(1)计算网络中每条边的边集聚系数;

(2)删除集聚系数最小的边;

(3)重新计算网络中所有边的边集聚系数;

(4)重复步骤(2)和(3),直到所有的边都被删除。

应用 Radicchi 算法对图 3.3 所示的网络进行划分,得到的结果如

图 3.6 所示。

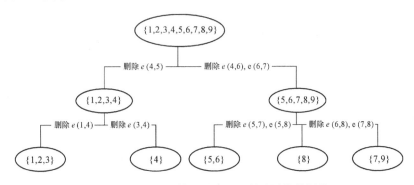

图 3.6　Radicchi 算法对图 3.3 所示网络的划分

Radicchi 算法的运行效果与 G-N 算法相当,但算法运行速度得到了较大提升。对稀疏网络而言,该算法的时间复杂度为($O(n^2)$),明显优于 G-N 算法的时间复杂度($O(n^3)$)(Radicchi, Castellano et al., 2004)。Radicchi 算法的局限性主要在于过于依赖网络中的三角形回路,不适合处理短回路较少或没有的复杂网络,尤其是树状拓扑或星状拓扑的网络。

类似的算法非常多,除上述边介数替代策略外,G-N 算法中的边介数还可由结构相似度等取代(金弟,刘杰等,2010)。

3.2.4　基于模块度优化的算法

2004 年,Newman 和 Girvan 提出了一个用于刻画网络社区结构优劣的量化标准——模块度(Modularity)函数 Q,其基本思想是将划分后的社区与相应的零模型进行比较以确定划分的质量。零模型是指与原网络具有某些相同性质(如相同边数或度序列),而在其他方面完全随机的随机图模型(汪小帆,李翔,陈关荣,2012),具体定义见第 3.4 节。

Newman 还提出了第一个基于模块度优化的社区发现方法 FN。该算法的基本思路为:初始化时,候选解中每个社区仅包含一个节点;在每次迭代时,选择并合并两个现有的社区,根据优化函数的方向,FN 算法选择使得 Q 函数值增加最大(或减小最少)的社区对合并;当候选解只对应一个社区时,算法结束。通过这种凝聚式的层次聚类过程,FN 算法输出一棵层次聚类树,并将 Q 函数值最大的社区划分作为最终聚类结果。该算法的时间复杂度为 $O(mn)$(Newman,2004)。

Q 函数给出了社区结构的清晰定义,并在实际应用中被广泛采用。Q 函数作为目标函数的优化方法已成为复杂网络社区发现领域的主流方法之一。基于 Q 函数评判标准,优化模块度的值使其最大化即可得到最好的社区划分,但这一问题已被证明是 NP 难问题。因此,目前基于模块度优化进行社区发现的算法都是近似算法,如模拟退火法、极值优化法、数学规划法等。下面将对一些基于模块度优化的典型算法进行介绍。

1. 模拟退火算法

采用优化算法进行社区发现一般是通过节点移动、社区合并或划分以寻求 Q 函数的最大可能值来实现的。Guimera 和 Amaral(Guimera,Amaral,2005)提出了基于模拟退火的模块度优化算法 SA (Simulated Annealing)。该算法将模块度 Q 作为 SA 算法的目标函数,通过单节点移动和节点集的移动来获得 Q 的最大值。首先随机生成一个初始解,之后每次迭代中,在当前解的基础上产生一个新的候选解;然后由 Q 函数判断其优劣,并采用模拟退火策略中的 Metropolis 准则决定是否接受该候选解。SA 算法产生新候选解的策略是:①将节点移动到其他社区;②交换不同社区的节点;③分解社区或合并社区。该算法准确性非常高,但是运行效率较低,不适合处理大规模网络。

Blondel 等也通过节点移动来优化模块度 Q(Blondel,Guillaume et al.,2008)。与 SA 的模块度优化相比,该方法在移动节点时,考虑与该节点相邻的社区,并将节点移动到模块度增加最大的社区中。在当前的节点移动获得 Q 值的局部极大值后,构建一个新的网络,将划分的社区作为节点、社区之间的所有连接作为边;再以新网络为起点重复迭代以上节点移动和构建新网络步骤,直至 Q 值基本收敛为止。该算法速度非常快,但划分结果受节点移动顺序的影响,稳定性有待改进。

2. 极值优化算法

极值优化(Extremal Optimization,EO)算法是另一种基于模块度优化的启发式算法,其在保证准确性的同时还具有较快的运行速度(Boettcher,Percus,2002)。该算法将 Newman 定义的 Q 函数作为全局优化目标,并增加了局部 Q 函数。与传统极值优化算法一样,将 Q 分解成单个节点表示的局部变量,每个节点 i 对整体模块度的贡献 q_i 定义为(Duch,Arenas,2005):

$$q_i = k_r(i) - k_i a_r(i)$$

其中，$k_r(i)$ 表示节点 i 连接到社区 r 的边的数量，k_i 表示节点 i 的度，$a_r(i)$ 为全局 Q 函数中对应于节点 i 的变量。由此导出一种称作节点适应度的测度，定义如下（Duch，Arenas，2005）：

$$\lambda_i = \frac{q_i}{k_i} = \frac{k_r(i)}{k_i} - a_r(i)$$

通过选取适应度低的节点，并将其从一个社区移动到另一社区来搜索 Q 的最优值，EO 算法能获得与 SA 算法相近的 Q 值，但运行效率更高，其时间复杂度为 $O(n^2 \log n)$。

很多仿生优化算法也常被用来优化模块度 Q 的值，如遗传算法 Genetic Algorithm，GA）和禁忌搜索算法（Tabu Search）。Tasgin 等（Tasgin，Herdagdelen et al.，2007）将 N 维社区指示向量看作染色体，以模块度 Q 为适应度函数，从网络的某种初始划分开始，应用 GA 算法，通过复制、交叉和变异等操作进行网络社区结构分析。该算法在恰当设置算法参数的情况下，能够得到与其他优化算法相当的准确性。Liu 等（Liu，Li et al.，2007）则应用 GA 算法对网络进行迭代二分来获得最优社区结构划分，并用总的模块度 Q 值作为二分停止准则。Arenas 等（Arenas，Fernandez et al.，2008）将 Tabu 算法引入到模块度优化中。从某个初始社区划分开始，该算法通过节点随机移动到其相连的社区或作为一个独立社区来获得下一次迭代搜索的最优起点，但节点的移动受到禁忌表的约束；可移动的节点包括不在禁忌表中的节点，以及在禁忌表中但移动后可增大 Q 值的节点。Lü 和 Huang（Lü，Huang，2009）提出一种优化与细调（Fine Tuning）结合的两阶段 Tabu 模块度优化算法。该算法首先通过一种混合的 Tabu 算法将网络不断二分，直到 Q 值不能再增加为止；然后在不改变第一阶段得到的社区数的情况下，再利用混合 Tabu 算法进行节点在社区之间的局部移动，以获得更高的 Q 值。

3. 数学规划算法

模块度优化问题也可转化成数学规划问题来求解。模块度优化问题可表示成混合整数二次规划模型（Mixed Integer Quadratic Programming，MIQP），将 Q 函数作为优化目标函数，并根据社区特点定义各种约束条件，从而将社区发现问题转化为混合整数二次规划问题。其优点在于可用标准的优化软件包进行求解，能较好地逼近最优模块度值,但时间复杂度很高,不适合处理大规模的网络(Xu,Tsoka et al.,2007)。

　　传统基于模块度优化的算法的优化目标都是 Q 函数,但也有学者提出了对 Q 函数本身进行改进的算法,如将模块度作为汉密尔顿函数的特例(Reichardt,Bornholdt,2004):

$$\mathcal{H}(\sigma) = \sum_{i<j}(A_{ij} - \gamma p_{ij})\delta(\sigma_i,\sigma_j)$$

其中,A_{ij} 表示网络邻接矩阵第 i 行第 j 列的元素;γ 为网络中存在的边与不存在的边对能量函数贡献的相对权重,σ_i 为节点 i 的社区标号,$\delta(\sigma_i,\sigma_j)$ 函数保证了在同一社区内节点对的求和。

　　此外,还有以 Motif 为基本元素而非网络中的边对模块度进行定义的算法(Arenas,Fernandez et al.,2008),通过比较社区内 Motif 的密度与零模型中 Motif 的期望密度,对模块度进行优化。

　　针对不同类型的网络有不同的模块度定义。在二分网络中,Barber(Barber,2007)直接将模块度扩展到二分网络;Guimera 等(Guimera,Sales-Pardo et al.,2007)提出了新的模块度定义;在符号网络中,Gomez 等(Gomez,Jensen et al.,2009)将网络的总模块度表示成正权值边的模块度和负权值边的模块度的线性组合;Traag 和 Bruggeman(Traag,Bruggeman,2009)则将汉密尔顿函数扩展,使其也能处理社区结构划分。

　　针对模块度的优化算法非常多,很多传统的优化算法都可能被用来对 Q 函数进行优化;与其他理论结合进行优化的算法也非常多,如 Newman 将谱图理论引入到模块度优化中,提出了一个优化 Q 函数的谱方法。Newman 将模块度函数 Q 表示为一个拉普拉斯矩阵,证明了该矩阵的第二大特征值对应的特征向量的正负二分结果,正好对应模块度优化的二分结果。该算法划分质量非常好,但时间复杂度稍高,在 $O(n^2 \log n)$ 和 $O(n \log n)$ 之间(Newman,2006)。除此之外,还有快速模块度优化算法(Fast Unfolding Algorithm,FUA)。该算法结合了局部优化与多层次聚类技术,首先使每个节点在其邻近区域内局部优化模块性函数 Q,获得一个社区划分结果;然后将每个得到的社区作为一个超级节点,社区间的链接作为加权边,构建一个上层网络;将上述两步不断迭代,直到 Q 函数值不再增加为止。该算法对于稀疏网络具有线性时间复杂度 $O(m)$,同时可获得非常高的聚类质量。针对目前复杂网络的规模越来越庞大,且呈现出天然分布式特性的特点,从局部观点出发,国内有学者提出了一个快速社区发现算法(Fast Network Clustering Algorithm,FNCA)。他们基于对函数 Q 的分析,推导出一个针对单个节点的局部目标函数 f,并证明 Q 函数随网络中任一节点的 f 函数呈单调递增趋势,进而提出一个基于局部优化的近线性社区发现算法。在该算法中,每个节点仅利用网络的局部社区结构信息来优化自身的目标函数 f,所有节点通过相互协同来实现对整个网络的聚类。该算法不仅具有优越的运行效率和聚类质量,而且可适用于分布式网络社区发现(金弟,刘大有等,2012)。

值得注意的是,虽然模块度函数 Q 已被人们广泛接受,极大地推动了复杂网络社区结构分析及其应用的发展,但它仍然存在着一些不足,如模块度定义时以保持给定网络节点度的随机网络为参考模型,基于随机网络不存在社区结构的假设,即随机网络模块度值应为0。这些假设导致 Q 函数存在分辨率限制(Resolution Limit)问题(Fortunato,Barthelemy,2007)和极端退化(Extreme Degeneracies)现象(Good,de Montjoye et al.,2010)等。Blondel 等(Blondel,Guillaume et al.,2008)认为,设计多层次、多粒度的社区发现算法可以缓解分辨率限制问题;Khadivi 等(Khadivi,Rad et al.,2011)认为,在应用社区发现算法之前采用链接加权的预处理机制,可以缓解 Q 函数的分辨率限制问题和极端退化现象。目前,如何有效解决上述两个问题仍然是模块度优化类社区发现算法的主要挑战。

3.2.5 谱分析算法

矩阵是简洁有效的网络描述工具,而特征值携带了矩阵的大量信息。基于这一认识,网络中的社区发现可以从对应矩阵的特征值入手,谱分析算法就是一种直接从矩阵特征值角度出发进行社区发现的方法。该方法的主要思想是根据网络对应的某个特定矩阵的特征向量(如 Fiedler 向量)的分量来测度节点的相似性,网络对应的拉普拉斯矩阵特征向量的分量接近的节点属于同一社区的可能性更大。当网络社区结构较为明显时,其邻接矩阵的特征向量的分量就具有局部化的特点。因此,可以利用特征向量的分量作为新参照系,把网络节点映射到一个新的度量空间中,使得在该度量空间中能够较容易地区分各个社区;然后再将该空间映射到一个低维的欧几里德空间中,同时能够在新空间中保持节点之间的相似性。

一种典型的算法是多维量表（降维）算法（MDS），该算法要求输入一个矩阵 $P \in \mathbb{R}^{n \times n}$，矩阵中的每个元素 $P_{i,j}$ 表示网络中任一节点对 v_i 和 v_j 之间的距离。用 $S \in \mathbb{R}^{n \times l}$ 表示 l 维空间中节点的坐标，则 S 列正交，可表示为（Borg，Groenen，2005）：

$$SS^{\mathrm{T}} \approx -\frac{1}{2}\left(I - \frac{1}{n}11^{\mathrm{T}}\right)(P \circ P)\left(I - \frac{1}{n}11^{\mathrm{T}}\right) = \widetilde{P}$$

其中，I 表示单位矩阵，l 是一个 n 维的列向量，该列向量的每个元素都为 1；$\circ$ 表示矩阵的乘法。然后可以通过最小化 $\widetilde{P}$ 和 SS^{T} 之间的距离而得到 S，即

$$\min\|SS^{\mathrm{T}} - \widetilde{P}\|_{\mathrm{F}}^2$$

假设 V 包括 $\widetilde{P}$ 的 l 个具有最大特征值的特征向量，Λ 是一个具有 l 个特征值的对角矩阵，即 $\Lambda = \mathrm{diag}(\lambda_1, \lambda_2, \cdots, \lambda_l)$，则最优的 S 为：$S = V\Lambda^{\frac{1}{2}}$。由于该降维方法涉及 $\widetilde{P}$ 的特征值问题，因此，经典的 K-means 算法可被用于发现社区划分。

图 3.3 的网络经过降维之后被可视化为一个二维的空间分布，如图 3.7 所示。由于节点 v_1 和 v_3 是结构等价的，节点 v_5 和 v_6 是结构等价的，因此在图 3.7 所示的欧几里德空间中，节点 v_1 和 v_3 被映射到同一个点上，节点 v_5 和 v_6 被映射到同一个点上。需要指出的是，所使用的特征向量的个数越多，社区之间的分离越明显。采用 K-means 算法对该二维空间上的节点进行聚类，最后得到两个簇，分别为 $\{1,2,3,4\}$

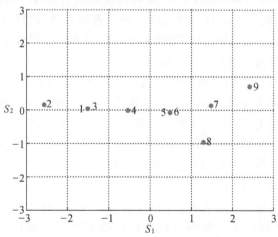

图 3.7　节点在欧几里德空间中的分布（唐磊，刘欢等，2013）

和$\{5,6,7,8,9\}$。

3.2.6　基于动力学的算法

网络上的动力学过程通常受到网络传播结构的影响,因此通过分析网络的动力学过程,可以揭示网络的结构属性,进而发现社区结构。基于网络动力学过程发现社区的方法主要有随机游走方法和网络同步方法等。

1. 随机游走算法

随机游走是一种常见的网络动力学过程,即从在网络中随机或按某种策略选择一节点出发,以一定概率选取该节点的某个相邻节点作为下一节点继续游走,并重复这一过程。(Markov Cluster,MCL)算法就是基于这一过程的社区发现算法(van Dongen,2000)。其基本思想是模拟网络中的多个随机游走流,通过改变和调节马尔可夫链来发现网络社区结构,即不断强化较强的流、弱化较弱的流,一直循环这一过程,使得社区结构逐渐显现;当一些具有强内部流的区域被那些几乎不可见的弱流边界割裂时,迭代结束。

MCL算法将网络对应的邻接矩阵转换为概率转移矩阵,反复进行扩张和膨胀操作,而每次迭代操作的转移矩阵均由前一次操作结果归一化后得到;当概率转移矩阵收敛到稳定矩阵时,MCL得到一个 0/1 邻接矩阵,由此该矩阵对应的网络的各个连通分量即为网络的各个社区。MCL方法的局限在于需要事前指定扩展和膨胀操作的参数,且这类参数值的设定对划分结果影响较大。

除了 MCL 算法,还有利用随机游走算法导出节点之间的平均到达距离的度量作为测度指标的。先计算两节点之间的距离,由该距离导出节点之间的相似性,再不断改变节点成为邻节点,以调节相似性阈值,将网络划分为由树状图表示的社区。该算法复杂度很高,只适合处理一些小规模网络的社区结构(Zhou,2003)。

偏随机游走(Biased Random Walk)是另一种效果较好的社区发现算法。该算法通过定义相似性测度,从 n 个单节点社区开始,有层次地合并社区,从而得到用网络树状图表示的多级社区划分(Zhou, Lipowsky,2004),但该算法难以确定有偏随机游走的参数值。节点间距离度量还可以通过步长为 t 的随机游走到网络各节点的转移概率为属性特征进行定义(Pons,Latapy,2005)。随机游走思路扩展了基于模块度社区分析方法的应用广度(Lai,Lu et al.,2010a)。

基于马尔可夫随机游走模型进行社区发现,除了针对常规简单网络以外,还有一些专门针对其他类型网络的。如有向网络上的随机游走可以通过 PageRank 类型的网络随机游走进行定义(Rosvall,Bergstrom,2008),PageRank 结合网络边的方向信息可以更有效地划分有向网络的社区结构(Lai,Lu et al.,2010b);符号网络上的 FEC (Finding and Extracting Communities)启发式社区发现算法综合考虑了两种社区标准(即连接密度和连接符号),既能有效处理符号网络,又能有效处理仅包含"正关系"的一般复杂网络。

2. 网络同步方法

同步是网络上的另一种动力学过程,因此也有可能为网络的社区结构分析提供思路。Arenas 等人提出了 Kuramoto 振子模型,通过网络上的同步过程揭示网络的社区结构。该分析方法将节点看成振子(Arenas,Diaz-Guilera et al.,2006),则有

$$\frac{\mathrm{d}\theta_i}{\mathrm{d}t} = \omega_i + \lambda\sum_{j=1}^{N} a_{ij}\sin(\theta_j - \theta_i)$$

其中,θ_i 和 ω_i 分别表示第 i 个振子的相位和固有频率,λ 是耦合强度。$A(a_{ij})$ 是网络的邻接矩阵,在此基础上,引入一个反映振子间相关性的与同步时间有关的局部度量(Arenas,Diaz-Guilera et al.,2006):

$$\rho_{ij}(t) = \langle\cos[\theta_i(t) - \theta_j(t)]\rangle$$

其中$\langle\cdot\rangle$表示对随机初始相位的平均。通过跟踪振子对的时间演化识别紧密的聚类团结构,即社区结构;这一通过同步过程分析导出的社区结构与通过模块度最大化导出的社区结构之间存在内在的联系(Arenas,Diaz-Guilera,2007)。

除了 Kuramoto 模型分析网络同步过程进而发现社区外,OCR (Opinion Changing Rate)模型(Boccaletti,Ivanchenko et al.,2007)、通过自旋玻璃模型导出的汉密尔顿函数(Reichardt,Bornholdt,2006)及其扩展(Ronhovde,Nussinov,2009)等也可以看作是用网络动力学方法分析社区结构的成功实例。针对其他类型的网络也有类似的算法,如 FRFIM(Ferromagnetic Random Field Ising Model)进行加权网络的社区结构分析(Son,Jeong et al.,2006)。

3.2.7　标签传播算法

标签传播算法类似于基于随机游走的启发式社区发现算法,是一种基于图的半监督学习算法,能够利用少量已标记节点的标签信息去预测大量的未标记节点的标签。该算法与模块度优化算法不同,其不设定特定的目标函数,而是通过直观的启发式规则来定义社区结构和设计算法,规则为"在具有社区结构的网络中,任何一个节点都应当与其大多数邻节点在同一个社区内"。

LPA(Label Propagation Algorithm)就是基于这一思路进行社区发现的典型算法(Raghavan, Albert et al.,2007)。该算法的基本思想是:初始化时,每个节点被赋值为一个唯一的标签;每次迭代中,每个节点采用大多数邻节点的标签来更新自身标签;当所有节点的标签都与其多数邻节点的标签相同时,算法结束,此时,稠密子图中的节点达成共识,也即形成了社区,如图 3.8 所示。

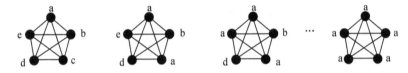

图 3.8　标签传播算法(Raghavan, Albert et al.,2007)

为了保证该算法收敛和避免循环,每次迭代之前都要对节点随机重排,并异步更新节点标签,具体算法步骤如下(Raghavan, Albert et al.,2007)。

(1)初始化网络中所有节点的标签,对每个节点赋予唯一的标签值;对给定节点 x,$C_x(0)=x$。

(2)设时间 $t=1$。

(3)将节点随机重新排序,并赋予节点集 X。

(4)对于每个重新排序后的节点 $x \in X$,取 $C_x(t)=f(C_{xi1}(t), \cdots, C_{xim}(t), C_{xi(m+1)}(t-1), \cdots, C_{xik}(t-1))$,使得节点 x 的标签和其邻节点中具有最多相同标签的节点保持一致。

(5)若每个节点的标签与其邻节点的标签最大数量一致时,算法结束;否则,设时间 $t=t+1$,返回步骤(3)。

这一算法的优点在于时间复杂度很低,每次迭代消耗的时间为线

性复杂度 $O(m)$，且一般只需要极少的迭代次数即可收敛；局限在于容易陷于局部最优解。

对标签传播算法 LPA 已有众多的改进或借鉴。如将标签传播算法 LPA 等价于最小化汉密尔顿函数（Tibely，Kertesz，2008）或优化问题（Barber，Clark，2009），修正的 LPA（Leung，Hui et al.，2009）。针对基于标签传播的算法容易陷入局部最优解的问题，将多步的层次贪婪算法 MSG 与 LPAm 算法结合，来改善标签传播类算法的聚类性能（Liu，Murata，2010）。此外，基于信任度衰减的观点动力学模型（Morarescu，Girard，2011）也是类似于标签传播这一思路的方法。

3.2.8 InfoMap 算法

另一个与标签传播算法思路较为相似的算法是基于信息论思想的映射平衡 InfoMap 算法（Rosvall，Bergstrom，2008）。该方法基于最小描述长度（MDL）基本原理（Grünwald，Myung et al.，2005），通过信息传播扩散技术来探测网络社区结构。MDL 原理的主要思想为：数据中包含的任何规律性都可以用来压缩数据长度。如果对随机游走的路径进行编码，并将社区结构作为规律性来压缩数据，则该路径的最小描述长度所对应的网络划分就构成了一个有效的社区结构。

假设随机游走一旦进入网络中的某个社区，将持续较长时间在社区内部游走。InfoMap 方法基于这一前提将有向网络社区结构划分问题转换为求解随机游走路径期望编码长度的问题，期望编码长度越短，对网络的社区结构划分越好。在 InfoMap 算法中，随机游走的期望描述长度定义如下（Rosvall，Bergstrom，2008）：

$$L(Z) = qH(Z_{\text{inter}}) + \sum_{i=1}^{C} p^i H(Z_i)$$

其中，q 表示随机游走从一个社区跳转到另一个社区的概率；$H(Z_{\text{inter}})$ 表示在给定的划分 Z 中，随机游走在社区之间的跳转概率的熵；C 表示社区数量；p^i 则是随机游走处在社区 i 内部的概率；$H(Z_i)$ 是社区 i 的内部节点之间跳转概率的熵；$L(Z)$ 表示随机游走在社区之间转移和在社区内部游走所形成的路径的平均编码长度的期望值。网络社区结构的某种划分对应的 $L(Z)$ 值越小，表明该划分越可能接近真实网络的社区结构。

71

3.2.9　局部社区发现算法

现实世界中存在很多超大型且不断动态变化的网络（如 Internet），因此，往往不可能得到整个网络的完整拓扑结构。针对这一问题，许多研究者提出了一些寻找网络中局部社区结构的算法，基于度中心性的 Hub 算法就是这样一种局部社区发现算法。

Hub 算法的核心思想是：实际网络中的社区往往是由一个具有最大度的 Hub 节点为"中心"而产生的；受到这些"中心"节点的感染和吸引，周围节点不断地与 Hub 节点建立连接并形成社区。因此，以 Hub 节点为中心，经过一层层扩散就会形成各个社区（丁连红，时鹏，2008）。

对于一个具有 n 个节点和 m 条边的网络 N，设节点 v_i 和 v_j 之间边的权重为 w_{ij}。则在有向网络中，定义节点 v_i 的出度为：

$$O_i = \sum_{k=1}^{n} w_{ik}$$

节点 v_i 的入度为：

$$I_i = \sum_{k=1}^{n} w_{ki}$$

无向网络中每个节点的出度和入度相同，因此对于每个节点 v_i，都有 $O_i = I_i$。

定义 d-ball(v_i) 是以节点 v_i 为中心，且由与节点 v_i 之间的最短路径小于 d 的节点所构成的子网络。Hub 算法针对每个 Hub 节点逐步扩展 d-ball 的直径，直至划分出社区结构，其主要步骤如下：

（1）选择度数最大的 k 个节点降序排列组成 Hub 集；

（2）取 Hub 集中度数最高的未处理过的节点作为社区中心，计算 d-ball 上的节点；

（3）逐步扩大 d-ball 的直径，计算 d-ball 上的节点；

（4）重复步骤（3），直到 d-ball 上没有空白节点（未被处理过的节点）；

（5）重复步骤（2）、（3）、（4），直到 Hub 集中不存在未被处理过的节点，则 d-ball 内的节点构成以 Hub 节点为中心的社区。

Hub 算法的局限性在于需要预先知道网络中的社区数量，以确定 Hub 集的大小；还要求网络中的社区是等直径的，否则就会导致社区之间的重叠。

3.3　重叠社区发现

传统的社区发现方法不允许出现一个节点同时属于多个社区的情况,而在真实世界的复杂网络中,一个节点同时会被多个社区共享,即社区之间有重叠,如科研合作网络中的成员可能参与不同领域问题的探讨,一个大分子蛋白质会参与多种化学反应等。Palla 等(Palla, Derenyi et al.,2005)基于实际数据分析,发现复杂网络中普遍存在重叠社区结构,进而提出了重叠社区发现的派系过滤算法 CPM(Clique Percolation Method),以此掀起了重叠社区发现的研究热潮。典型的重叠式社区发现算法有派系过滤算法、CONGA 算法(Community-Overlapping Newman-Girvan Algorithm)、基于局部扩展的方法、基于边划分的算法等。

3.3.1　派系过滤算法

社区内边的连接密度较高,使得社区内部容易形成团,这些团一般表现为全连通子图;而社区之间的边形成团的可能性较小。派系过滤算法通过合并全连通子图来构建重叠社区。首先从网络中找出所有大小为 k 的团;然后将每个 k 团作为节点构建一个新的图,当两个 k 团共享 $k-1$ 个节点时,新图中两个对应的节点之间才有边。则新图中每个连通子图所对应的 k 团集合即构成了一个社区。由于一个节点可能会同时属于多个 k 团,所以 CPM 找到的社区自然会出现重叠现象。

CPM 具体步骤如下(汪小帆,2008)。

(1)确定初始集合 A 和 B,$A=\{v\}$,$B=\{v$ 的邻节点\}。

(2)从 B 中移动一个节点到集合 A,同时调整集合 B,删除 B 中不再与 A 中所有节点相连的节点。

(3)如果 A 的大小未达到 s 前集合 B 已为空集,或者 A,B 已为一个较大派系的子集,则停止计算,返回递归的前一步;否则,当 A 达到 s,就得到一个新的派系,记录该派系,然后返回递归的前一步,继续寻找新的派系。否则算法结束。

这一算法本身对重叠社区发现一般非常有效,但当网络中的全连通子图非常少时,就难以体现优势了。

3.3.2 CONGA 算法

派系过滤算法虽然能够发现网络中的重叠社区,但仍然存在一定的局限性。一方面,对于派系密集的网络,派系过滤算法容易把整个网络看成一个派系;另一方面,对于派系稀疏的网络,派系过滤算法难以给出有效的社区发现结果。因此,许多学者提出了一些新的重叠社区发现思路,比较典型的是基于"分裂介数"改进的 G-N 算法——CONGA算法(Gregory,2007)。

CONGA 算法首先对网络中高介数的节点进行分裂,并保存节点副本,然后采用传统的社区发现算法进行社区划分,最后再合并分裂的节点,从而达到发现重叠社区的目的。

假设要将节点 v 分裂成两个节点 v_1 和 v_2,只需要在 v_1 和 v_2 之间加一条"虚边",然后计算通过 $e(v_1,v_2)$ 的最短路径的数量。如果通过 $e(v_1,v_2)$ 的最短路径数量比网络中任意其他边的最短路径数量都多,则将该"虚边"移除;否则,将介数中心性最高的节点进行分裂。该算法中节点的介数根据下式进行计算:

$$C_{\mathrm{B}}(v) = \frac{1}{2}\sum_{e\in\tau(v)} C_{\mathrm{B}}(e) - (n-1)$$

其中,$\tau(v)$ 表示以 v 为节点的边的集合,n 表示包含节点 v 的块中的节点数量。因此,可以使用节点介数作为分裂介数的限制条件。如果节点 v 的介数并不比网络中存在的最大边介数高,则不必计算该节点的分裂介数。

以图 3.3 所示的网络为例,介数中心性最高的节点为 v_4,对 v_4 进行初次分裂,得到如图 3.9 所示的结果。

完成节点的分裂过程后,即可应用经典 G-N 算法或改进的 G-N算法进行社区发现,算法的主要步骤如下(Gregory,2007):

(1) 计算网络中所有边的边介数;

(2) 根据网络中的边介数计算每个节点的点介数;

(3) 发现分裂节点的候选集,即节点介数比网络中的最大边介数高的节点集;

(4) 若候选集非空,则计算节点的分裂介数;

(5) 删除网络中具有最大边介数的边或分裂具有最大点介数的节点;

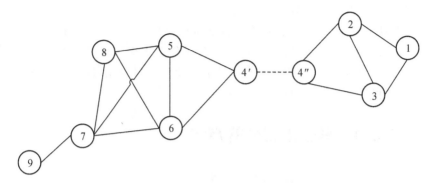

图 3.9　CONGA 算法中节点的分裂过程

（6）重新计算网络中现存的边的边介数；

（7）重复执行步骤（2）～（6），直到网络中不存在任何边。

CONGA 算法能够有效地发现网络中的重叠社区，并且在分裂节点以后，可以应用任何的传统社区发现算法进行社区发现，具有较好的适应性。

3.3.3　基于局部扩展的方法

重叠社区发现的另一思路是从局部出发，逐步扩展，多个扩展之间会形成交叉区域，由此形成重叠社区。LFM 算法（Lancichinetti, Fortunato et al. ,2009）是这一思路的典型代表。该算法定义了两个适应度函数：社区的适应度和节点对社区的适应度。其种子扩展的基本步骤是：以单个节点 v 为初始社区 g，考虑所有与其相邻的节点 A，将对 g 的适应度最大的邻节点加入到当前社区形成 gc；重新计算 gc 中各节点的适应度，剔除适应度为负的节点；重复上述过程直至扩展后的社区其邻节点对它的适应度均为负。通过一定的种子选取策略（每次选取尚未指派到社区的节点），可以由扩展得到的若干个局部社区生成整个网络的覆盖，并保证网络中每个节点至少被一个局部社区覆盖。

具体而言，先从一个随机选择的种子节点出发，通过不断向外扩张来构建社区，直至社区函数 $f(c)$ 达到局部最优为止。$f(c)$ 定义为（Lancichinetti, Fortunato et al. ,2009）：

$$f_c = \frac{k_{\text{in}}^c}{(k_{\text{in}}^c + k_{\text{out}}^c)^\alpha}$$

其中，α 表示分辨率参数，决定了算法产生社区的大小；k_{in} 表示两个节点

都在社区 c 内的链接数；k_{out} 表示只有一个节点在社区 c 内的链接数。当 LFM 获得一个社区之后，将继续随机选择某个不属于任何社区的节点作为新起点，迭代执行上述局部扩张操作。该算法通过不断地探测局部社区，直到网络中所有节点都被分配给某社区为止，能够同时探测出重叠和层次两种结构特征。

3.3.4 基于边划分的方法

基于边划分的方法主要是将边而不是节点作为考虑对象，通过设计适当的划分方法来获取边社区结构。由于边社区间会出现一些重叠的节点，所以它自然地对应了节点的重叠社区结构。

基于边划分的方法（Evans，Lambiotte，2009）通过"用边表示节点、用节点来形成边"，将原始节点网络转换为对应的边网络，然后选择已有的社区发现算法应用于该新网络，从而获取边社区结构。网络转换的优点是可以直接将非重叠社区发现的算法应用于重叠社区。但社区结构一般还具有层次性，而重叠性与层次性通常是有矛盾的。针对这一问题，目前已有一些解决方案，如采用边社区（Barber，Clark，2009），将社区看作是紧密相连的边集合等。

3.4 社区发现算法评价

目前，研究人员对网络社区认识上的差异仍然存在。长期以来，人们对社区的定义仅仅是定性的，虽然在定量分析方面也进行了大量尝试，但没有哪一种社区的定量定义得到广泛认可。现阶段常用的社区内聚评价方法为 Newman 和 Grivan 提出的网络模块度评价函数（又称 Q 函数）法，其基于社区内部的节点连接概率应大于同样度序列随机图的连接概率的思想。由于模块度的定义独立于特定的社区发现算法，所以也可以将其作为社区发现算法有效性评估的算法之一。

真实网络中对社区发现的需求和应用多种多样，因此出现了多种社区性质的定义和社区发现评价方法。针对现实世界中网络性质的不同，将所研究的网络对象分为如下四类，每一类型的网络采用不同的社区发现评估标准（唐磊，刘欢等，2013）。

(1)具有自洽性定义的组群网络。一些组群如簇、群落、核等都可以在社区定义之后,用模块度或强弱社区的概念进行检验,可简单地检查被抽离的社区是否符合已有的标准或定义。

(2)具有先验知识的网络。例如,网络中每个成员之间的关系都已知。这是一种理想的情况,这种情况几乎不会在真实世界网络中出现,而是往往发生在根据预先定义的网络结构生成的人造网络,或者一些简单的网络案例,如具有 34 个节点的 Zachary club 网络中。如果社区数量很小(2 或 3 个社区),则在确定的社区结构和真实信息之间判定一个一对一映射是很容易的,经常用的传统分类测量方法有准确性、F1-测量等。

(3)具有语义信息的网络。一些网络的节点或边带有语义或属性信息。在这种情况下,被认同的社区会由专家检查其是否与语义相一致,如确定了的社区是否与某一个话题相一致(Flake et al.,2000;Clauset et al.,2004),合作作者网络的聚类是否与个人的研究领域相一致。当社区比较小的时候,这种评估方法很有效。然而,该方法常常选择处于排序顶端的作者作为社区的代表,其度量方法是定性的,因此很难被应用于大型网络中的社区发现。但是,这种方法却可以帮助理解和解释社区模式。

(4)缺少实际情况或语义信息的网络。这是最普遍的情况,但是却最需要主观性的评估。一般情况下,会借助一些定量的方法来测量网络合理性,如社区的模块度。另外一种可比较的方法是用已有的社区作为连接预测的基础,如果两个行动者属于一个社区,则他们相连;然后,将预测的网络和真实的网络相比较,检测社区结构的偏差。

下面介绍两种常见的社区发现算法的评价方法。

3.4.1 模块度

模块度的概念最初由 Newman 提出,模块度评价函数法是通过考虑节点的度分布来测量真实世界网络中社区划分粒度的方法。给定一个具有 n 个节点、m 条边的网络,节点 v_i 和 v_j 之间边数的期望值为 $d_i d_j / 2m$,d_i 和 d_j 分别表示节点 v_i 和 v_j 的边数。考虑这样一种情况,一条边从 v_i 出发,随机连接到网络中任意一个节点,则连接到节点 v_j 的可能性是 $d_j / 2m$。由于节点 v_i 有 d_i 条边,所以节点 v_i 和 v_j 之间的期望边数为 $d_i d_j / 2m$。因此,$A_{i,j} - d_i d_j / 2m$ 就可测量节点和节点在真实网络中的连接($A_{i,j}$)与随机期望连接之间的差值,即为真实网络拓扑结构的社区效应的强度。给定一组节点 C,社区效应的强度可定义为:

$$\sum_{i \in C, j \in C} (A_{i,j} - d_i d_j / 2m)$$

如果网络被分为 k 个社区,则整个网络的社区强度可表示为:

$$\sum_{l=1}^{k} \sum_{i \in C_l, j \in C_l} (A_{i,j} - d_i d_j / 2m)$$

将模块度定义为:

$$Q = \frac{1}{2m} \sum_{l=1}^{k} \sum_{i \in C_l, j \in C_l} (A_{i,j} - d_i d_j / 2m)$$

其中,系数 $\frac{1}{2m}$ 是将模块度的值标准化为($-1, 1$)。则模块度能测量划分社区的质量。

虽然现在大多算法可以通过模块度这一测度进行比较,但模块度优化方法仍然存在一些内在的分辨率限制问题,即采用模块度作为社区,结构内举行启发式规则的相关算法倾向于发现规模相似的社区。除此之外,基于 Q 函数的社区发现强调社区的自然划分,而这种对社区的自然划分往往使社区无法按照社区内部成员之间的关系紧密程度进一步划分子社区。

3.4.2 强连通社区和弱连通社区

将整个复杂网络看成一个很大的无向图 G,则社区 G' 实际上是整个网络 G 中的一个子图,该子图内部节点彼此之间的交流十分密切,内部节点与外部节点之间的交流则相对稀疏。对于社区 G' 中的一个节点 v_1,其邻节点分布在两个可能区域:G' 内部和 G' 外部;用 d_i 表示该节点的度数,则节点 v_i 的度数分布可以写成两部分:

$$d_i^{in}(G') = \left| \sum_{j \in G'} A_{ij} \right|$$

$$d_i^{out}(G') = \left| \sum_{j \in G-G'} A_{ij} \right|$$

$$d_i = d_i^{in}(G') + d_i^{out}(G')$$

若社区中的每个节点的 d_i^{in} 都大于 d_i^{out},即 $\forall v_i \in G', d_i^{in}(G') > d_i^{out}$,则称该社区是一个强连通社区;若社区中的每个节点的 d_i^{in} 之和大于其 d_i^{out},即 $\forall v_i \in G', \sum_{v_i \in G'} d_i^{in}(G') > \sum_{v_i \in G'} d_i^{out}$,则称该社区是一个弱连通社

区;如果划分得到的社区既不是强连通社区也不是弱连通社区,则不能称之为是一个社区。

3.5　小　结

社区发现是一个非常活跃、快速发展的领域。本章介绍了一些常用的社区发现和评估方法,分析了这些方法的优劣及应用场景。此外,还有一些基于统计推理等思路进行社区发现的算法,更多细节请参阅(Fortumato,2010)。这些方法大多数只在某个领域或某些条件下表现较优,且许多算法的计算复杂度较高。因此,网络中的社区发现问题仍然是摆在研究者面前的巨大挑战。社区发现是一种社会网络建模与分析方法,能够揭示信息在网络上传播的宏观现象和微观行为,帮助信息管理者有效地进行网络用户行为预测和信息传播控制管理。第4章将深入讨论社会网络分析方法,以及如何对社会网络上的传播现象进行建模。

参考文献

Arenas A, Diaz-Guilera A. Synchronization and modularity in complex networks. The European Physical Journal-Special Topics,2007,143(1): 19—25.

Arenas A, Diaz-Guilera A, et al. Synchronization reveals topological scales in complex networks. Physical Review Letters,2006,96(11).

Arenas A, Fernandez A, et al. Motif-based communities in complex networks. Journal of Physics A: Mathematical and Theoretical,2008,41(22).

Arenas A, Fernandez A, et al. Analysis of the structure of complex networks at different resolution levels. New Journal of Physics,2008,10(5): 053039.

Barber M J. Modularity and community detection in bipartite networks. Physical Review E,2007,76(6).

Barber M J, Clark J W. Detecting network communities by propagating labels under constraints. Physical Review E,2009,80(2).

Blondel V D, Guillaume J L, et al. Fast unfolding of communities in large networks. Journal of Statistical Mechanics: Theory and Experiment,2008(10): 10008.

Boccaletti S, Ivanchenko M, et al. Detecting complex network modularity by dynamical clustering. Physical Review E,2007,75(4).

Boettcher S, Percus A G. Optimization with extremal dynamics. Complexity,2002,
8(2): 57—62.

Borg I, Groenen P J F. Modern multidimensional scaling: Theory and applications.
Springer,2005.

Clauset A, Newman M E, et al. Finding community structure in very large net-
works. Physical Review E, 2004, 70(6), 066111.

Corneil D G, Gotlieb C C. An efficient algorithm for graph isomorphism. Journal of
the ACM,1970,17(1): 51—64.

Duch J, Arenas A. Community detection in complex networks using extremal opti-
mization. Physical Review E,2005,72(2).

Evans T, Lambiotte R. Line graphs, link partitions, and overlapping communities.
Physical Review E,2009,80(1): 016105.

Flake G W, Lawrence S, et al. Efficient identification of web communities. Pro-
ceedings of the Sixth ACM SIGKDD International Conference on Knowledge
Discovery and Data Mining, 2000.

Fortunato S. Community detection in graphs. Physics Reports,2010,486(3—5): 75—174.

Fortunato S, Barthelemy M. Resolution limit in community detection. Proceedings
of the National Academy of Sciences,2007,104(1): 36—41.

Girvan M, Newman M E J. Community structure in social and biological networks.
Proceedings of the National Academy of Sciences,2002,99(12): 7821—7826.

Gomez S, Jensen P, et al. Analysis of community structure in networks of correla-
ted data. Physical Review E,2009,80(1).

Good B H, de Montjoye Y A, et al. Performance of modularity maximization in
practical contexts. Physical Review E,2010,81(4): 046106.

Grünwald P D, Myung I J, et al. Advances in minimum description length: Theory
and applications. MIT press,2005.

Gregory S. An algorithm to find overlapping community structure in networks.
Proceedings of the 11th European Conference on Principles and Practice of
Knowledge Discovery in Databases,2007.

Guimera R, Amaral L A N. Functional cartography of complex metabolic net-
works. Nature,2005,433(7028): 895—900.

Guimera R, Sales-Pardo M, et al. Module identification in bipartite and directed
networks. Physical Review E,2007,76(3).

Khadivi A, Rad A A, et al. Network community-detection enhancement by proper
weighting. Physical Review E,2011,83(4).

Lü Z, Huang W. Iterated tabu search for identifying community structure in com-
plex networks. Physical Review E,2009,80(2): 026130.

Lai D R, Lu H T, et al. Enhanced modularity-based community detection by random walk network preprocessing. Physical Review E,2010a,81(6).

Lai D R,Lu H T, et al. Finding communities in directed networks by PageRank random walk induced network embedding. Physica A: Statistical Mechanics and its Applications,2010b,389(12): 2443—2454.

Lancichinetti A, Fortunato S, et al. Detecting the overlapping and hierarchical community structure in complex networks. New Journal of Physics,2009,11(3).

Leung I X Y, Hui P, et al. Towards real-time community detection in large networks. Physical Review E,2009,79(6): 066107.

Liu X, Li D, et al. Effective algorithm for detecting community structure in complex networks based on GA and clustering. Computational Science-ICCS,2007: 657—664.

Liu X, Murata T. Advanced modularity-specialized label propagation algorithm for detecting communities in networks. Physica A: Statistical Mechanics and its Applications,2010,389(7): 1493—1500.

Markoff J, Sengupta S. Separating you and me? 4. 74 degrees. The New York Times,2011(325): B1—21.

Morarescu I C, Girard A. Opinion dynamics with decaying confidence: Application to community detection in graphs. IEEE Transactions on Automatic Control, 2011,56(8): 1862—1873.

Newman M E J. Fast algorithm for detecting community structure in networks. Physical Review E,2004,69(6).

Newman M E J. Modularity and community structure in networks. Proceedings of the National Academy of Sciences,2006,103(23): 8577—8582.

Palla G, Derenyi I, et al. Uncovering the overlapping community structure of complex networks in nature and society. Nature,2005,435(7043): 814—818.

Pons P, Latapy M. Computing communities in large networks using random walks. Proceedings of the 20th International Symposium on Computer and Information Sicences,2005.

Pothen A, Simon H D, et al. Partitioning sparse matrices with eigenvectors of graphs. SIAM Journal on Matrix Analysis and Applications,1990,11(3): 430—452.

Radicchi F, Castellano C, et al. Defining and identifying communities in networks. Proceedings of the National Academy of Sciences,2004,101(9): 2658—2663.

Raghavan U N, Albert R, et al. Near linear time algorithm to detect community structures in large-scale networks. Physical Review E,2007,76(3): 036106.

Reichardt J, Bornholdt S. Detecting fuzzy community structures in complex networks with a Potts model. Physical Review Letters,2004,93(21): 218701.

Reichardt J, Bornholdt S. Statistical mechanics of community detection. Physical Review E,2006,74(1).

Ronhovde P, Nussinov Z. Multiresolution community detection for megascale networks by information-based replica correlations. Physical Review E,2009,80(1).

Rosvall M, Bergstrom C T. Maps of random walks on complex networks reveal community structure. Proceedings of the National Academy of Sciences,2008, 105(4): 1118—1123.

Son S W, Jeong H, et al. Random field Ising model and community structure in complex networks. European Physical Journal B,2006,50(3): 431—437.

Tasgin M, Herdagdelen A, et al. Community detection in complex networks using genetic algorithms. arXiv,2007.

Tibely G, Kertesz J. On the equivalence of the label propagation method of community detection and a Potts model approach. Physica A: Statistical Mechanics and its Applications,2008,387(19—20): 4982—4984.

Traag V A, Bruggeman J. Community detection in networks with positive and negative links. Physical Review E,2009,80(3).

van Dongen S M. Graph clustering by flow simulation. PhD Thesis. The Netherlands, University of Utrecht,2000.

Xu G, Tsoka S, et al. Finding community structures in complex networks using mixed integer optimisation. The European Physical Journal B: Condensed Matter and Complex Systems,2007,60(2): 231—239.

Zachary W W. An information flow model for conflict and fission in small groups. Journal of Anthropological Research,1977,33(4): 452—473.

Zhou H J. Distance, dissimilarity index, and network community structure. Physical Review E,2003,67(6).

Zhou H J, Lipowsky R. Network Brownian motion: A new method to measure vertex-vertex proximity and to identify communities and subcommunities. Proceedings of the 2004 International Conference on Computational Science,2004.

丁连红,时鹏. 网络社区发现. 北京:化学工业出版社,2008.

汪小帆. 复杂网络中的社团结构分析算法研究综述. 复杂系统与复杂性科学,2008 (3): 1—12.

汪小帆,李翔,陈关荣. 网络科学导论. 北京:高等教育出版社,2012.

金弟,刘大有等. 基于局部探测的快速复杂网络聚类算法. 电子学报,2012, 39(11): 2540—2546.

金弟,刘杰等. 基于 k 最近邻网络的数据聚类算法. 模式识别与人工智能,2010 (4): 546—551.

唐磊,刘欢等. 社会计算:社区发现和社会媒体挖掘. 北京:机械工业出版社,2013.

社会网络建模与分析

　　现代通信技术的发展，特别是近 20 年来互联网技术的普及，使人们超越了空间的束缚，能够更加便捷地与他人进行沟通和交互。通过彼此间的社会联系，人们组成了巨大而复杂的社会关系系统。例如，科学家通过合作关系组成科学家合作系统（Newman，2001；Zheng，Ke et al.，2011），商人通过交易关系组成国际贸易系统（Bhattacharya，Mukherjee et al.，2008），软件开发者通过在线协作关系组成开源软件协作系统（郑晓龙，曾大军等，2007；Zheng，Zeng et al.，2008）等。这些系统在现实世界中普遍存在，研究它们能帮助人们理解群体、网络、组织的动态变化。

　　由于人的行为特征存在一定的不确定性，所以社会关系系统在系统结构、演化特征、动态行为等多个方面表现出很强的复杂性特征，这种复杂性特征给研究带来了巨大的挑战。为了应对这种挑战，自 20 世纪中叶以来，研究者深入开展了复杂网络研究，为理解和研究复杂的人际社会关系系统提供了有力的工具。基于复杂网络的研究方法，人际间的社会交往被高度抽象为社会网络。在社会网络中，每一个社会行动者（Social Actor）被抽象为一个节点，节点可用来表示个人、组织甚至是国家；两个社会行动者之间的一组关系被抽象为社会网络中的一条边。基于这种高度抽象且形式简单的社会网络，并借助图论及统计物理的相关方法，研究者能有效分析个体行为与交互、群体的组成与演化等重要问题（Barrat，Barthélemy et al.，2008）。

　　人际间的传播行为对人类生活产生了重要的社会和经济影响，社会网络上的传播动力学研究也正在成为社会网络分析领域的研究热点

（郑晓龙，钟永光等，2011；王友忠，2012）。从内容上来看，信息传播与传染病传播是两种最常见、最重要的传播行为。社会网络上的信息传播活动对人们的社会生活具有两方面的影响：一方面，社会网络上的信息传播活动为新产品的推广提供了新的营销手段，也加速了新技术与新思想的发展与流行；另一方面，谣言与负面情绪也可能在社会网络上广泛传播，给人们社会生活带来极大困扰，甚至引发一些危害公共安全的非常规突发事件（王飞跃，2007）。因此，社会网络上信息传播的动力学研究具有至关重要的意义，能应用于病毒式营销、产品推荐、谣言防范、突发事件应急管理等领域。在传染病传播方面，大规模传染病疫情的爆发能在短时间内夺走很多宝贵的生命，同时造成巨额的经济损失，因此社会网络上的传染病传播的动力学研究对于传染病疫情检测、干预措施的效果评估以及最优防控措施的设计等具有重要的意义（Grassly，Fraser，2008）。

虽然信息传播与传染病传播在传播内容上存在差异，但是它们在社会网络上的传播过程非常类似，即信息的拥有者或传染病的感染者通过他们与其他人的社会关系使得其他人接受信息或感染疾病。因此，社会网络上信息传播与传染病传播的动力学研究可采用类似的方法与框架。本章将介绍社会网络分析的发展历程和基本方法，并揭示社会网络上信息传播与传染病传播的宏观特征与微观行为，研究传播过程的预测控制方法及策略。

4.1 社会网络分析的研究历史

图论是社会网络分析的基础理论之一，其源头可以追溯到大数学家 Euler，但近代图论的迅速发展是从 Erdos、Renyi 和 Koning 等的研究工作开始的。图论作为数学的一个分支，首先通过心理学中的格式塔（Gestal）流派影响社会科学，该学派中对社会网络分析贡献最大的学者是 Moreno 和 Lewin。

Moreno 发明了"社群图（Sociogram）"，用于表达社会构型（Social Configuration）的形式特征。在 1937 年创刊的杂志 Sociometry 中，Moreno 表达了自己考察精神健康与社会构型关系的目标。在后续研究中，当他发现自己关于社群图的大部分工作停留在隐喻层面的时候，便向社会学家 Lazarsfeld 求助。为此，Lazarsfeld 提出了 Base-Line Model 来描述在随机选择的前提下，任一特定个体被任一其他个体选择的概率，这是社会网络分析中的首个数理模型。

Lewin 开创了"群体动力学"的研究，他认为群体行为是由该行为所处的社会力量场决定的。所谓"场"就是由社会群体及其所处的周遭环境构成的"社会空间"，但这个"场"并不是完全客观独立的，而是通过群体成员的感知，形成符号互动论中所说的"情境定义"，来影响群体成员的行动，"场"本身也在这个过程中被不断建构。Lewin 希望通过拓扑学和集合论中的数学技术来分析这个"社会空间"的结构特征。尽管作为一种社会分析的理论框架，场论被认为是智识的死胡同，但 Lewin 坚持的群体关系数学模型为定量化的社会网络分析提供了坚实基础。同时代的 Heider 的"Consistency Theory（一致性理论）"思想与 Lewin 的研究有共通之处。Heider 研究了不同类型人际关系对个体心理平衡造成的影响（Heider，1946），但他的出发点仍是一种心理学或现象学的视角，也就是说，真正的人际关系类型其实并不重要，重要的是"感知的人际关系"与心理平衡之间的关系。

数年后，Newcomb 开始倡导将群体动力学中主客观混淆不清的"社会空间"研究转到对社会群体结构这一更具体的研究方向上。这种从个体心理研究到人际关系研究的转向，对 Lewin 和 Heider 的工作是一个很大的促进。在前人的研究基础上，Cartwright 等开始系统地将图论应用于分析群体行为，提出了较为完备的关于群体凝聚力、社会压力、合作、权力和领导等的模型。

社会网络分析的另一种研究思路诞生于 20 世纪三四十年代，其代表人物是 Warner 和 Mayo。他们开展了著名的"霍桑研究"，在对 Hawthone 电气厂的研究过程中，观察触排布线室的工人之间的交谈、工作对换等关系，并将之绘制成图。这是运用社群图来描述现实情境中观察到的实际人际关系的首次尝试。Warner 开展的另一项重要研究是对美国 New England 地区的 Yankee City 的研究。在 Yankee City研究报告中，研究者用各种图表对阶级结构和家庭组织进行模型化描述，创造了"派系图"的描绘方法。Warner 的同事 Davis 等，于 1936 年在美国东南部的 Old City 也开展了类似的研究，通过总结之前大量小群体研究的成果，他们提出了"重排矩阵"的社会网络数据分析方法，为后来用计算机处理社会网络数据奠定了基础。

社会网络分析的第三种思路源于 20 世纪 50 年代，当时 Barnes 和

Bott 发表的一些社会计量学主题的论文开始受到英国社会人类学家的广泛关注;此后,Mitchell 转向早期社会计量学研究的图论数学,与同事一起总结了当时的社会网络分析技术和思想,并力图将其整合为一种独特的社会学分析框架。在 Mitchell 的总结中,已出现现代社会网络分析中的"Ego-Centered Network"、"Intensity"、"Reachability"等概念。这些工作都极大促进了社会网络分析的发展。

真正把这三种思路集中起来,使社会网络分析成为当代社会科学中的重要研究方向的是 20 世纪六七十年代的 White、Granovetter 和 Milgram 等。

White 对人类学家 Strauss 的亲属模型进行了定量研究,并与 Friedell 合作提出了解释社会流动链中的空缺的模型。1963 年后,White 来到哈佛大学任教,并开办了分层数学模型、复杂组织等多门课程,他对社会网络分析最主要的贡献始于 1965 年给低年级本科生教授的"社会关系概论"课程,以及在此期间发表的一系列关于分块模型的著名论著。从 White 的经历可以看出,社会网络分析方法的发展与物理学和数学的发展密不可分,这为我们重新审视当代社会学的社会网络分析方法与物理学中的复杂网络研究在理论谱系上的同源关系提供了参考依据。

在 1974 年,Granovetter 提出了一个著名的概念"弱纽带优势理论(The Strength of Weak Ties)"(Mark,1973),认为人们找工作时最重要的信息来源不是亲属或挚友,而往往是仅有一面之缘的陌生人。这是因为亲属或挚友的交际圈往往与自己重合,因此难以提供新信息。该概念的提出使社会网络分析在社会学界开始流行起来。

进一步使社会网络和"小世界"的概念深入人心的是 Milgram 在 1967 年发表的文章"*The Small World Problem*"(Stanley,1967)。文中描述了一个实验:在 Kansas 和 Nebraska 招募一批志愿者,要求这些志愿者通过自己的熟人网络把信件传递到 Massachusetts 州 Sharon 和 Boston 的两个目标对象其中一个的手中,结果发现 300 多封信件平均只传递六步就可抵达目标对象手中。这个实验使"六度分离(Six Degrees of Separation)"的概念(见图 4.1)广为人知。

20 世纪 90 年代以来,社会网络分析开始向一门成熟的理论迈进,并在美国社会学界和管理学界广为流行。一方面是因为 White、Boorman、Brieger、Freeman 等把图论的数学方法与计算机技术结合起来,创造出了各种专门程序,使社会网络分析变得简单易行;另一方面是因

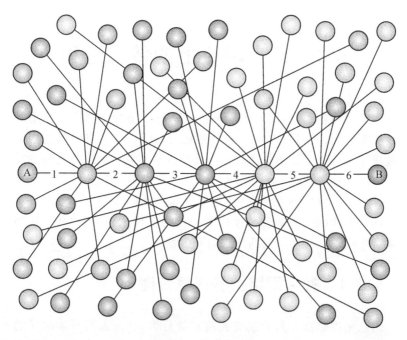

图 4.1　六度分离

为一些社会学的中层理论在社会网络分析方法的基础上得到发展,使后者不仅仅被视为一种分析技术,也越来越被看作是一种理解社会现象的重要框架。Granovetter 的"弱纽带优势理论"与"嵌入理论(Embeddedness)"(Mark 1985),以信息与交易成本作为中介变量,探讨了组织结构形成的因素;Burt 的"结构洞(Structural Holes)"理论研究了组织结构与组织内权力运作的关系;Krackhardt 的"强纽带优势理论(The Strength of Strong Ties)"分析了情感网络带来的非正式影响;Nan 的"社会资本(Scocial Capital)"理论则把资源作为中介变量,以社会网络来解释求职成功。这些中层理论的发展使得隐藏其中的大型理论框架也慢慢浮出水面。Granovetter 在 1985 年发表的"Economic Action and Social Structure:the Problem of Embededness"(Mark,1985)一文中,批评了传统经济学独立于社会决策情境的理性经济人假设的局限,并建议将社会网络中的人际互动引入经济学与社会学中。

4.2　社会网络上的传播过程

从传播内容划分,信息传播与传染病传播是社会网络中最重要的两种传播行为,它们与人类生活息息相关,分析、预测与控制它们的动态过程能够产生重要的经济效益与社会效益。通过对个体之间的社会关系的高度抽象,我们能从系统和个体的角度对信息及传染病传播的动态过程进行分析与评估,并应用于现实生活的多个方面。本节将分别介绍社会网络上的信息传播行为与传染病传播行为,并基于这两种传播行为描述社会网络上的传播动力过程。

4.2.1　社会网络上的信息传播

信息传播是指人们相互交换信息的行为,它是人们日常生活的重要组成部分,能促进人们对世界及彼此的了解。信息传播在知识经济时代显得尤为重要,掌握信息优势已成为赢得竞争的重要前提条件。在传统媒体占据主要地位的时代,普通用户作为信息的消费者,从电视、收音机、电影和报纸等媒体上观察世界。而随着互联网的发展与Web 2.0 时代的到来,用户已不仅仅是信息的消费者,同时也成为信息的创造者和传播者。在近年来涌现出的万维社会媒体(如网络新闻、博客、社区、Wiki 等)中,用户间及用户与媒体间均存在高交互性,这些新媒体成为信息传播的重要平台。此外,万维社会媒体所呈现出的速度快、影响广、简单易用、高效等特点,使其在紧急事件发生时,有比传统媒体更加迅速、灵敏、准确的反应,在应急管理、国家安全等很多方面已发挥了传统媒体无法替代的作用(王飞跃,2007;王飞跃,牛文元,2008;王飞跃,曾大军等,2008;曾大军,王飞跃等,2008)。因此,研究信息传播的动力学特征在当今互联网时代尤为重要。同时,互联网中大规模数据的易获取特性使得对信息传播动力学特征的定量研究成为可能。

在社会网络上的信息传播动力学研究中,设计和评估信息传播与控制策略具有极为重要的意义,可用于寻找最能影响其他用户购买某一产品的用户群体,通过对这一群体采用相应营销策略,可通过他们影响其他用户的购买行为。这一研究延伸出多种应用,如最大化影响、病毒式营销、预测与推荐等(Domingos, Richardson, 2001; Leskovec, Adamic et al. ,2007; Song, Chi et al. ,2007)。此外,研究谣言与负面情绪在社会网络上的传播特征对突发事件的应急管理具有重要的意义。在突发事件发生前,相关研究成果可用于谣言信息的监测以预防突发事件的发生;在突发事件发生后,相关研究成果一方面能辅助制订相应的防控措施以防止谣言的大范围散播,另一方面能辅助制订有效的传播措施以加强不同群体之间的沟通与交流,为突发事件的应急管理提供帮助。

信息传播与控制策略的设计需要深入理解信息传播模式的变迁。在大众传媒时代,信息传播行为为媒介控制模式。而在互联网中,信息传播的重要途径是人际传播,用户通过添加好友来构建在线社会网络,并通过查看、评论和转载好友的更新来完成信息在互联网上的快速传播;用户间的社会关系影响着他们之间的信息传播行为。可见,互联网中的信息传播行为以用户控制模式为主。

4.2.2　社会网络上的传染病传播

在漫长的人类历史中,传染病夺走了许多宝贵的生命。人类历史上最早有详细记载的疫病是公元前 4 世纪发生于雅典的大瘟疫。这场大瘟疫带走了当时雅典 1/4 的人口,也将文明的雅典城邦从巅峰推向衰落,古希腊的黄金时代也随着这场瘟疫而一去不复返。此后,公元 6 世纪东罗马的查士丁尼瘟疫将东罗马帝国推向崩溃。公元 14 世纪肆虐欧洲的黑死病以及 1918 年波及全球的西班牙流感都直接造成了数以千万的生命丧失。进入现代社会后,卫生条件、防疫措施都得到了显著改善,传染病造成的直接死亡人数有了极大的降低。然而,交通条件的发展与全球化进程的加快使得传染病疫情一旦爆发,往往会迅速扩散到全球的大部分地区。以 2009 年 4 月在墨西哥最先发现的甲型 H1N1 流感为例,5 月 3 日,疫情在短短几周内就从美洲扩散到欧洲、亚洲与大洋洲的 15 个国家;9 天后,中国大陆报告了首例甲流患者;随后,疫情扩散到全球的各个角落,截至 2010 年 3 月,全球已有超过 213 个国家报告了甲流病例,共包括了 1.6 万多例死亡病例,而相应的经济损失更是难以计数。

上述不同类型的传染病疫情爆发都可以归结为病原体(如病毒和

细菌等)在宿主（包括人和动物）间的直接传播或通过环境等因素的间接传播。在传染病传播过程中，Grassly 与 Fraser 总结了三个重要的影响因素：生物因素、行为因素和环境因素（Grassly，Fraser，2008）。生物因素包括病原体的毒力、致病性、生物稳定性、传播途径与传染性等生物学特征；行为因素主要是指宿主之间的社会接触行为，是病原体在宿主之间传播的主要途径；环境因素描述了宿主所生活的社会环境（如人口密度、教育程度等）与自然环境（如空气、水源、温度等）。

在传染病疫情爆发过程中，病原体的生物特性与宿主的生活环境是很难在短时间内改变的，即生物因素与环境因素往往是不可控的，所以控制行为因素（即改变人的社会接触行为）成为控制传染病传播的主要手段。因此，在传染病传播动力特征的理论研究中，行为因素通常占据最重要的地位，而生物因素与环境因素的影响仅被简单地表示为病原体通过宿主的社会接触行为而成功传播的概率。

在考虑影响传染病传播的行为因素时，由于人的社会接触行为主要由社会关系的类型和紧密程度决定，因此可采用社会网络分析方法进行研究。基于个体的社会关系与社会接触行为，社会网络上的传染病传播动力学研究能为预测与控制个体的传播动力特征和传染病疫情的扩散趋势提供理论依据和有效方法（Zhou，Fu et al.，2006）。现有研究已发现个体的行为特征与社会网络结构对传染病传播动力过程具有重要的影响，并将这些结果成功应用于传染病防控中。例如，社会网络中个体所拥有的社会关系数目极度不均匀，某些个体因为拥有广泛的社会关系而在传播过程中起到重要的作用，他们可能成为传染病传播的超级传播者（Shen，Ning et al.，2004），对其采取免疫措施能够有效地减小传染病传播范围。此外，在一些突发性传染病爆发事件中（2009年的甲流全球性疫情爆发案例），研制免疫药物需要一定的时间，而且药物的使用也需要花费大量的成本。因此，以切断人群间社会关系为手段的非药物干预措施，特别是隔离措施，在实际中应用非常广泛。

4.2.3 社会网络上的传播动力过程

美国政治学家哈罗德·拉斯韦尔在其 1948 年发表的《传播在社会中的结构与功能》一文中，针对人与人之间信息传播的一般过程提出了著名的 5W 传播模式。5W 传播模式界定了传播过程中的五个基本构成要素，即谁（Who），说了什么（Says What），通过什么渠道（In Which

Channel),对谁(To Whom),取得了什么效果(With What Effect)。虽然这一模式是基于信息传播提出的,但其在传染病传播中依然适用,只是所传播的内容不是信息,而是病毒或细菌;所取得的效果也不是使其他人对某一信息产生反馈,而是使其他人感染疾病。

由于不同的传播内容在传播过程中的表现形式几乎一样,因此在动力学研究中常常只关注其他四个要素。社会网络将传播者(5W 模式中的 Who)与接收者 (5W 模式中的 To Whom)抽象为节点,并将提供传播渠道(5W 模式中的 In Which Channel)的社会交互或社会关系抽象为边。此外,为表示 5W 模式中的 With What Effect,通常引入状态节点,状态的变化记录了传播过程中所取得的效果。

在传染病传播过程中,社会网络节点的状态表示传播者和接收者对所传播信息的态度或感染疾病的情况,有两种最基本的类型:易感染状态(Susceptible,S)和已感染状态(Infective,I)。在描述信息传播过程的线性阈值模型中,这两个状态分别被称作非活跃状态与活跃状态。虽然在表述上存在一些差别,但社会网络上的传播过程都可以简单描述为:在一段时间内,一个处于已感染状态的个体会以一定的概率将信息或疾病传播给其相邻的处于易感染状态的节点,如图 4.2 所示。在单位时间内已感染个体传染易感染个体成功的概率通常被称为传播率,这个概率与个体之间的社会关系的类型和紧密程度有关。当然,实际中为了描述比较复杂的传播动力过程,一些传播动力学模型会为社会网络节点引入其他的状态。例如在 SEIR 模型中,除了易感染状态与已感染状态外,还包括了个体已具有免疫能力从而不会再被感染的已移除状态 (Removed,R),以及个体已经被感染且具有传染能力,但没有表现出症状的潜伏状态(Exposed,E)等。

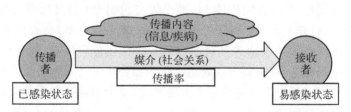

图 4.2 从传播者到接收者的传播动力过程

社会网络上的传播动力学研究主要考察节点状态的变化情况。从宏观角度上,处于不同状态的节点数随时间的变化情况体现了传播的速度与范围,是实际中需要预测与控制的主要对象。例如,社会化营销活动主要关注如何预测与提高接受某一商品的人数;而在谣言传播的防范与传染病传播的防控中,如何有效地限制传播范围具有极大的社会意义。从微观角度上,预测个体的状态变化情况,以及研究某个个体对其他个体的状态变化的影响,能够为控制个体状态与行为提供决策支持。例如,某些个体对其他个体的状态变化具有很强的影响力,则针对这些个体的促销活动能够有效提高社会化营销的效果;而在防控谣言传播或传染病传播的时候,如果某个个体以很高的概率可能会处于已感染状态,则需要优先考虑对该个体采取有效的防控措施。

社会网络上的传播动力学研究主要包括三部分内容,即实证研究、模型研究和控制措施研究(Barash,2011)。首先,互联网上的海量开源信息与传染病流行期间的线下监测数据为实证研究提供了丰富的数据资源。针对这些数据的实证分析可以揭示社会网络上传播动力过程的特征与规律,从而为模型研究与控制措施研究提供实证基础。其次,如何解释与理解实证分析中发现的传播动力特征是模型研究需要解决的关键问题。通过借助统计物理的动力学分析方法与计算机建模手段,模型研究是深入研究社会网络上的传播行为的重要工具,它为传播行为的认识、预测与控制提供了理论基础。最后,控制措施研究是实证研究与模型研究的最终目标,而对控制措施的效用评估也为实证研究和模型研究的结果验证提供了依据。

4.3 社会网络分析

在现实世界中,社会实体(包括个人与组织等)通过社会关系(如社会交往、合作关系等)构成了多种类型的复杂社会系统,这些社会系统通常可以抽象地表示为社会网络形式。在社会网络中,节点代表现实系统中的社会实体,而节点间的边表示社会实体之间的社会关系。

社会网络研究是图论的一个主要分支,早期局限于数学领域,主要研究规则网络和随机图。到 20 世纪 90 年代末,随着获取和处理大规模数据能力的提高,人们开始研究节点数量众多、连接结构复杂的大规模社会网络的整体和动态特性。这些研究在人们社会生活中得到广泛的应用,也为社会网络上传播动力学行为的研究提供了基础。

本节将从度量方法、网络特性和建模方法三个方面介绍社会网络分析领域研究。首先介绍社会网络常用研究方法,然后讨论真实世界社会网络中常见的拓扑特性,如小世界网络、无标度网络、核心—边缘结构、等级网络结构等。拓扑结构特征对传播行为具有重要影响,网络特性的度量方法与建模手段为认识实际传播行为的特征与规律、构建传播动力学模型等提供了重要的工具。最后介绍两种基本的社会网络模型。

4.3.1　社会网络的常用度量方法

一个社会网络可以由图 $G(V,E)$ 来表示,其中 V 表示网络中的节点集合,E 表示网络中的边集合。网络中的节点总数与边的总数分别表示为 $N=|V|$ 与 $M=|E|$。

对于 V 中的任意两个节点 i 与 j,如果从 i 到 j 的边 (i,j) 与从 j 到 i 的边 (j,i) 在 E 中是相同的,则所组成的网络 G 是一个无向网络;反之,则是一个有向网络。边 (i,j) 除了可附带方向外,还可附带权值(数值形式)和类型。边的权值常用于表示节点间关系的强度,如果 E 中不同边上的权值不同,则所组成的网络 G 是一个加权网络;反之,则是一个无权网络。边的类型用于表示社会关系的种类。例如在一个由公司成员组成的社会网络中,两个成员之间的关系可以是上下级关系、平级关系、跨部门合作关系等,这样的社会网络被称作多关系网络(Multi-Relational Network)。有时可以给不同关系的边赋予不同的权重,也可以将多关系网络表示为一个加权网络(Ramakrishnan,Milnor et al.,2005)。

目前已有多种度量社会网络结构与性质的方法,下面分别从网络的连通性、节点的中心度、图的密度等角度出发介绍社会网络的基本度量方法,这些度量方法也与社会网络上的传播过程有紧密关系。

1. 连通性

在图中,一条线路(Walk)是一个由多个节点和边构成的序列;在有向图中,线路中所有边的方向要求是相同的。如果图 G 中的两个节点 i 和 j 之间可以通过一条线路相连,则这两个节点 i 与 j 是可达的(Reachable);如果图 G 中任意两个节点都是可达的,则这个图是一个连通图(Connected Graph)。在有向图中,如果任意两个节点 i 和 j 之间存在两条线路,一条以 i 为起点 j 为终点,另一条以 j 为起点 i 为终点,则这个有向图被称为强连通图(Strongly Connected Graph)。

在现实社会网络中,一般并非所有的节点都是可达的,此时通常会考察社会网络中的连通子图。图 G 的一个连通子图 $G'(V', E')$ 需要满足两个要求:一是子图中的节点集合与边集合是原图的节点集合与边集合的子集,即 $V' \in V, E' \in E$;二是 G' 中的任意两个节点是可达的。如果向图 G 的连通子图 G' 中加入任何不属于 V' 的节点都会破坏 G' 的连通性,则称 G' 为 G 的一个最大连通子图(Connected Component)。类似的,有向图中的强连通子图中的任意一个节点都可以通过一条线路到达另一个节点;如果这个强连通子图不能在保持强连通性的情况下加入任何不属于该子图节点集的节点,则称其为有向图的最大强连通子图(Strong Connected Component)。图 G 中具有最多节点的最大连通子图被称为巨组元(Giant Component)。

在图 G 中,如果连接节点 i 和 j 的线路中没有重复的节点与边,则这条线路被称为路径(Path)。一条路径的长度指的是构成这条路径的边数。连接两个节点的具有最少边数的路径被称为这两个节点之间的最短路径(Shortest Path)。节点 i 和 j 之间的最短路径的长度被称为这两个节点之间的距离(Distance)。如果两个节点是不连通的,则这两个节点间的距离为无穷大。在一个连通图(或一个图的连通子图)中,任意两个节点间距离的平均值是这个图的平均距离(Average Distance),图中距离最大的两个节点之间的距离是这个图的直径(Diameter)。

图的连通性对传播过程具有重要的意义,因为只有可达的两个节点间才可能存在传播行为,并且两个节点间的距离越短,表示信息或传染病越容易在两个节点间传播。也就是说,高连通性能使信息和传染病在社会网络上广泛而快速地散播(Latora,Marchiori,2001)。因此,在研究传播动力学过程中,社会网络的最大连通子图是主要关注对象,而社会网络中节点之间的距离是分析传播速度的重要工具。

2. 度与强度

度(Degree)是一种描述社会网络的节点重要性的常用度量方法。在一个无向图中,节点的度表示该节点所连接的边的数目。在一个有向图中,节点的度分为出度(Out-Degree)与入度(In-Degree),出度表示该节点连接到其他节点的边的数目,入度表示连接到该节点的边的数目。一般来说,节点的度越大,表示该节点在网络中占据越重要的地位。

在加权社会网络中,由于节点所连接的边上具有不同的权值,因此使用强度(Strength)来表示一个节点所连接边的权值之和。同样的,在有向的加权网络中,节点的出强度(Out-Strength)定义为该节点连接到其他节点的边的权值之和,节点的入强度(In-Strength)是指连接到该节点的边的权值之和。

在传播过程中,节点出度越大,表示该节点会将信息或传染病传播到更多其他节点;而节点入度越大,表示该节点会被更多其他节点的信息或传染病传播。因此,具有大的出度或入度的节点在传播过程中具有重要的作用。如果社会网络中边的权值表示两个节点之间的社会关系的密切程度,则具有越大出强度的节点有更大的可能性将信息或传染病传播至其他节点,而具有越大入强度的节点则具有更大的可能性被感染。因此,度和强度是度量个体在传播过程中重要性的一个重要方法。已有许多研究也依据节点的度来分析节点被感染的概率,并针对节点的度来设计传播策略(Kempe,Kleinberg et al.,2003)和控制策略(Pastor-Satorras,Vespignani,2002)。

上述的度也称为度中心度(Degree Centrality),除此之外,还有一种中介中心度(Betweenness Centrality)也常被用于衡量节点的重要性。中介中心度是指一个节点位于其他节点对间最短路径上的次数,定义如下:

$$c_i^{\text{BET}} = \sum_{j,k} \frac{b_{jik}}{b_{jk}}$$

其中,b_{jk} 是从节点 j 到节点 k 的最短路径的数目,b_{jik} 是从节点 j 到节点 k 且经过节点 i 的最短路径的数目。

3. 图的密度

图的密度是度量网络稠密程度的一种方法。在一个稠密网络中,节点间存在非常多的边;相应的,一个稀疏网络中的节点间只有很少的边。很明显,稠密网络能够为信息或传染病的传播提供大量的路径,从而加速传播过程。网络中的不同子图,其结构的稠密程度可能不一样,因此在传播控制过程中有必要检测最稠密的子图结构。

图的密度以网络中实际存在的边与网络中可能存在的最多边的比值来度量网络稠密程度。对于一个节点数为 N,边数为 M 的无向图 G,其可能存在的最多边数为 $N(N-1)/2$,因此图 G 的密度为:

$$\rho = \frac{2M}{N(N-1)}$$

同样，一个节点数为 N，边数为 M 的有向图中可能存在的最多边数为 $N(N-1)$，因此这个有向图的密度为：

$$\rho = \frac{M}{N(N-1)}$$

上述网络的连通性、节点的中心度、图的密度三个特征度量方法常被用于真实网络的研究。

4.3.2 社会网络拓扑特性

对社会系统的研究发现了多种社会网络拓扑特性，这些拓扑特性对社会网络上的传播动力过程有着重要的影响。下面介绍几种典型的社会网络拓扑特性，以及这些性质对传播动力过程的影响。

1. 小世界网络特性

对真实社会网络拓扑结构的研究发现，很多社会网络中存在一个覆盖了大多数节点的巨组元；在这个巨组元中，一个节点能通过很短的路径到达其他节点。这种特性被称作"小世界"特性。更具体的，如果一个社会网络的平均距离随着网络中的节点个数以对数甚至更低的速度增长，即 $\langle l \rangle \propto \ln N$，则称这个网络具有"小世界"特性。

"六度分离"实验最早阐述了小世界现象，发现任意两个人可以通过最多六个人取得联系。这一性质表明了信息或传染病能够通过很短的路径从少数传播者传播到社会网络上其他节点，从而加速传播过程。社交网站上信息的快速散播与甲流的全球性爆发从实证角度证明了这一点。

2. 无标度网络特性

网络中节点度的分布 $P(k)$ 表示在网络中任选一个节点，其度等于 k 的概率。对真实社会网络的分析发现，很多实际社会网络的度分布服从幂律分布（Power-Law Distribution）：

$$P(k) = ck^{-\alpha}$$

其中，α 是幂律分布的幂指数（Clauset，Shalizi et al.，2009）。由于幂律分布具有尺度不变性，即

$$P(Ak) = c(Ak)^{-\alpha} = A^{-\alpha}P(k) \propto P(k)$$

因此,称度分布满足幂律分布的网络具有无标度特性。

在实际应用中,社会系统的规模(如节点个数)是有限的,这会导致度分布并不是服从完美的幂律分布,而是带有指数截断的幂律分布,即

$$P(k) = ce^{-\beta k}k^{-\alpha}$$

把上述这种类似于幂律分布的函数形式统称为重尾分布(Heavy-Tail Distribution),它们具有相似的性质,即小部分值(在这里为度)的概率很大,而其他大部分值的概率非常小。具有重尾形式的度分布的网络也被统称为无标度网络。

社会网络的无标度特性意味着少数具有较大度的中心节点(Hubs)控制了信息与传染病的传播。与随机图相比,无标度网络因为存在中心节点而具有更快的传播速度。另外,随机攻击无标度网络中的节点将不会对传播过程产生很大的影响,但对中心节点的攻击则会极大破坏网络结构,从而改变传播过程。因此,具有较大度的中心节点是无标度网络中传播策略与控制策略的主要目标。例如,最大化影响研究会优先选择度大的个体进行传播(Kempe, Kleinberg et al., 2003),而传染病控制同样选择度大的个体进行目标免疫。

3. 核心—边缘结构特性

在很多社会网络中,一小部分节点通过稠密的社会关系而形成一个核心结构,其他的节点则通过核心结构相互连接,这种结构被称作"核心—边缘(Core-Periphery)"结构。Borgatti与Everett定义了一系列理想模型来描述社会网络中的"核心—边缘"结构(Borgatti, Everett,2000)。这些模型假设核心结构中的节点是全连接的,而边缘结构内的节点间没有任何连接,即这些节点只有连接核心结构的边。

核心—边缘网络比无标度网络具有更强的鲁棒性。在核心—边缘网络中,处于核心结构的节点控制了传播过程,由于核心结构是全连接的,即使核心结构内的部分节点被移除,其他节点间仍有大量的边相连,这使得传播过程只受到较小的影响;而且这些剩余的核心节点仍能直接将信息传播到处于边缘结构的节点上。

判断一个社会网络是否具有核心—边缘结构并不简单,尤其是识别核心部分需要极大的计算量。为此,Holme提出了一个简单的启发式方法,用计算简单的 k-核(k-Core)来表示核心结构。k-核是指网络

中满足如下条件的一个子图:子图中的任意节点的度至少等于 k。由此可见,k-核内具有比较稠密的社会关系,与核心结构的概念相吻合。

4. 等级网络结构特性

现实社会网络的另一个重要性质是等级网络(Hierarchical Network)结构特性,它体现了网络的如下组织方式:节点首先组成具有稠密连接的小模块(Module),这些小模块之间通过比较稀疏的连接组成更大的模块,并最终组成整个网络(Newman,2006)。等级网络结构在多关系社会网络中很常见,因为人们会根据不同的社会关系首先组成一些比较小的组织单位,如社区、办公楼、校园等。等级网络结构特性使得这些小的组织单位可能成为传染病爆发的高风险区域,因此社区层面的传播控制是大规模疫情爆发时期的控制重点。

4.3.3　社会网络的基本模型

为了深入理解社会网络的结构特征和网络行为,研究者构建了多种社会网络模型。这些模型通过简单的生成过程或机理,能随机产生具备指定社会网络特征的社会网络,如无标度网络。本节将重点介绍两种基本的网络模型,即 BA 无标度模型和配置模型。

1. BA 无标度模型

BA 无标度模型(Barabási,Albert,1999)用于生成一个随机的无标度网络模型,其主要原理是基于节点的"择优连接(Preferential Attachment)"特性,即一个新加入网络的节点倾向于连接已有很大度的节点,从而进一步增加这些节点的度,也称作"富者更富"或"马太效应"。例如在 Twitter 和微博上,新加入的用户常会关注已有大量粉丝的名人用户。"择优连接"特性常被认为是社会网络表现出无标度特性的原因之一。

BA 无标度模型的构造算法如下:

(1)网络中最初有 m_0 个节点;

(2)每次加入一个新节点,这个新节点会连接到网络中 $m\,(m \leqslant m_0)$ 个已存在的节点;

(3)新加入的节点与已存在的节点 i 相连接的概率 $\prod$ 与节点 i 的

度 k_i 有关,即

$$\prod(k_i)=\frac{k_i}{\sum_j k_j}$$

在经过 t 步之后,通过上述算法构建的网络中包含了 $N=t+m_0$ 个节点与 $E=mt$ 条边,这个网络的度近似服从幂指数为 3 的幂律分布,即

$$P(k)=\frac{2m(m+1)}{k(k+1)(k+2)}\propto 2m^2 k^{-3}$$

2. 配置模型

配置模型能够根据给定的度分布来生成一个随机网络,其构造算法如下:

(1) 从给定的一个度分布 $P(k)$ 中取出一个度数序列,其中包括了 n 个节点的度;

(2) 对于一个节点 i,如果其度为 k_i,则为这个节点生成 k_i 个存根(Stub);

(3) 从所有节点的存根中任选两个,将它们所指向的节点连接起来,并删除这两个存根;

(4) 重复步骤(3)直到所有的存根都被删除。

采用上述方法能产生图的每一种可能的拓扑结构,且每一种结构具有相同的概率。利用这种配置模型,能生成与实际社会网络具有同样度分布或度数序列的随机网络,可用于分析实际社会网络的某些特殊性质。

然而,通过上述过程产生的随机网络存在一个缺陷,即网络中可能存在重复边或自环边(一个节点指向自己的边);而去除这些重复边与自环边后,网络的度分布与给定的度分布不会精确相同。为了解决这一问题,Viger 与 Latapy 提出了一种改进的方法以生成满足给定度分布或度数序列的简单图(即一个没有重复边和自环边的图),该方法包括以下三个步骤。

(1) 构建一些小的简单图,图中节点的度满足给定的度数序列。

(2) 将这些小的简单图连接起来,为了保证节点的度不变,连接通过交换边的方法来实现。例如,对于简单图 G_1 与简单图 G_2,分别从它们中任意取出边 (i,j) 与 (k,l),去除这两条边,并添加边 (i,l) 与 (k,j)。

(3) 对组成的大的简单图 G,重复有限次的边交换,并在交换时保证不引入重复边或自环边。

然而,并非所有的度数序列都能成功构造出简单图,因此在应用这个算法前需进行相关的条件检查。

4.4　社会网络上的传播过程建模

实证研究、模型研究与控制措施研究是社会网络上传播动力学研究的三个重要组成部分,其中实证与建模是两个重要的研究手段,而控制则是主要的研究目标。本节从实证、建模与控制三个方面介绍社会网络上的信息传播与传染病传播的相关研究工作。

4.4.1　社会网络上实际传播行为的实证研究

在对社会网络上的传播行为进行实证研究时,数据来源主要包括互联网上的海量用户行为数据与传染病监测数据,本节分别概括这两种数据来源上的实证研究工作。

1. 互联网上的信息传播

自 20 世纪 90 年代末至今,研究者对电子邮件、博客、社交网站等多种不同类型的社会网络平台上的信息传播动态特征展开了多项实证研究工作,以揭示实际社会网络上的传播动力特征。通过对博客内帖子之间的引用链接的研究,Leskovec 等分析了信息传播路径的不同形状,如星形形状、链式形状等(Leskovec, McGlohon et al. ,2007)。类似的,Bakshy 等跟踪研究了虚拟游戏社区中的信息传播路径的形状(Bakshy, Karrer et al. ,2009)。从信息传播链的长度上来看,有些研究认为互联网上的信息传播只能顺序地传递很少的步骤,但另一部分研究则认为信息能够通过一个比较窄的树状机构传递到很多个体。然而,大部分实证研究无法准确地追踪信息传播的实际路径,它们只能分析不同时刻获取某一条信息的用户数目。通过对 4.5 万个博客与 220 万个帖子的分析,Leskovec 和 McGlohon 等(Leskovec, McGlohon et al. ,2007)报告了一条信息的传播范围的分布满足幂指数为 2 的幂律分布。Lerman 与 Ghosh 通过比较 Twitter 与 Digg 上的信息传播情况,发现信息在 Digg 上传播的速度更快,但在 Twitter 上传播的范围更广。

　　实际数据很少明确记录个体获取信息的来源,因此实际社会网络上的信息传播路径是不可见的,往往需要进行推断。Adar 等根据博客之间在链接与内容上的相似性,以及它们获取与发表信息的时间来推断博客之间的信息传播路径(Adar,Zhang et al.,2004)。此外,Goyal 等提出了一系列概率模型来估计实际社会网络上的个体之间的信息传播概率(Goyal,Bonchi et al.,2010),Tang 等研究了不同话题的信息传播特征,并估计了话题级别的信息传播概率(Tang,Sun et al.,2009)。

　　为了理解影响信息传播过程的主要因素,研究者研究了网络结构、信息内容、个体行为特征等对实际传播过程的影响。Centola 设计了具有不同结构的在线社区,研究实验者在这些社区上的传播行为特征(Centola,2010),发现传播行为在局部聚集的网络上比在随机网络上传播得更快、更广泛。通过分析上千名用户的个人信息及其 E-mail 通信记录,Wang 等(Wang,Wen et al.,2011)指出社会环境与个体的行为模式共同影响信息传播特征。此外,研究还发现不同话题的信息传播动力特征也相差很大(Romero,Meeder et al.,2011)。

　　在个体层面上,研究者提出了多种方法来度量个体在实际传播过程中所起的作用。在一个包含数百万用户的 Twitter 数据集中,Cha 等研究发现,用户粉丝数并不能很好地体现用户在信息传播中的影响力(Cha,Haddadi et al.,2010)。利用个体的社会关系结构、个体发布与传播的信息数量等特征,Bakshy 采用回归树方法来预测个体的影响力(Bakshy,Hofman et al.,2011)。由于信息传播过程与互联网的超链接结构具有类似特性,有些研究者在 Pagerank 和 HITS 算法的基础上,设计了计算个体影响力的算法;这些算法的基本思想是:认为个体的影响力与被其影响的其他个体的特征有关。例如,有文献认为个体所影响的其他个体的影响力越大,这个个体的影响力也越大(Wang,Wen et al.,2011);也有文献引入了个体的另一种特征——容易被影响的倾向,认为如果一个个体能让不易受影响的个体接受信息,则该个体的影响力比较大(Li,Bhowmick et al.,2011)。

2. 传染病传播

　　近年来,SARS、甲型 H1N1 流感等全球性传染病疫情的爆发,为社会网络上的传染病传播实证研究提供了大量数据。研究者基于流行病学调查方法,研究了社会网络上的传染病爆发案例的实际传播过程与重要的传播参数,如潜伏期(Incubation Number)、基本生成数(Basic

Reproduction Number)、后代数目分布(Offspring Distribution)、代长分布(Generation-Time Distribution)等。在我国,研究者也对 SARS、甲流、手足口病等重大传染病疫情做了详细的分析。这些实证结果为传染病传播的预测与防控提供了重要依据。

对实际传染病疫情爆发的研究结果表明,传染病传播过程受个体特征的影响较大,这些影响传播过程的个体特征主要分为以下三种。首先,是个体所连接的其他个体数,即个体在社会网络中的度。群体中少数拥有很大的度的个体可能成为传染病的超级传播者,他们对于传染病的防控具有重要的意义。其次,个体的传染性也是研究人员关注的因素之一,在一些传播过程中,传染性会随着个体之间的接触时间与接触频率而不同。最后,个体对传染病的易感染性是影响个体是否被传染的重要因素。在传染病疫情爆发过程中,不同年龄层与不同工作地点的人员对传染病的易感染程度存在不同。现已有一些针对特定人群内部的传播过程进行实证分析的研究,如 Grassly 与 Fraser 认为一个个体到另一个个体的传播率是由前者的传染性与后者的易感染性所决定的(Grassly,Fraser,2008)。

与信息传播中的实证研究相比,传染病传播实证研究的研究对象通常是某一个小区域内的某一次疫情爆发情况,缺乏类似于信息传播研究中大量而持续的数据。因此,这些研究工作虽然能够得到一些普适性的结果,但总体来看可扩展性不高,还需要进一步深入研究。

4.4.2 社会网络上的传播动力模型

传播动力模型是对社会网络上的传播过程进行理论性定量研究的一种重要方法。通过对现实世界的抽象与简化,传播动力模型反映了传播行为的主要特征与规律,能用于预测传播过程与传播结果,从而为控制传播过程提供理论依据。研究者根据传播的内容、渠道、对象等多种要素,构建了大量粒度不同的传播动力模型。在这些模型中,常用的数学模型是仓室模型,其思想最早由 Kermack 与 McKendrick 于 1927 年提出(Kermack,McKendrick,1927)。后来的研究者根据仓室模型的原始思想构建了多种扩展模型,并应用于社会网络上的传播动力学以及信息传播领域的研究工作中。下面将首先介绍仓室模型的思想与社会网络中仓室模型的扩展,然后介绍在信息传播领域得到广泛应用的线性阈值模型与瀑布模型,最后介绍一些基于多智能体的计算机仿真模型。

1. 仓室模型

仓室模型的基本思想是把个体在传播过程中所处的状态划分为几种类别（即仓室），并且个体的状态会随着时间而改变。根据实际传播行为的特征，个体的状态可以有很多种，其中最基本的两个状态是易感染状态与已感染状态。在传染病传播过程中，常用的状态还有表示个体已经不再参与传播过程（如已经死亡或免疫）的已移除状态和表示个体已被感染但没有表现出症状的潜伏状态。根据使用的状态，所研究的模型包括 SI、SIR、SIS、SEIR、SEIS 等。其中，SIR 是最经典的一种仓室模型，其状态转移如图 4.3 所示。

图 4.3　SIR 模型

虽然早期的仓室模型并不考虑社会网络结构，但随着社会网络研究的深入发展，人们开始将现实世界抽象为社会网络，研究社会网络上的仓室模型。这些研究利用平均场理论（Mean-Field Theory）对仓室模型做解析研究（Barrat，Barthélemy et al.，2008）。平均场理论将一个个体受到其他个体的影响进行平均化处理，并用平均结果来代替每一个个体受到的影响。因此，仓室模型的定量研究工作只考虑处于不同仓室的个体数目随时间的演化规律，这些工作主要利用动力过程主方程（Master Equation）来求解。假设 t 时刻个体处于不同状态的概率用 $P(\sigma, t)$ 表示，主方程研究这一概率随时间的变化，即

$$\frac{\partial P(\sigma, t)}{\partial t} = \sum_{\sigma'} P(\sigma', t) W(\sigma' \rightarrow \sigma) - P(\sigma, t) W(\sigma \rightarrow \sigma')$$

其中，$W(\sigma \rightarrow \sigma')$ 表示个体从状态 σ 转变为 σ' 的概率。下面以随机图网络和无标度网络为例，具体介绍它们的 SI 传播模型（Barthélemy，Barrat et al.，2004）。

首先简单介绍 SI 传播模型中的术语表示。在 SI 模型中，定义在时间 t，个体处于易感染状态的概率为 $s(t)$，个体处于已感染状态的概率为 $i(t)$。很明显，$s(t) + i(t) = 1$。并假设在单位时间内，一个处于已感染状态的个体成功将信息或传染病传播至一个处于易感染状态的个体的概率为 λ，而且这一传播率不会随时间而改变。由于现有研究大多忽视

了社会网络上的异质社会关系特征,因此假设任意两个个体之间的传播率λ是相同的。此外,由于所研究的传播过程通常延续时间较短,所以通常不考虑群体总数的变化。

在随机图网络中,网络中的个体的度分布集中于网络平均度$\langle k \rangle$处,也就是任意个体所连接的其他个体数目基本相等,并且假设处于不同状态的个体均匀地混合在一起。因此,一个处于易感染状态的个体被感染的概率与群体中处于已感染状态的个体比例有关。此时,随机图网络的主方程可表示为:

$$\frac{\mathrm{d}i(t)}{\mathrm{d}t} = \lambda \langle k \rangle i(t)[1-i(t)]$$

上式的求解结果为:

$$i(t) = \frac{i(0)\mathrm{e}^{\lambda \langle k \rangle t}}{1+i(0)\mathrm{e}^{\lambda \langle k \rangle t}}$$

在传播的初始阶段,群体中处于已感染状态的个体数目较少,即$i(0)\mathrm{e}^{\lambda \langle k \rangle t}$远小于1,因此初始阶段的个体被感染的概率随时间呈指数增长,即

$$i(t) = i(0)\mathrm{e}^{\lambda \langle k \rangle t}$$

实际社会网络往往与随机图网络的性质相差甚远,特别是实际社会网络通常体现无标度特性,即网络中个体的度不再近似等于平均度$\langle k \rangle$。Barthélemy 等研究了无标度网络中的 SI 模型。为了理解不同度的个体的传播行为,定义 $i(k,t)$ 是度为 k 的个体在 t 时刻被感染的概率。无标度网络的主方程可表示为:

$$\frac{\partial i(k,t)}{\partial t} = \lambda k[1-i(k,t)]k\Theta(k,t)$$

其中,$\Theta(k,t)$ 表示度为 k 的个体的邻居在 t 时刻处于已感染状态的概率,在假设两个相连接的个体的度不相关的前提下,$\Theta(k,t) = \Theta(t)$。此外,每个被感染的个体可能在初始时刻 $t_0 = 0$ 时被感染,或者在时刻 t 之前由其他个体感染。在后一种情况下,这个被感染的个体至少会有一条边指向另一个已被感染的个体,则有:

$$\Theta(t) = \frac{\sum_{k'} k'P(k')i(k',0) + \sum_{k'} (k'-1)P(k')[i(k',t)-i(k',0)]}{\langle k \rangle}$$

根据已有方程,可以得到度为 k 的个体在时刻 t 被感染的概率:

$$i(k,t) = i(0)\left[1 + \frac{k\langle k \rangle}{\langle k^2 \rangle - \langle k \rangle}(\mathrm{e}^{t/\tau}-1)\right]$$

其中，$\tau = \langle k \rangle / [\lambda(\langle k^2 \rangle - \langle k \rangle)]$。由此，也可以得到群体在时刻 t 被感染的密度：

$$i(t) = i(0) \left[1 + \frac{\langle k \rangle^2}{\langle k^2 \rangle - \langle k \rangle} (\mathrm{e}^{t/\tau} - 1) \right]$$

比较随机图网络与无标度网络上的 SI 传播模型的理论结果，无标度网络中，度分布的异质特性在传播过程中得到了充分体现。实际上，比值 $\kappa = \langle k^2 \rangle / \langle k \rangle$ 是决定度分布异质性特征的重要参数。在随机图网络中，$\kappa = \langle k \rangle + 1$；而在度分布满足幂指数在 2 到 3 之间的幂律分布的无标度网络中，$\langle k^2 \rangle$ 的值要远远大于 $\langle k \rangle$ 的值，所以当网络中个体数目 $N \to \infty$ 时，$\kappa \to \infty$。因此，无标度网络中的传播速度要远远快于随机图网络中的传播速度。

许多相关研究也介绍了其他网络结构上的仓室模型，如小世界网络、相连接个体度相关的网络、等级网络等。当模型复杂度增加的时候，解析方法可能无法得到解析，因此，一些研究开始通过计算机仿真实验求解模型。这些仿真实验基于蒙特卡洛方法，模拟个体之间的社会接触行为与个体的状态变化过程，如利用计算机仿真实验研究加权社会网络上的仓室模型（Yan, Zhou et al. 2005）。

2. 线性阈值模型与瀑布模型

除仓室模型外，研究者还提出了多种其他类型的传播模型，下面简要介绍线性阈值模型（Linear Threshold Model）（Kempe, Kleinberg et al., 2003）和瀑布模型（Cascade Model）（Kempe, Kleinberg et al., 2003）。

（1）线性阈值模型假定网络中每条边 (u, v) 上有一个非负的权值 b_{uv}，表示个体 u 对 v 的影响；一个个体所连接的边上的权值之和满足 $\sum_{u \in \Gamma_v} b_{uv} \leqslant 1$，其中 Γ_v 表示有指向 v 的边的节点集合；并假设每个节点 v 有一个阈值 $\theta_v \in [0, 1]$。一个处于易感染状态的个体 v 的状态变为已感染状态，当且仅当指向 v 的处于已感染状态的个体对 v 施加的影响之和超过 v 的阈值，即：

$$\sum_{u \in \Gamma_v \cap I} b_{uv} \geqslant \theta_v$$

其中，I 表示网络中处于已感染状态的个体集合。与仓室模型不同，在线性阈值模型中一个个体只有一次机会去感染另一个个体。

（2）在瀑布模型（见图 4.4）中，一个个体 u 成功感染另一个个体 v 的概率不仅与它们两个之间的社会关系有关，还与之前没有成功感染个体 v 的其他个体有关。因此，瀑布模型定义函数 $p_v(u, X)$，表示集合 X 中的个体尝试感染个体 v 不成功的情况下，个体 u 成功感染个体 v 的概率。

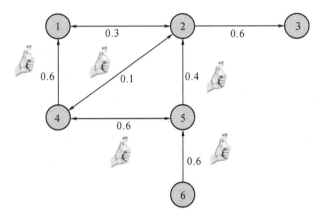

图 4.4 瀑布模型

在瀑布模型下，影响按以下规则在网络中传播。

• 在网络中，每个节点只有激活和未激活两种状态，节点只能从未激活态变为激活态。

• 在时刻 t，如果某一个节点 u 从未激活态变为激活态，则对于每一个处于未激活态的邻节点 v，u 都有一次激活 v 的机会，成功的概率为 P_{uv}。如果激活成功，v 将在下一时刻从未激活态转换为激活态；如果激活失败，u 将不能再次试图激活 v。如果在时刻 t 同时有多个节点试图激活节点 v，则它们按任意顺序进行激活。

• 上述过程进行至没有新的节点变为激活态为止。

虽然线性阈值模型与瀑布模型均假设不同个体之间的社会关系是异质的，但没有考虑异质性社会关系的决定因素。在大多数相关研究中，线性阈值模型中的函数 b_{uv}、θ_v 以及瀑布模型中函数 $p_v(u, X)$ 的值都是随机选取的，这使得它们在应用中存在一定的局限性。此外，这些模型难以从理论上得到解析解，一般要依赖于计算机仿真实验得到结果。

基于线性阈值模型与瀑布模型，研究人员还设计了多种类似的传播动力模型，如广义阈值模型（General Threshold Model）、广义瀑布模型(General Cascade Model)等。

3. 基于多智能体的计算机仿真模型

上面提到的数学模型通过对现实世界某些关键特征的抽象,来对社会网络传播行为进行理论研究。但为了准确地描述现实世界的传播动力过程,一个完善的模型需要考虑每一个个体的行为,而这在一般的数学模型中是无法实现的。因此,研究者尝试采用基于多智能体建模的方法对现实世界的传播过程进行细致的仿真研究。

多智能体建模为处理现实世界的传播过程的复杂性提供了重要工具。在多智能体建模中,每个智能体具有自主性、交互性、反应性、主动性,以及学习知识、积累经验、进行推理和智能计算的能力。下面分别从信息传播与传染病传播两个方面介绍多智能体建模在社会网络传播动力学研究中的一些应用。

Neri 利用多智能体建模研究了市场环境中由多种因素影响的产品信息的传播过程,这些因素包括产品广告、消费者对产品的口碑、朋友之间口碑传播等(Neri,2004)。Martins 研究了智能体在邻居的影响下接受新产品的动力过程。此外,大量相关研究利用多智能体建模研究了创新在不同社会网络中的传播行为(Martins, Pereira et al.,2009)。Gong 与 Xiao 研究了新闻传播的多智能体模型,并对影响新闻传播的多种因素进行建模,包括智能体间的社会关系、智能体对新闻的信任程度、传播行为的强度及网络结构等(Gong,Xiao,2007)。

在传染病传播研究中,多智能体建模对实际疫情爆发的模拟有助于发现疫情爆发过程中的关键因素,从而在疫情爆发的应急管理中起到重要作用。相关的研究包括真实疫情的建模研究、群体特征对传播过程的影响、网络结构对传播过程的影响以及控制措施效果的评估等。此外,地理信息系统提供的位置信息与疾病防控机构提供的监测数据为多智能体建模提供了丰富的个体属性与行为信息。如文献在多智能体建模中应用了位置信息,以更准确地考察个体层面的传播行为;Carley 等利用监测数据构建了一个应对生物攻击的多智能体系统 Bio-War。这些数据所带来的复杂性特征通常无法在传统数学模型中得到有效处理。

4.4.3 社会网络上的传播动力过程的控制与决策

社会网络上的传播动力学研究的主要目标之一是控制与影响传播行为。信息传播领域内的控制目标包括影响最大化与谣言传播防控;而对于传染病传播而言,控制目标主要是减小传染病传播范围与速度。下面分别针对这三个控制目标做简单的概述。

1. 影响最大化

在商业环境下,产品的营销活动可利用个体间的信息传播行为实现。具体过程包括:首先对一些重要用户采取营销策略,如折扣促销或免费试用;然后由这些用户将产品的相关信息传播至他们的朋友。这一营销过程通常被称作病毒式营销,这是因为产品信息会如同病毒一般在社会网络上传播。研究病毒式营销策略的问题被称作影响最大化问题,其目标是通过某些策略使最终获取信息的用户数达到最大。

Domingos 与 Richardson 最早阐述了社会网络上的影响最大化问题(Domingos,Richardson,2001)。他们将问题定义为寻找一个包含个体的集合作为信息传播源,使得信息从这个集合出发能达到最多的个体,即给定一个社会网络和一种传播模型,给定初始的传播节点数目,需要在社会网络中确定这些初始节点,得影响从这些初始节点开始传播,最终被影响的节点数目最多。具体定义如下:

给定一个社会网络 $G = \langle V, E \rangle$,V 为节点集合,E 为边的集合;m 为网络上的一个影响传播模型(独立瀑布模型或线性阈值模型),S 为一个初始节点集合,$S \in V$;设传播过程结束后被影响的节点总数的期望值为 $\sigma_m(S)$。则影响最大化问题定义为:给定一个社会网络 $G = \langle V, E \rangle$,一个传播模型 m,一个阈值 k,$k \leqslant |V|$,如何找到一个节点集合 S,$S \subseteq V$,$|S| = k$,使得 $\sigma_m(S)$ 最大。

Kempe 等证明在独立瀑布模型或线性阈值模型下,影响最大化问题都是 NP 难问题(Kempe, Kleinberg et al.,2003)。然而,由于目标函数 $\sigma_m(S)$ 满足两个关键的性质,即单调性(Monotone)和亚模型(Submodular),所以可通过一个简单的贪心算法近似求解这个离散优化问题,如图 4.5 所示。

Algorithm 1 Greedy alg. for influence maximization

Require：G, k, σ_m

Ensure：seed set S

1：$S \leftarrow \varnothing$

2：**while** $|S| < k$ **do**

3：$u \leftarrow \arg\max_{w \in V/S}(\sigma_m(S \cup \{w\}) - \sigma_m(S))$;

4：$S \leftarrow S \cup \{u\}$

图 4.5 求解影响最大化问题的贪心算法

Kempe 等证明该贪心算法的近似比为 $(1 - 1/e)$。在实际计算中,由于没有方法直接计算函数 $\sigma_m(S)$ 的取值,所以常规做法是通过 Monte Carlo 方法来近似计算 $\sigma_m(S)$。当社会网络规模较大时,算法运算效率很低。一些研究者已提出了各种启发式规则来提高上述贪心算法的效率。

从最初的影响最大化问题出发,研究者还提出了许多新的相关问题。Carnes 等研究了多信息传播下的影响最大化问题(Carnes, Nagarajan et al. ,2007)。Cheng 等研究了信息过载情况下的影响最大化问题(Cheng, Sun et al. ,2010)。Goyal 等提出了最小化传播源集合的问题,其目标是选择最少的个体作为传播源以达到目标效果(Goyal, Bonchi et al. ,2011)。使用影响最大化的研究成果,Buda 等通过选择一部分个体来传播正确的信息以减少相关错误信息的个体数目(Budak, Agrawal et al. ,2011)。

2. 谣言传播防控

2012 年,中国互联网协会发出倡议,称网络谣言传播对公民权益、公共利益、国家安全与社会稳定产生重大危害,呼吁互联网业界采取有力措施抵制网络谣言。学术界很早就开始对谣言传播的原因、机制与控制展开了研究。社会网络上个体间的社会关系被认为在谣言传播中发挥了重要的作用。

为研究社会网络上谣言传播的动力学特征,研究者提出了许多类似于传染病传播的数学模型,研究了不同网络结构上的谣言传播特征。基于这些模型,文献(Huang, Jin, 2011)比较了针对个体的不同免疫措施对谣言传播的影响。此处,免疫措施是使未相信谣言的个体提前获悉谣言的错误性。考虑免疫措施所需要的成本,一般采取随机免疫或目标免疫策略对一部分个体进行免疫。随机免疫策略中任意个体被免疫的概率是相同的,而目标免疫则会优先免疫度最大的个体。除了上述两种免疫措施外,Habiba 等研究了如何寻找网络中的阻塞节点(Blockers)以最小化谣言的传播范围。一个节点的阻塞性被定义为对该节点免疫后,谣言传播范围的减小量(Habiba,Yu et al.,2010)。

此外,谣言信息的探测是防范谣言传播的重要环节之一。Nel 等采用文本聚类的方法,从互联网开源数据中监控谣言(Nel,Lesot et al.,2010)。Collier 等通过构建一系列文本挖掘算法,来监测公共卫生领域内的谣言(Collier,Doan et al.,2008)。

3. 传染病传播的防控

传染病传播防控中常采用两种策略:免疫与隔离。这两项措施都是通过从网络中移除部分个体来减少传染病的传播范围,延缓传播速度。

与谣言传播防控一样,免疫策略的研究是传染病传播防控的重要研究方向。Anderson 与 May 研究了均匀网络中的随机免疫的临界值,免疫的个体数高于这一临界值,传染病将不会广泛散播;反之,传染病将扩散到整个人群(Anderson,May,1992)。根据他们的研究结果,可发现随机免疫策略在无标度网络中并不适用,因为无标度网络中的随机免疫的临界值趋向于无穷大。根据无标度网络中度分布不均匀的特性,选择少量度最大的个体进行目标免疫能够得到较好的效果。文献(Pastor-Satorras,Vespignani,2003)比较了无标度网络中采用随机免疫与目标免疫所得到的控制效果。虽然目标免疫具有较好的效果,但它要求在采取措施之前了解网络的全局信息,而这在规模庞大的社会网络中并不适用。Cohen 等因此提出了一种称作熟人免疫的策略(Cohen,Havlin et al.,2003),该策略的基本思想是从网络中随机选取一部分个体,并以一定的概率免疫这些个体的邻居个体。在这一策略中,度很大的个体会比较容易被选中,从而得到比较好的效果。近年来,也有一些研究致力于提高免疫策略的效益以及设计特定网络结构中的免疫策略。

虽然免疫策略在传染病传播中能获得比较好的效果,但在一些突发性传染病爆发事件中,免疫药物研制需要一定的时间,而且药物的使用也需要花费大量的成本。因此,非药物干预措施,特别是隔离措施,在实际中应用非常广泛。如在 2003 年北京 SARS 爆发案例中,隔离措施取得了非常有效的成果;在 2009 年的甲流全球性疫情爆发中,世界卫生组织(WHO)也推荐在社区层面采用隔离措施应对甲流传播。

评估不同控制措施对于传染病防控的效用,是设计应急策略的重要依据。近些年,很多研究人员从实证与模型两个方面开展了这方面的研究。通过有效利用实际疫情的特征,对实际疫情爆发中控制措施效果的实证评估,能够为以后类似的疫情防控提供借鉴。不同控制措施的效果往往不能通过基于特定疫情的实证研究来定量评估,但可以通过数学模型与计算机仿真定量研究具有不同网络结构与不同传播特性的传染病防控措施的效果与成本。

4.5 小 结

本章首先介绍了社会网络常用的研究方法与模型,讨论了真实世界的社会网络中常见的拓扑特性,如小世界网络、无标度网络、核心—边缘结构与等级网络结构等。这些拓扑结构特征对传播行为具有重要影响,它们的度量方法与建模手段为认识实际传播行为的特征与规律、构建传播动力学模型等提供了重要的工具。其次从实证、建模与控制三个方面介绍了社会网络上的信息传播与传染病传播的相关研究工作。

参考文献

Adar E, Zhang L, et al. Implicit structure and the dynamics of blogspace. Workshop on the Weblogging Ecosystem, 2004.

Anderson R M, May R M. Infectious diseases in humans. Oxford University Press, 1992.

Bakshy E, Hofman J M, et al. Everyone's an influencer: Quantifying influence on twitter. Proceedings of the 4th ACM International Conference on Web Search and Data Mining, 2011.

Bakshy E, Karrer B, et al. Social influence and the diffusion of user-created content. Proceedings of the 10th ACM Conference on Electronic Commerce, 2009.

Barabási A, Albert R. Emergence of scaling in random networks. Science, 1999, 286(5439): 509—512.

Barash V. The dynamics of social contagion. Cornell University, 2011.

Barrat A, Barthélemy M, et al. Dynamical processes on complex networks. Cambridge University Press, 2008.

Barthélemy M, Barrat A, et al. Velocity and hierarchical spread of epidemic outbreaks in scale-free networks. Physical Review Letters, 2004, 92(17): 178701.

111

Bhattacharya K, Mukherjee G, et al. The International Trade Network: Weighted network analysis and modelling. Journal of Statistical Mechanics: Theory and Experiment,2008(2):2002.

Borgatti S P, Everett M G. Models of core/periphery structures. Social Networks, 2000,21(4): 375—395.

Budak C, Agrawal D, et al. Limiting the spread of misinformation in social networks. Proceedings of the 20th International Conference on World Wide Web,2011.

Carnes T, Nagarajan C, et al. Maximizing influence in a competitive social network: A follower's perspective. Proceedings of the 9th International Conference on Electronic Commerce,2007.

Centola D. The spread of behavior in an online social network experiment. Science, 2010,329(5996): 1194.

Cha M, Haddadi H, et al. Measuring user influence in twitter: The million follower fallacy. Proceedings of the 4th International AAAI Conference on Weblogs and Social Media (ICWSM10),2010.

Cheng J, Sun A, et al. Information overload and viral marketing: Countermeasures and strategies. Advances in Social Computing,2010:108-117.

Clauset A, Shalizi C, et al. Power-law distributions in empirical data. SIAM Review,2009,51(4): 661-703.

Cohen R, Havlin S, et al. Efficient immunization strategies for computer networks and populations. Physical Review Letters,2003,91(24): 247901.

Collier N, Doan S, et al. BioCaster: Detecting public health rumors with a Web-based text mining system. Bioinformatics,2008,24(24): 2940-2941.

Domingos P, Richardson M. Mining the network value of customers. Proceedings of the 7th ACM SIGKDD International Conference on Knowledge Discovery and Data Mining,2001.

Gong X, Xiao R. Research on multi-agent simulation of epidemic news spread characteristics. Journal of Artificial Societies and Social Simulation,2007,10(3):1.

Goyal A, Bonchi F, et al. Learning influence probabilities in social networks. Proceedings of the 3rd ACM International Conference on Web Search and Data Mining,2010.

Goyal A, Bonchi F, et al. Approximation analysis of influence spread in social networks. arXiv,2011.

Grassly N C, Fraser C. Mathematical models of infectious disease transmission. Nature Reviews Microbiology,2008,6(6): 477—487.

Habiba H, Yu Y, et al. Finding spread blockers in dynamic networks. Proceedings of the 2th International Conference on Advances in Social Network Mining and

Analysis,2010.

Huang J, Jin X. Preventing rumor spreading on small-world networks. Journal of System Science and Comlexity,2011(24):449—456.

Kempe D, Kleinberg J, et al. Maximizing the spread of influence through a social network. Proceedings of the 9th ACM SIGKDD International Conference on Knowledge Discovery and Data Mining,2003.

Kermack W O, McKendrick A G. A contribution to the mathematical theory of epidemics. Proceedings of the Royal Society of London, Series A,1927.

Latora V, Marchiori M. Efficient behavior of small-world networks. Physical Review Letters,2001,87(19).

Leskovec J, Adamic L A, et al. The dynamics of viral marketing. ACM Transactions on the Web,2007,1(1).

Leskovec J, McGlohon M, et al. Cascading behavior in large blog graphs. Proceedings of the SIAM Conference on Data Mining (SDM'07),2007.

Li H, Bhowmick S S, et al. CASINO: Towards conformity-aware social influence analysis in online social networks. Proceedings of the 20th ACM Conference on Information and Knowledge Management (CIKM11),2011.

Mark G. Economic action and social structure: The problem of embeddedness. American Journal of Sociology,1985,91(3): 481—510.

Mark S G. The strength of weak ties. American Journal of Sociology,1973,78(6): 1360—1380.

Martins A C R, Pereira C D B, et al. An opinion dynamics model for the diffusion of innovations. Physica A: Statistical Mechanics and its Applications,2009, 388(15—16):3225—3232.

Nel F, Lesot M J, et al. Rumour detection in information warfare: Understanding publishing behaviours as a prerequisite. IST091 NATO Symposium on Information Assurance and Cyber Defence,2010.

Neri F. Agent based simulation of information diffusion in a virtual market place. Proceedings of the IEEE/WIC/ACM International Conference on Intelligent Agent Technology,2004.

Newman M E J. The structure of scientific collaboration networks. Proceedings of the National Academy of Sciences,2001,98(2): 404—409.

Newman M E J. Modularity and community structure in networks. Proceedings of the National Academy of Sciences,2006,103(23): 8577—8582.

Pastor-Satorras R, Vespignani A. Immunization of complex networks. Physical Review E,2002,65(3).

Pastor-Satorras R, Vespignani A. Epidemics and immunization in scale-free net-

113

works. Handbook of graphs and networks. Wiley-VCH,2003.

Ramakrishnan C, Milnor W H, et al. Discovering informative connection subgraphs in multi-relational graphs. SIGKDD Explorations Newsletter,2005,7(2): 56—63.

Romero D M, Meeder B, et al. Differences in the mechanics of information diffusion across topics: Idioms, political hashtags, and complex contagion on twitter. Proceedings of the 20th International Conference on World Wide Web (WWW'11),2011.

Shen Z, Ning F, et al. Superspreading SARS events, Beijing, 2003. Emerging Infectious Diseases,2004,10: 256—260.

Song X, Chi Y, et al. Information flow modeling based on diffusion rate for prediction and ranking. Proceedings of the 16th International Conference on World Wide Web,2007.

Stanley M. The small world problem. Psychology Today,1967,1(1): 61—67.

Tang J, Sun J, et al. Social influence analysis in large-scale networks. Proceedings of the 15th ACM SIGKDD International Conference on Knowledge Discovery and Data Mining,2009.

Wang D, Wen Z, et al. Information spreading in context. Proceedings of the 20th International Conference on World Wide Web,2011.

Yan G, Zhou T, et al. Epidemic spread in weighted scale-free networks. Chinese Physics Letters,2005,22(2): 510—513.

Zheng X, Ke G, et al. Next-generation team-science platform for scientific collaboration. IEEE Intelligent Systems,2011,26(6): 72—76.

Zheng X, Zeng D, et al. Analyzing open-source software systems as complex networks. Physica A: Statistical Mechanics and its Applications,2008,387(24): 6190—6200.

Zhou T, Fu Z, et al. Epidemic dynamics on complex networks. Progress in Natural Science,2006,16: 452—457.

王友忠.加权与多关系社会网络上的传播动力学:实证分析、建模与政策评估.中国科学院自动化研究所博士学位论文,2012.

王飞跃.开源情报与网络时代的国家安全.科学新闻杂志,2007(2):3.

王飞跃,牛文元.社会计算——社会能计算吗?.中国科协学术沙龙,2008.

王飞跃,曾大军等.应急2.0:万维媒体及群体态势建模与分析.中国科学院自动化研究所,2008.

曾大军,王飞跃等.开源信息在突发事件应急管理中的应用.科技导报,2008(16).

郑晓龙,曾大军等.开源软件的复杂网络分析及建模.复杂系统与复杂性科学,2007(3):1—9.

郑晓龙,钟永光等.基于网络信息的社会动力学研究.复杂系统与复杂性科学,2011(8).

114

面向社会群体
的建模与分析

第4章介绍了社会网络建模与分析的基本概念、方法和模型,这些方法已被广泛应用于网络社区及群体的分析中,如关键节点识别、传播过程建模、网络演化分析等。在本章中,我们将基于社会网络建模与分析方法,选择一类特殊的网络群体——网群运动组织进行研究。网群运动组织是线上活动与线下行为紧密结合的社会群体,他们在众多新兴社会现象中发挥着组织者和参与者的作用,对其进行分析能帮助决策者理解新兴社会事件或现象的产生过程,预估事件的演化方向,辅助制定重大决策。本章首先概述网群运动组织的产生背景和基本概念,然后介绍网群运动组织的建模方法,最后以人肉搜索网群运动组织为案例,研究这类群体的社会网络特征和演化。

5.1 网群运动组织

5.1.1 研究背景

近期,从突尼斯、约旦、也门到埃及等国家,中东的社会动乱受到了全世界的关注,并引发对不同利益集团各种各样的议论和预测。在众多不同的声音与认识之中,有一点却非常一致:这是一场社会媒体诱发的革命,得力于形形色色的网群运动组织(Cyber Movement Organization, CMO)。中东的动乱,以及 2010 年底西方的维基泄密事件,以震撼整个世界的方式,使关于网群运动组织与社会安全的讨论,从几年前只是少数学者的学术探讨,成为今日严峻的社会现实。尽管后果目前根本无法预测,但可以预见,从今往后,世界上每一个负责任的政府,不论是东方还是西方,不管是发达还是落后,都必须正视网群运动组织所带来的可能的政治与经济后果,以及对社会的相应影响。

显然,网络技术的迅猛发展和加速普及,已对传统的社会形态产生了深刻的影响和巨大的冲击。虚拟网络世界(Cyberspace)已实实在在地成为与物理世界平行的另一个崭新的世界,并将很快占据我们生活空间的一半,同时以前所未有的方式影响物理世界的一切。

例如,虚拟空间大大压缩了传统真实物理社会的空间和时间。这种压缩效应是由信息通过网络的快速传播和大范围扩散所造成的,并使各类长尾效应成为常态。由此,导致在虚拟社会中某一很小的局部可以快速地积累巨大的能量,激发网群运动组织,并且通过这一群体将能量迅速地释放到真实社会中,从而造成难以预估的后果。在国内,从瓮安事件到 7·5 事件,以及形形色色的人肉搜索案例;在国外,从希腊市民的街头暴动到伊朗总统选举后的大规模示威,再到今天的维基泄密事件和中东动乱,无不验证了这一基本判断。

目前,合理构建计算机网络并使其更加安全有效已成为一项重要的研究课题,人们也逐渐认识到:网络引发的虚拟世界已经对物理的真实世界产生越来越大的影响,而且在许多方面破坏了传统的社会秩序。因此,网络的社会性及其特征与潜力的研究正成为各国为确保自身生存安全和竞争能力所迫切需要进行的重大工程。这就是发达国家,特别是美国投巨资开展相关研究的根本原因。

5.1.2 网群运动组织的基本概念与研究意义

社会运动组织或社会运动群体(Social Movement Organization,SMO)是社会学中一个十分重要且涉及面很广的概念,由社会学家 Zald 和 Ash 在 20 世纪 60 年代世界性社会动荡时期提出(Zald, Ash, 1966)。狭义而言,SMO 是指那些从理想和道德上宣称、要求个人或社会如何生活与行为的组织或群体,而且在做这些宣称、要求之时,这些组织或群体正处于主流社会的边缘或已被排除于主流社会之外(Lofland, 1996)。广义而言,SMO 是指社会运动的有组织的组成部分,主要起协调作用,而非直接雇佣或指导运动中的参与人员。针对特定问题的 SMO 集合又称为社会运动行业(Social Movement Industries),从绿色和平运动、恐怖活动,再到低碳生活,已在许多方面对传统的主流社会产生了重大冲击。

网群运动组织(CMO)是通过网络空间中的手段或方法而诱发或加强的社会运动组织或社会运动群体。针对某一话题或事件,这些群体在短期内聚集在一起,参与讨论并共同实施某些社会行为,其特征是动态性、实时性、自组织性、突变性、高度复杂性、虚实交互性等,其影响方式是通过虚拟网络空间快速组织、迅速传播、大范围扩散,从而产生重大社会与经济影响。随着以在线社区、博客、微博、社交网站等为代表的社会媒体的迅速普及,线上线下实时互动与人肉搜索等网络空间的社会化倾向不断加剧,网群运动组织在社会上已造成巨大的影响;亿万网民的互动参与使虚拟网络世界变得与真实物理世界同等重要,并给现实社会态势的发展带来了空前的不确定性。图 5.1 给出了目前国内已出现的主要 CMO 及其各种表现形式与相应事件。

117

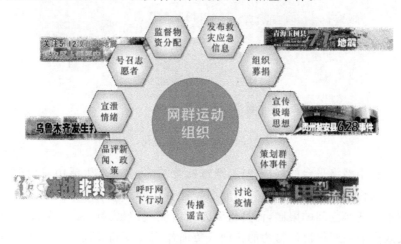

图 5.1 国内主要 CMO 及其表现形式

网群运动组织的自组织性、自适应性、多因素关联性、高度复杂性、高度不确定性、虚实交互性与动态变化性,已使传统方法无法应对由此带来的种种挑战。充分发挥计算科学、万维科学、社会学、管理学及心理和行为学等多学科交叉融合的优势,针对网群运动组织的所思、所想、所为和虚实空间的交互影响与协同演化规律,从理论、方法、建模、应用与系统平台多个层面开展相关研究,已成为我们面临的迫切而重大的任务,其既影响国家信息化发展的长远战略和生产效率的提高,也关乎国家安全与社会稳定等重大问题。

中国网民群体不仅数量庞大,而且在社会事务中发挥着越来越重要的作用。目前我国网民数量已超过 4 亿人,在可以预见的未来,网民群体将占人口多数。自 2001 年出现第一起人肉搜索事件后,我国人肉搜索事件呈指数型快速增长;2010 年底以来,几乎每天都有超过一起的人肉搜索事件出现。2008—2010 年,几乎所有重要事件均有网民参与,如图 5.2 所示,其中大部分经历了由社会热点诱发的相关网群运动组织,通过其演化和发展,并借助线上线下互动的力量,推动热点的扩散,加剧事件的进程,最终产生巨大的社会影响。因此,研究网群运动组织的产生与发展已成为新形势下确保社会安全和提高生产效率的重大课题。

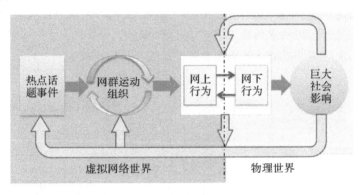

图 5.2　网群运动组织的演化过程

利用网络平台的杠杆作用,通过社会媒体,在现实生活中看似微不足道的普通事件或网民就有可能引发社会地震。网络中社会组织的形成不受现实空间的限制,而且组织方式多变,组织成员广泛。网络的放大效应能使网民群体行为的正面或负面作用发挥到极致,一夜之间,就可能使人身败名裂、商业公司破产或社会团体解散,甚至引发各类群体性社会安全事件,从而导致社会动荡、政权更替或国家解体。时刻处于动态变化的网民群体行为能够产生强大的社会力量,使突发事件的出现更容易、传播更迅速、影响更深远、危害更巨大。因此,基于对网群运动组织的监测与数据分析,提炼网络群体行为的时空变异特征,辨识普通讨论与异常征兆并对突发事件进行预警,掌握线上线下行为的关联,研究网民群体行为作用于社会安全事件及两者协同演化的规律,对提高政府的应急管理能力有重要意义。

　　网群运动组织的产生与发展在挑战政府应急管理能力的同时,也蕴含着丰富且具有重大价值的舆情动态信息与商务情报,为政府管理和电子商务发展提供了难得的机遇。信息化时代里,网络上自由流动的开放数据资源已和土地、石油、矿藏一样成为世界各国和商业机构竞相开发的重要资源。在社会媒体越来越普及的今天,无论是针对事件还是团体、公司或产品,网民群体行为中所涌现出的人生态度、价值观、心理与行为状况等都是指导商业运营的第一手情报,对提高公司竞争力有重要意义。此外,通过分析网民群体行为,还能实时了解民情、汇聚民智,对提升政府管理和执政水平有积极的推动作用。

5.1.3　研究现状及方向

　　个体网民行为拥有多种复杂性特征,如思维复杂、非理性行为、恶意欺诈、实时动态变化等,很难直接从当前个体信息预测其下一步的行为。然而,由海量个体组成的群体,其行为及与现实世界相互作用的规律却有章可循。例如,在人肉搜索中,事态的发展明显呈发布、赏金、确证、响应、调查、行动、协作、追踪及消弭等阶段,每个阶段都可以利用多种计算建模与分析方法研究网民互动模式,以及网上倡议与网下行动的内在关联。目前,强大的搜索引擎能从浩如烟海的网络中追踪并收集各类网民群体行为信息,多语种处理、自然语言处理及文本分类等方法已能实现多源异构数据的语义聚融,成熟的超级计算与并行计算技术则能使海量数据得到快速处理和分析,先进的人工智能与仿真技术使得千万级多智能体情景建模成为现实。这些条件为利用计算化手段定量研究海量网民群体行为(如网络社会组织的形成与涌现特征、网络化的社会运动规律、线上线下实时互动的作用规律等)提供了坚实的基础。

　　在本质上,CMO的建模、分析及评估等,属于社会系统的研究范畴。对于社会系统,早期的建模方法主要采用数学方程来描述社会规律,如人口模型(Uyenoyama,2004)中用数学方程描述人口在时空上的行为。由于社会现象所固有的复杂性,很难构造其精确的数学表示,因此,这类方法只适用于描述极其简单的社会系统。另一种常见的建模方法是统计建模,如贝叶斯模型、回归模型等,常用于社会计量学(Chapin,1940)、经济计量学(Amemiya,1985)等领域。各种统计模型的共同弱点是只能对社会系统的普遍现象进行静态描述,很难刻划由于个体差异而引起的社会系统的动态变化。

除了计算社会学,许多社会学理论和方法都与网群运动组织研究直接或间接相关。社会动力学能定量描述人类社会随机和不确定的动态过程,分析社会发展过程中的关键因素,预测群体组织发展的动力和方向及社会动态过程的发展趋势。社会心理学能揭示社会心理的形成机制及其发展的基本规律,常用于剖析一些特殊的社会心理现象和重大社会问题的民众心理因素。社会物理学研究社会群体及社会网络组织形成的影响因素,包括社会燃烧理论、社会激波理论和社会行为熵理论。社会人口学主要研究人口与社会发展的相互关系及变化规律、人口因素对社会结构和社会发展的影响及制约等。社会分层理论揭示社会结构的转型与变迁,研究社会分层对社会资源配置和流动的动态变化过程的影响,以及对社会矛盾和社会问题产生过程的影响(王飞跃,2008)。

社会科学的理论和方法为网群运动组织研究提供了理论依据,而面向网群运动组织的研究与应用又丰富和延伸了社会科学的理论与方法。为了分析网民行为,研究者利用社会心理学原理分析网络社区中贡献较低的网民群体,研究网民群体贡献的影响因素(Ling, Beenen et al.,2005)。人类学理论和方法能用于研究网络群体及社区现象,如网上群体与网下身份的依赖关系、网络群体对社会的影响能力等(Wilson,Peterson,2002)。必须指出的是,综合集成是将社会学方法与信息技术结合的必由之路(钱学森,2005)。

综上所述,网络社会化时代里,网民群体行为既给新形势下的社会安全提出了严峻挑战,也为提高政府管理和发展电子商务提供了难得的机遇;同时,已有技术条件也为海量网民群体行为的定量化研究提供了良好基础。然而,针对网群运动组织行为的统计特征、复杂网络结构、形态演变特征、线上线下交互作用模式,为研究网民群体行为的社会动力学问题提供可计算、可实现、可比较的基础理论、模型方法、关键技术和系统平台的研究工作尚属空白,所以必须力争尽快填补这一空白,以确保网络化社会的安全与效率。

为此,应围绕网群运动组织引发的社会安全与经济领域重大问题,面向有效管理和利用网群运动组织及社会媒体的现实需求,重点研究网络社会与真实社会互动演化过程中的建模、实验、管理与决策支持等关键科学问题,从而获得网群运动组织发展中两者互动的影响规律与有效应对策略的深入认识。具体而言,网群运动组织与社会媒体在虚拟网络社会与真实社会中衍生出的一系列亟待解决的关键问题可以凝练为三个方面:首先是对实际社会(包括网络社会和真实社会)的建模与模拟,涵盖实际社会的可计算形式表示与模拟、网络热点形成机理与发现方法等;其次是网群运动组织的热点趋势发现与政策评估,涵盖社会媒体传播与扩散规律、网络热点演化趋势预估以及网群运动组织控制策略的分析与评估;最后是网络社会和真实社会的互动调节与反馈机理,以及面向网群运动组织的常态与非常态决策支持。图 5.3 给出了基于 ACP 方法开展 CMO 研究与应用的基本框架。显然,ACP 方法为系统性解决上述问题提供了一条可计算、可实现、可比较的途径。

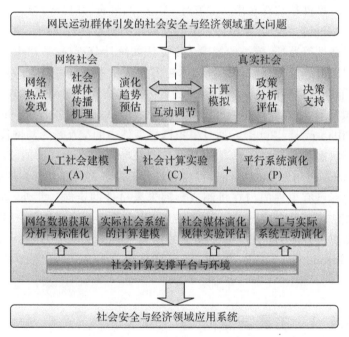

图 5.3　基于 ACP 的网群运动组织研究与应用框架

5.2　网民群体的计算建模

5.1 节介绍了面向网群运动组织的计算研究框架,提出了人工社会建模、计算实验分析、平行系统管理的计算流程。本节将介绍一种基于智能体的建模方法,对事件中的网群运动组织(主要是网民群体)进行人工社会建模,并分析其情感随时间的变化规律。

网民群体作为网络事件的主体,其情感和观点代表着网络社会舆情,是网络事件发展的重要因素。研究分析网络事件中网民群体的情感演化,有助于了解网络事件发展机制,为社会管理提供重要情报。文本挖掘技术虽然能够获取网民群体的情感,却无法解释其演化的机理;社会科学层面上的研究则无法进行量化的计算及验证。因此,需要一个计算模型来模拟网络事件及网民群体,用于解释分析网民情感的变化规律。

网络事件往往存在虚实交互性、多方(如政府、媒体等)参与等特点(Chen, Zhang et al. ,2010),加上网民群体的动态性、实时性、突变性和高度复杂性等特征,传统的精确建模方法如统计分析、数学建模等难以模拟网民群体及网络事件。智能体建模方法是一种自底向上的建模方法,它能够通过将网络事件所涉及的各方及其交互行为分解并规范化,以模拟这种复杂的网络社会现象(Epstein, Axtell, 1996;Zacharias, MacMillan et al. ,2008)。通过模拟网络事件中的交互行为与网民群体的情感状态变化(Grimm, Revilla et al. ,2005;Kaiser,2008;Zacharias, MacMillan et al. ,2008),可以有效分析两者之间交互行为的关联,从而解释已有事件的内在机制或预测未来事件的走向。此外,智能体建模方法可以结合成熟的数据挖掘技术从大量的社会媒体信息中抽取领域知识及规则,以获得更加准确的模型(Symeonidis, Mitkas,2005;Cao, Gorodetsky et al. ,2009)。下面介绍这种基于智能体的建模方法。

5.2.1 主要智能体

通过调查近年发生在国内的网络事件发现,许多事件都起源于现实世界中的矛盾冲突,而后在媒体及网络曝光并引发广泛关注,最终发展为网络热点事件。本节将重点研究该类网络事件,并建立网民群体的智能体模型。在这类事件中一般包括五类群体,分别是主方(Main Party)、对立方(Opposite Party)、网民群体(Netizen Group)、媒体(Media)和政府(Government),如图 5.4 所示。

主方:最初因利益受损而发动事件的人或组织;

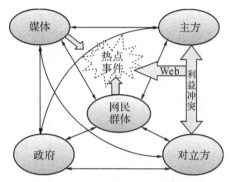

图 5.4 网络事件的智能体模型

对立方:和主方利益冲突的群体。主方和对立方是事件最初发生时的直接参与者和矛盾冲突方,是事件的主体部分,其行为明显地影响着事件的发展。

网民群体:通过网络参与到事件中的网民集合。网民群体在网络事件中起着关键角色。

媒体:指对事件关注并报道或评论的新闻媒介,包括传统媒体(如电视和报纸)及在线媒体(如新闻网站)。媒体报道网络事件的最新进展,是信息传播的权威媒介。

政府:往往因为职责问题而牵涉到网络事件中,并在其中充当调解仲裁的角色。政府的反应或政策影响着网民对事件及政府的情感,其消极应对也是网络事件诱发的原因之一(Chen, Zhang et al.,2010)。

在模型中定义了五类群体(智能体)的状态和行为,以及它们的交互规则,下面将介绍智能体的详细设计。

5.2.2 智能体状态

状态是智能体的内在属性,与其行为联系紧密。所有五类群体均用信念状态(Belief State)来表示他们对网络事件的信念。对于网民群体、媒体和政府,用关注度这个信念属性来表示他们对事件的关注程度,取值为 0 到 1 之间的连续数值;并用公信力(Credibility)表示他们心中认为的政府的可信程度,取值为 0 到 1 之间的连续数值并且在一个事件中保持不变。主方和对立方因为利益直接牵涉到事件中,因此设立收益(Benefit)作为信念状态。收益表示主方/对立方从事件中得到的利益,取值为正、负或无。此外,还用情感(Opinion)来刻画一方智能体对另一方智能体所持的正、负向态度,如网民群体分别有针对主方、对立方、媒体及政府的情感。每个情感属性都是-1到1间的连续数值变量,且正、负值代表正向或负向情感极性。表5.1列出了智能体的主要状态。

表 5.1 智能体状态

智能体	状 态
主方	收益 情感(对媒体、对立方、政府、网民群体)
对立方	收益 情感(对媒体、主方、政府、网民群体)
媒体	关注度
政府	关注度 公信力
网民群体	关注度 情感(对媒体、主方、对立方、政府)

5.2.3 智能体行为

行为用于描述网络事件中一方对另一方采取的回应或措施。虽然五类群体的状态稍显相似,但它们的行为差别很大。在某一方的所有可能行为中,模型更关注那些能影响态度或情感的行为,这种设定能帮助模型更准确有效地刻画网民群体情感变化的影响因素。行为的属性包括对象(Target)和强度(Intensity),其中对象是行为的目标,取值范围包括已定义的五种智能体。如果某个行为没有对象,则将事件作为默认对象。强度可分为低、中或高。

主方和对立方具有相同的行为集合,分为正向行为和负向行为。正向行为包括捐献、补偿、认错、表扬等,负向行为包括控告、起诉、批评、栽赃等。网民群体行为同样划分正负向,正向行为包括线上或线下行为,如帮助、支持、挖掘对象的正面新闻,负向行为可以是威胁、控告、爆料负面新闻等。媒体行为包括表扬、批评、报道正面新闻及报道负面新闻。表扬或批评是指媒体发表专栏或评论文章来表扬或批评行为对象,这两种行为是媒体对事件的主观态度。报道是指媒体报道行为对象的正、负向新闻,是媒体对事件的客观态度。政府的行为包括拒绝、调查、奖赏、惩罚、判决、安抚等。拒绝表示政府拒绝其他方的请求,如举报、采访。调查表示政府开始参与到事件中,行为强度可选择低、中、

高。判决表示政府在调查后判决目标对象胜利,若没有一方获胜时对
象为空。安抚表示政府对目标对象进行补偿。安抚和奖赏是正向行
为,而拒绝和惩罚是负向行为。政府行为的强度由级别决定,如地方政
府参与则强度为低,而中央政府加入则强度为高。表5.2列出了各个
智能体的主要行为。

表 5.2　智能体主要行为

智能体	行　　为	
	正向行为	负向行为
主方/对立方	表扬 补偿/道歉 感激 …	批评 起诉 威胁 …
媒体	表扬/报道正面新闻	批评/报道负面新闻
政府	表扬 补偿/安抚/道歉 回应/调查 判决胜利 …	批评 处罚 拒绝 …
网民群体	披露正面信息 表扬 捐献	批评 曝光负面信息

5.2.4　智能体交互规则

交互规则用于描述事件发展过程中一方状态因另一方行为而发生
变化的规律。如果主方损失为负或对立方对其执行负向行为,则主方
对对立方的情感将会下降。主方对媒体的情感则受媒体行为的影响。
如果媒体报道主方的正面新闻或者对立方的负面新闻,主方对媒体的
情感将会上升,这符合心理学上的好感与互惠原理(罗伯特·西奥迪
尼,2006)。主方对政府的情感受政府行为影响。如果政府对主方执行
负向行为,主方对政府的情感将下降。

随着主方和对立方矛盾的加大,媒体和网民群体的关注度将提升。
其他群体的行为也会提升关注度,如网民群体对政府的批评。负向行
为通常比正向行为影响更大,这是因为社会大众心理普遍存在负面效

125

应(牛新权,2009)。行为强度越高,网民群体的关注度越大。如果没有行为发生,关注度将会随着时间以指数级下降,这在相关研究中已得到证实(Wang,Zeng et al.,2010)。

　　网民群体情感会受到其他方状态的影响,例如网民群体对主方/对立方的情感会受到它们收益的影响。此外,其他群体的行为也会改变网民群体的情感。例如,如果政府调查后宣判主方在事件中胜利,则网民群体对主方的观点将会提高。但是,其提高量受政府公信度的影响,政府公信力越高,则其判决对网民影响越大,因为公信力代表了民众对政府的信任程度(龚培兴,陈洪生,2003)。而如果政府不及时对事件做出反应,拒绝举报、采访等,或者其调查结果与网民期望相差较大时,网民群体对政府的情感将下降,甚至政府的消极回应会招致网民的愤慨(Chen,Zhang et al.,2010)。在事件发展过程中,网民群体情感的强度会随着时间衰减(Ben-Zeev,1987)。表5.3列出了部分网民群体的交互规则。

表5.3　交互规则示例

网民群体关注度变化规则	IF 主方/对立方收益为负 THEN 关注度上升 IF 智能体间交互行为为负向 THEN 关注度上升 ……
网民群体对主方/对立方情感的变化规则	IF 主方/对立方收益为负 THEN 对主方/对立方的情感上升 IF 媒体批评主方/对立方 THEN 对主方/对立方的情感下降 ……
网民群体对媒体情感的变化规则	IF 网民群体发现媒体的负面新闻 THEN 对媒体的情感下降 IF 媒体批评政府 THEN 对媒体的情感上升 ……
网民群体对政府情感的变化规则	IF 政府拒绝主方/对立方的举报或调查请求 THEN 对政府的情感将下降 IF 网民群体曝出政府的负面新闻 THEN 对政府的情感将下降 ……

　　对于网络事件及网民群体等复杂问题,难以通过计算方法对其进行精确建模。网民群体智能体模型将复杂的网络事件现象进行抽象,利用智能体建模的优势将事件分解为事件方(智能体)以及它们之间的

交互过程,并设计了交互规律用于刻画群体交互行为对网民群体状态变化的影响,从而能够根据网络事件的发展有效预知网民群体的情感状态变化。该模型能直观地反映现实网络事件的发展,是一种简单有效的网民群体计算模型。

5.3　人肉搜索案例与演化分析

　　人肉搜索(Human Flesh Search,HFS)概念起源于中国,在过去几年内,人肉搜索已成为一个爆炸性的网络现象。借助人肉搜索,网民群体能找出腐败的政府官员及做出非法或不道德活动的个人。此外,人肉搜索在提供公共服务方面也发挥了积极的作用,如在灾难发生后帮助寻找失踪者。

　　人肉搜索是指在网民的引导和帮助下进行的人工搜索(相对于谷歌等自动搜索引擎),目的往往是有针对性地寻找一个人的身份。作为一种热门的网络社会现象,人肉搜索已引起国、内外媒体的广泛关注。国内网站 ChinaSupertrends 定义人肉搜索为"网上人群通过电子布告栏系统、即时通讯工具等聚集及合作完成共同任务"。国外的 Search-EngineWatch 网站认为人肉搜索是为了查找和惩罚发布不当言行的网民,2008 年《泰晤士报》总结人肉搜索活动的特点为数字政治迫害,英国卫报认为人肉搜索是"网络暴民狩猎真实的线上用户,然后对其口诛笔伐,并公布受害者的私人信息"。

5.3.1　人肉搜索案例

　　最早的人肉搜索事件可追溯至 2001 年,当时一位网民在"猫扑"发布了一名年轻女子的照片,并声称是他的女朋友。出于好奇心理,网民进行了一系列调查,最终发现照片上的女子是微软公司的代言人——陈自瑶,并曝光了她的大部分个人资料。而以参与人数来衡量,最有名的人肉搜索事件应为华南虎事件。2007 年,陕西省的猎人周正龙声称发现了活体野生华南虎,并拍摄了照片,而这一物种长期以来被认为在野外环境中已经灭绝。这一事件影响极大,甚至 *Science* 杂志也对其进行了报道,如图 5.5 所示。对于周正龙拍摄的华南虎照片,世界各地网

图 5.5　*Science* 杂志先后两次报道华南虎事件

民试图利用动物学、植物学、摄影学、几何学等领域的专业知识证明或否定其真实性。最后在网民的努力下，证实该华南虎照片实际上是某日历封面的中国年画《虎》。

人肉搜索事件有时也会演变成网络暴力。在一些事件中，被激怒的网民会给人肉搜索对象打骚扰电话，甚至连其家人都会被卷入事件中。2008 年 10 月就曾发生过一起造成无辜者死亡的人肉搜索事件。一名男子为报复拒绝自己的女孩周春梅，在某网站发帖谎称女孩背信弃义，求助网友提供其女友信息。这个未经考证的帖子在国内多家网站先后转帖，顿时在网上激起热烈讨论。一些网友号召发起人肉搜索，之后周春梅的各项详细信息均被网友公布出来，包括学校、家庭住址、照片、手机号、QQ 号、寝室号等个人资料。通过网友人肉搜索提供的信息，该男子顺利得知了周春梅的下落，并报复性地杀害了该女孩。这些由人肉搜索引发的恶性暴力事件也引发了人们对人肉搜索事件的广泛讨论与思考。考虑到人肉搜索事件的巨大社会影响力，对该现象进行深入研究已势在必行。

5.3.2　人肉搜索事件基本特征

研究者（Wang，Zeng et al.，2010；Zhang，Wang et al.，2012）采集国内 404 例人肉案例的相关数据进行了实证及理论分析，时间跨度为2001 年至 2010 年 5 月 5 日，涉及数百个独立网站，消息记录达数百万条。数据显示，人肉搜索事件的数量及参与人数的规模逐年增长，如图

5.6 与图 5.7 所示。

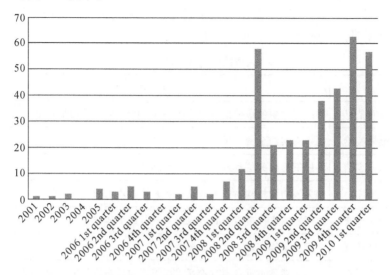

图 5.6 人肉搜索事件数量增长趋势

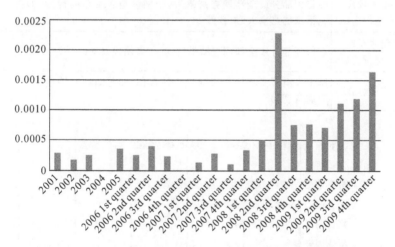

图 5.7 参与人肉搜索的网民规模(占中国网民总数的百万分比)

　　研究发现,人肉搜索事件具有如下典型特征:首先,人肉搜索的发起需要强大的离线活动支撑,包括线下渠道的信息获取或其他类型的线下活动;其次,几乎所有的人肉搜索活动背后都有由网民自愿参与形成的网络群体,而且群体成员间相互分享信息并进行线下调查,交互行为广泛。在约 50% 的人肉搜索事件中,网民将线下获得的信息发布到网上;在约 30% 的事件中,传统媒体或网络媒体参与了交互。表 5.4 总结了人肉搜索事件中不同类型的线上线下互动,图 5.8 展示了不同类型交互行为的线上发生频率与线下发生频率的比例,图 5.9 展示了人肉搜索事件中网络群体的线上线下交互过程。

表 5.4　人肉搜索中线上线下互动的分类

类　　型	具体描述
发布信息	将线下发生的事件信息发布到博客、论坛、微博等网络平台
金钱奖励	提供真实的金钱奖励
发布分享信息	将线下得到的信息发布到线上网络平台
回应	相关人物和机构对于人肉搜索和媒体报道的回应
个人调查	由不同的人肉搜索贡献者在线下进行的个体调查
媒体调查	由传统媒体在线下进行的调查
群体调查	由人肉搜索贡献者通过论坛等组织成团体在线下进行的调查
个人反应与行为	在得到部分或全部调查结果后,个别参与者发动的行为,如抗议、电话骚扰当事人、捐款等
集体反应与行为	在得到部分或全部调查结果后,参与者团体发动的行为
组织合作	网上人肉搜索群体与实际组织的合作,如与动物保护组织合作反对虐待动物

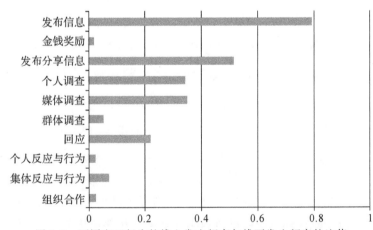

图 5.8　不同交互行为的线上发生频率与线下发生频率的比值

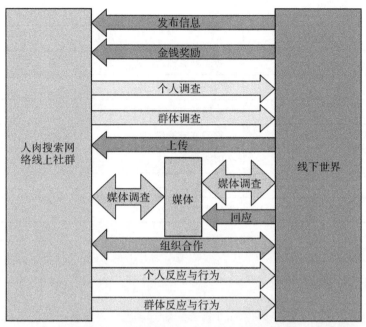

图 5.9　人肉搜索群体的线上线下交互过程

5.3.3　人肉搜索群体的拓扑结构

为研究人肉搜索群体的拓扑结构,研究者(Wang,2010;Wang,Zeng et al.,2010;Zhang,Wang et al.,2012)采用网络作为描述工具对人肉搜索群体进行建模。网络中的节点为参与者的用户 ID,边为用户间的交互。若一个用户对另一个用户的内容进行了回复或引用,则两者间存在一条边。人肉搜索群体的总体拓扑结构如图 5.10 所示,其中涉及的人肉搜索平台如表 5.5 所示,最大的两个人肉搜索平台分别为天涯和猫扑(见图 5.10)。

表 5.5　人肉搜索平台

平　台	性　　质
163	门户网站和论坛
baidu	门户网站、论坛及博客
dahe	当地论坛
fengniao	摄影爱好者论坛

续表

平 台	性 质
movshow	宠物爱好者论坛
mop	全国范围论坛
sina	门户网站、论坛、博客及微博
supervr	宠物爱好者论坛
tianya	全国范围论坛
tiexue	军事爱好者论坛
xitek	摄影爱好者论坛

132

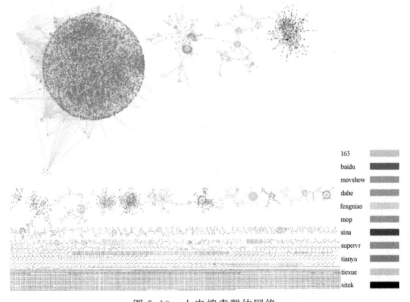

图 5.10　人肉搜索群体网络

　　对图 5.10 进行观察,可以发现几乎每个人肉搜索网络中都存在一个最大联通片(Giant Component),其中包括网络一半以上的节点。这个最大联通片中大多数的节点是天涯用户,用户在不同平台间存在协作。由于一个用户可以在一个平台或不同的平台上有多个 ID,真正的跨平台协作频率应多于图中显示的内容。

　　对于同一事件,不同平台上形成的人肉搜索群体往往存在明显差异。如在华南虎事件中,xitek 社区中的网络往往比"天涯"和"猫扑"要密集得多,说明存在更广泛的信息共享和更激烈的讨论。这一现象出现的原因可能在于平台用户群体的类型不同。xitek 社区是一个专业知识论坛,吸引的大多是有摄影经验的摄影师或专业工作者,而"天涯"和"猫扑"吸引的则是一般网络用户。

表 5.6 所示为这些人肉搜索群体网络的拓扑结构,其中 N 代表节点数量,L 代表边的数量,Δ 代表网络密度,N_C 代表模块(Component)数量,N_G 代表联通片中的节点数量,$\langle d \rangle$ 代表平均度,C 代表平均聚类系数(Average Clustering Coefficient),l 代表平均最短路径长度(Average Shortest Path Length),D 代表网络直径(Network Diameter),λ_{in} 代表入度幂指数(Power of In-degree Distribution),λ_{out} 代表出度幂指数(Power of In-degree Distribution),r 代表度相关系数总和(Total Degree Assortativity Coefficient),r_{in} 代表入度相关系数(In-degree Assortativity Coefficient),r_{out} 代表出度相关系数(Out-degree Assortativity Coefficient)。

表 5.6 人肉搜索群体网络的拓扑特征

性 质	人肉搜索群体网络
N	20813
L	29798
Δ	0.0001
N_C	2821
$N_G(\%)$	11556 (55.5%)
$\langle d \rangle$	2.650
C	0.027
l	8.679
D	28
λ_{in}	2.1
λ_{out}	2.4
r	0.127
r_{in}	0.054
r_{out}	0.191

对这些人肉搜索群体进行拓扑结构分析,可以发现人肉搜索群体形成的网络一般是很稀疏的,所呈现出的网络密度和平均集聚系数的值也表明这是一个极其松散的组织,表明人肉搜索群体是内包的(Inclusive)。这主要是因为大量的参与者只是简单地回复信息到现有帖子,通常不会提供实质性的结果信息,并没有吸引后续讨论或转发。这些用户可称为偶发用户,而实际人肉搜索群体参与者的网络通常高度互联。

5.3.4　HFS 网络的联通性与层次结构

本节对人肉搜索群体的网络结构特征进行了研究,并分析人肉搜索群体的行为特征。

1. 蝴蝶结模型

研究者采用蝴蝶结模型分析人肉搜索群体的社会结构,如图 5.11 所示。蝴蝶结模型的 SCC 代表了网络的最大联通片,这是网络的核心,IN 表示该部分包含的用户只引用别人的帖子,OUT 表示该部分包含的用户只被别人引用,TENDRIL 代表只连接到 IN 部分或 OUT 部分的节点,TUBES 代表同时连接到 IN 部分及 OUT 部分但未与 SCC 部分连接的节点,DISC 部分代表孤立节点。

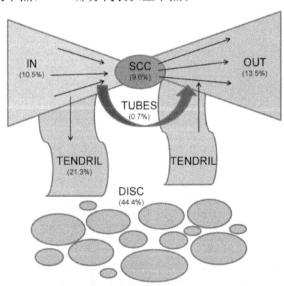

图 5.11　人肉搜索社群网络的蝴蝶结结构

表 5.7 及图 5.11 描述的蝴蝶结结构与万维网、维基、博客、微博以及在线问答系统等有所不同(见表 5.7),人肉搜索群体的网络蝴蝶结结构具有较小的 SCC 部分和巨大的 TENDRIL 部分。这一结果表明参与人肉搜索任务的核心成员规模不大,即使去除偶发用户节点也依然较小。除了核心 SCC 部分,协作的人肉搜索群体也依赖于大量的 TENDRIL 节点,帮助传播和汇总不同的讨论组和子讨论组产生的信息。

表 5.7 人肉搜索社群网络的蝴蝶结结构与其他网络的对比

	SCC	IN	OUT	TENDRIL	TUBES	DISC
万维网 (Broder, Kumar et al.,2000)	0.277	0.212	0.212	0.215	0.004	0.080
维基 (Zlatić, Božičević et al.,2006)	0.824	0.066	0.067	0.006	0.0002	0.037
在线问答系统 (Zhang, Ackerman et al.,2007)	0.123	0.549	0.130	0.175	0.004	0.019
博客 (Ha, Bae et al., 2011)	0.239	0.568	0.103	N/A	N/A	N/A
Twitter 社区 (Wang, Lou et al.,2011)	0.080	N/A	N/A	N/A	N/A	N/A
人肉搜索群体网络	0.096	0.105	0.135	0.213	0.007	0.444

2. 度分布

人肉搜索群体的平均度分布⟨d⟩比博客、Twitter 及一些其他在线社区要小很多(Blogpulse,2006;Java, Song et al.,2007;Shi, Tseng et al.,2007;Wang, Zeng et al.,2010),这说明人肉搜索群体是相对松散的组织。在人肉搜索群体中,节点入度为节点的被引用数,出度代表节点对其他节点的引用数。如图 5.12 所示,人肉搜索群体网络的入度和出度分布服从幂律分布,有着相差不大的幂指数($\lambda_{in} = 2.07$,$\lambda_{out} = 2.20$),R^2 超过 0.998。这表明小部分的人肉搜索参与者产生了大多数的引用,以及很少的人肉搜索参与者占据了大多数引用。

3. 回复或引用活动

图 5.13(a)和(b)分别展示了被引用及引用别人(被回复与回复)评论的数量分布图,图 5.13(c)展示了既引用别人同时又被别人引用的数

135

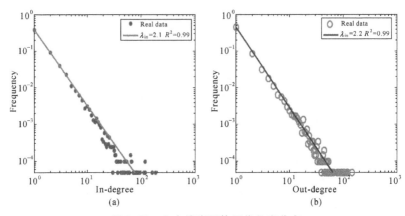

图 5.12 人肉搜索群体网络的度分布

量分布,图 5.13(d)对前三者进行了比较。结果显示三者均服从幂律分布,幂指数范围从 1.68 至 1.84,这意味着有极少数的参与者互相合作较多,而大部分人彼此没有很大关系。这一发现与现有的大多数对社交网络上协作和信息传播活动的研究是一致的(Bird, Gourley et al., 2006;Leskovec, McGlohon et al., 2007;Wang, Wen et al., 2011)。回复或引用活动的幂律分布表明,大多数人肉搜索参与者只回复或被回复了很少次数,而一部分参与者则回复了很多人或被很多人回复。

图 5.14 分别展示了一个话题连续两次引用间的时间间隔 Δ_{t1},以及两个互连的帖子(被引用和引用)的时间间隔 Δ_{t2} 的分布。此分析中所用的时间单位为 1 分钟。Δ_{t1} 的分布极好地拟合了幂律分布,幂指数为 1.31,说明引用最多的回复是在很短时间内发生的。虽然 Δ_{t2} 的分布在 $\Delta_{t2}=2$ 时频率最高,但在 $\Delta_{t2}>2$ 时也遵循幂律分布,幂指数为 1.49,这表明大部分回复发生在上个回复内容后的较短时间内。分布中的长尾表明讨论在变得不那么热烈之后可以重新被激活。此外,也有一些帖子在发布很长时间后才被其他用户回复。

在图 5.15 所示的回复/引用的时间波动中(以天为最小时间单元),可以看到一系列的雪崩式引用的发生,这种现象类似于自组织动力系统的爆发事件(Dhar,2006;Mitrović, Paltoglou et al.,2011)。为验证这一假设,可将雪崩定义为由一个原始信息所引发的一系列引用/回复序列,因此,一个讨论帖子引用的数目大小即为对应雪崩的长度。

雪崩规模大小的分布如图 5.16 所示,其大致遵循幂律分布($L=0.77, R^2=0.83$),与对博客的调查结果相似(Mitrović, Paltoglou et al.,2011),这表明人肉搜索群体中也存在自组织动力学特征。

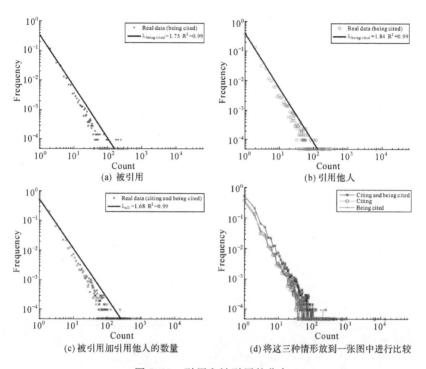

图 5.13　引用和被引用的分布

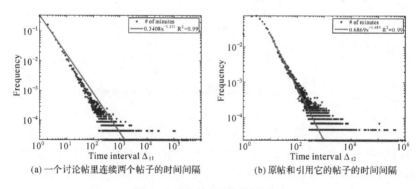

图 5.14　发帖时间间隔的分布

人肉搜索群体网络的平均最短路径长度 l 为 8.679，直径 D 为 28。与网络中 20813 个节点规模相比，这两个指标均是非常小的。该网络的平均集聚系数为 0.027，比随机网络的理论预测值 0.000069 大很多倍，说明人肉搜索群体中的节点往往形成三角形结构。这些均表明人肉搜索群体具有小世界效应（Shi，Tseng et al.，2007）。此外，可观察

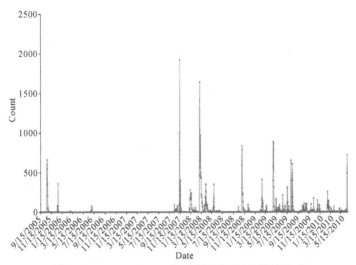

图 5.15　2005 至 2010 年间引用/回复数量的波动

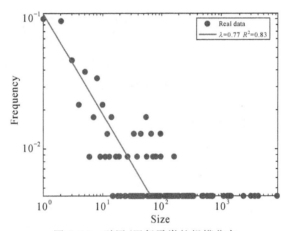

图 5.16　引用/回复雪崩的规模分布

到网络中只有约 4% 的节点对是可达的,远远低于博客的 12% 和 Web 的 25%(Broder,Kumar et al.,2000)。这一发现可能说明,即使具有小世界效应,信息在人肉搜索群体内仍然较难流通,而且高度依赖一小部分关键节点。然而,由于大多数的人肉搜索协作活动是在网上论坛进行,其内容是向公众开放的,因此信息传播不一定只表现在引用上。此外,传统媒体的报道及宣传资料也发挥了重要作用。可见,在人肉搜索活动中信息流是有效的。

集聚系数随度的上升而下降的趋势表明这一网络具有层次结构,这一结构属性在许多现实生活的网络中都存在,包括社会网络、生物网络、语义 Web、互联网等（Goh，Oh et al.，2003；Ravasz，Barabási，2003；Soffer，Vázquez，2005）。然而，人肉搜索群体具有一个显著不同的模式。平均集聚系数和出度与入度之间的关系如图 5.17(a)所示。可发现当度小于 20 时，集聚系数与度基本上是独立的。但当度大于 20 时（即存在巨大的中心节点），集聚系数的分布会变得忽高忽低，其分布没有明显的趋势，这表明在中观层面，该人肉搜索群体中的中心节点与其层次位置是异质的（Grujic，Mitrovic et al.，2009；Mitrović，Tadić，2009）。可推测这种特性是由于参与者会形成不同的子聚类簇，即参与者可以围绕着不同的中心节点形成。

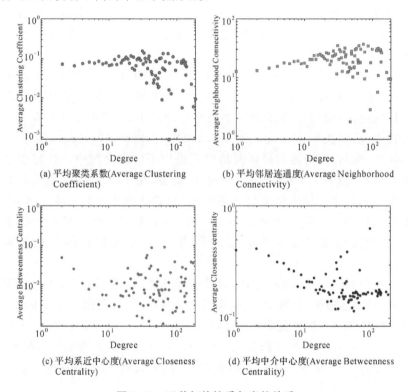

(a) 平均聚类系数(Average Clustering Coefficient)

(b) 平均邻居连通度(Average Neighborhood Connectivity)

(c) 平均系近中心度(Average Closeness Centrality)

(d) 平均中介中心度(Average Betweenness Centrality)

图 5.17　四种拓扑性质与度的关系

4. 不均匀性与分散性

为了更好地理解网络的不均匀性，可进一步分析人肉搜索群体网络的相称性（Newman，2002；Newman，2003），其中总体相称性系数 r 为 0.127，总体入度相称性系数为 0.054，出度相称性系数为 0.191。这些结果表明,人肉搜索参与者都趋于连接到具有类似出、入度的节点,且出度更为突出,即引用别人帖子的参与者更喜欢交互。从整体来看,人肉搜索群体具有混合相称性特征,这与以前在社交网络上的研究一致。HFS 网络的度相称性系数比某些 SNS,如 MySpace 及 Cyworld(Ahn, Han et al. ,2007)、人人网(Fu, Liu et al. ,2008)更大,但又低于或接近其他 SNS ,如 Testimonial 和 Orkkut(Ahn, Han et al. ,2007)以及科学合作网络和电影演员合作网络(Newman,2002)。

在图 5.17(b)中展示了平均周边连通度与度之间的关系。在网络中度低于 20 的节点增加的趋势较为明显,但度高于 20 的节点则会随着度的增加呈现出一定的波动性,类似于平均集聚系数。这表明人肉搜索群体与一些关键参与者相称性较强,而与其他参与者则较弱。

亲近中心性(Closeness Centrality)、介数中心性(Betweenness Centrality(Wasserman, Faust, 1994))、度之间关联关系的分析如图 5.17(c)和(d)所示。在其他大多数社会网络中,亲近中心性和介数中心性呈正相关(Goh, Oh et al. ,2003;Valente, Coronges et al. ,2008)。然而,人肉搜索群体网络中亲近中心性和介数中心性在度小于 20 时呈负相关;与图 5.17(a)和(b)类似,在度超过 20 之后就开始波动。亲近中心性下降的趋势表明,参与者选择连接关键参与者,却没有减小他们与其他个体的距离。此外,介数中心性下降的趋势表明,人肉搜索群体是一个分布式网络,没有中心控制的信息扩散路径。

在介关(Mesoscopic)层面,对于度小于 20 的节点而言,平均集聚系数、周边连通度、介数中心性、亲近中心性的分布(见图 5.17)体现了网络结构的多样性和复杂性(Grujic, Mitrovic et al. ,2009;Mitrović, Tadić,2009)。这一模式的出现可能是由于存在子聚类的结构。此外,通过分析 4 个拓扑性质及入度与出度之间的关系,可发现这些关系同样呈现这一模式。

对不均匀性与分散性(Decentralization)的研究有助于从另一个角度理解人肉搜索群体,那些核心节点,即度大于 20 的参与者,他们之间有非常不同的合作模式,呈现出人肉搜索的参与者具有分散性特点。此外,由于主要参与者并不总是倾向于连接其他具有类似属性的参与者,所以主要参与者的意见独立性及多样性可以维持人肉搜索组织,也是人肉搜索任务成功的关键。表 5.8 总结和比较了不同网络平台上人肉搜索群体网络的分析结果。

表 5.8　不同人肉搜索网络平台的网络分析

性质	163	baidu	dahe	fengniao	mop	sina	supervr	tianya	tiexue	xitek
N	125	1240	153	54	1580	171	123	16706	193	465
L	112	950	164	36	1413	445	287	25396	144	823
Δ	0.014	0.001	0.014	0.025	0.001	0.031	0.038	0.000	0.008	0.008
NC	18	389	15	20	282	3	6	2017	51	26
N_G (%)	85 (68.0%)	143 (11.5%)	113 (73.9%)	18 (33.3%)	368 (23.4%)	167 (97.7%)	114 (92.7%)	11524 (69.0%)	36 (18.7%)	414 (89.0%)
$\langle d \rangle$	1.792	1.436	2.026	1.259	1.797	4.807	4.195	2.802	1.482	3.131
C	0.037	0.009	0.015	0.000	0.034	0.136	0.093	0.027	0.000	0.037
l	1.105	2.651	3.331	1.586	2.604	2.976	3.297	8.697	1.429	5.152
D	3	6	9	2	9	7	7	28	3	17
λ_{in}	N/A	2.496	1.583	N/A	N/A	1.171	N/A	1.870	N/A	1.750
λ_{out}	N/A	N/A	N/A	N/A	N/A	1.142	N/A	1.898	N/A	1.772

5.3.5　核心参与者特征

对人肉搜索群体而言,研究主要贡献者、信息携带者及发射者(Transmitter)非常重要,其中最常见的测度之一是度中心性(Wasserman,Faust,1994)。在聚合的人肉搜索群体网络中,具有高入度的节点代表参与者被大量的其他参与者引用(关键信息贡献者),高出度的节点则表示参与者引用别人较多(关键信息载体)。介数中心性是另一种度量指标,能够找到关键信息发射者(Wasserman,Faust,1994)。高介数中心性的节点通常是位于最短路径上的节点。表 5.9 列出了根据度和介数中心性的节点排名。

141

表 5.9　基于度和介数中心性的人肉搜索参与者列表

排　名	ID	In-degree	ID	Out-degree	ID	Betweenness
1	9258	185	12935	145	10	0.014233
2	4389	161	10084	120	12935	0.01241
3	9702	119	10247	117	4389	0.011885
4	1856	118	10081	112	1856	0.011121
5	7110	118	10093	105	12562	0.009119
6	10057	113	2069	102	4009	0.008039
7	16879	95	10265	95	3635	0.007389
8	10184	92	5492	92	3448	0.006876
9	7082	87	10269	91	1923	0.006764
10	5492	83	11440	88	3773	0.006569

　　PageRank 和超链接性主题搜索(HITS)算法是社会网络分析中常用的两种排名算法(Farahat，Lofaro et al.，2006)，利用它们可识别网络中的枢纽节点和权威节点。枢纽值与权威值分别依赖于节点的入度和出度。在人肉搜索群体网络中，具有高枢纽值代表该参与者为许多其他参与者提供了有价值的信息，而权威节点则代表该参与者从其他节点获得了很多知识(Kleinberg，1999)。采用 PageRank 和 HITS 算法计算得到的前十名参与者如表 5.10 所示。

表 5.10　根据 PageRank 和 HITS 算法得到的关键参与者列表

排　名	ID	PageRank	ID	Authority	ID	Hub
1	14857	0.003871	9258	0.00436	4389	0.004126
2	4389	0.00358	4389	0.003798	10057	0.003832
3	7082	0.003378	9702	0.002813	10184	0.003242
4	9258	0.00296	7110	0.00279	1856	0.003058
5	9059	0.002245	1856	0.00279	11440	0.003021
6	7110	0.002171	10057	0.002673	5492	0.002874
7	1856	0.002137	16879	0.002251	12935	0.002874

排　名	ID	PageRank	ID	Authority	ID	Hub
8	9067	0.002094	10184	0.00218	10081	0.002542
9	11567	0.002081	7082	0.002063	2069	0.002432
10	16879	0.001999	5492	0.001969	10265	0.002284

通过比较入度与出度、枢纽值与权威值指标的排名,可以观察到一些重叠,大多数由介数中心性的排名确定的关键信息发射者并非是重要信息来源或载体(除 4389 和 1856)(Grujic, Mitrovic et al.,2009;Mitrović,Tadić,2009)。这一发现表明,HFS 组织中很少有参与者能同时扮演两个或多个角色(角色类型包括信息的主要贡献者、信息携带者和信息发射者),这也印证了前面观察到的不均匀性。

5.3.6　人肉搜索群体演化分析

本节对人肉搜索群体拓扑性质的演化过程进行了分析,并讨论在不同平台、不同类型事件中人肉搜索群体的特征差异。

1. 基本演化模型

引用活动在时间跨度的演化分析如图 5.18 所示,其中图(a)为节点和边的数量,图(b)为直径,图(c)为平均集聚系数,图(d)为连通性(包括连接节点对和联通片),图(e)为连通节点对的平均最短路径,图(f)为平均度,图(g)为幂指数,图(h)为相称性系数(总度、入度和出度)。由图可知,这些测度在 2008 年都发生了明显的变化,主要原因可能是由于每年的人肉搜索事件数量在稳步增长;此外,2008 年发生了几件重大事件,包括北京奥运会和四川大地震等,进而引发了更多的人肉搜索活动。

许多社会网络在网络规模增加时其直径趋于减小(Leskovec,Kleinberg et al.,2005)。但如图 5.18(b)所示,人肉搜索网络在 2005 至 2007 年以及 2008 至 2010 年,直径处于缓慢增长阶段,而在 2008 年,经历了一次大的跃变。很多研究表明,许多现实世界的社会技术网络遵循致密化规律(Densification Law),这意味着,在社交网络中边数的增加与节点数量间存在超线性关系(Superlinearly)。对人肉搜索案例的研究发现,小规模人肉搜索网络致密化过程的时间窗口为两个月,

143

$A=1.21$(Wang, Zeng et al.,2010)。虽然总体数据也遵循超线性关系,指数 $\alpha<1(\alpha=0.83,R^2=0.99)$,然而整个人肉搜索群体并不遵循致密化规律。这两种现象表明,人肉搜索群体越来越分散,这也表明人肉搜索参与者倾向于形成更多的分布式协作组。不服从致密化规律并不一定表明信息传输被阻断,因为传统媒体和社会媒体都会收集和发布人肉过程中的重要发现。

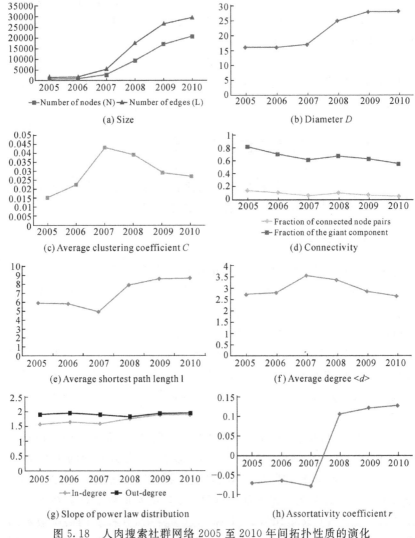

图 5.18　人肉搜索社群网络 2005 至 2010 年间拓扑性质的演化

2. 不同平台的演化规律差异

在数据中也发现有一小部分用户会跨平台参与人肉搜索,充当着平台间信息传递的桥梁。尽管如此,他们形成的网络依然非常松散,如图 5.10 所示,很少的几个节点参与了多个平台的搜索过程,其余的参与者基本都被分割在不同的簇中。事实上,几乎所有的拥有度超过 20 的节点的联通片的用户都只在单一的平台中。因此,为了进一步了解人肉搜索参与者在每个平台上的合作模式,可将人肉搜索群体网络分为 10 个人肉搜索子网络,每一个子网络只包含单个平台的参与者,表 5.9 总结了对每个子网络的分析。因为在新浪新闻评论中的用户 ID 是高度集中的,如果用户没有提供 ID,则将根据其 IP 地址标记位置信息,因此节点和边的数目远小于预期,新浪网形成的用户人肉搜索网络也更为密集。163 平台也有类似的特性,但 163 平台可以显示用户的部分 IP 地址,因此重叠率并没有新浪那么高。

分析结果表明,较之于地方论坛平台(用户主要是当地居民)或专业论坛(专注于摄影、宠物、军事等),全国性的普通论坛平台无论是参与、合作或是引用均比较高。但从网络密度和平均集聚系数可以看出,本地和专业平台的网络致密性更高,如猫扑网络密度为 0.001,百度和天涯则更低。与此相反,supervr 和 xitek 网络密度分别为 0.038 和 0.008。在平均集聚系数方面,猫扑、百度和天涯分别是 0.034、0.009 和 0.027,而 supervr 和 xitek 则分别为 0.093 和 0.037,略高于一般论坛。这些结果表明,虽然本地和专业用户的规模更小,但存在更多的合作关系。实际上,很多线下调查活动的发起和组织大多由本地及专业平台的用户参与,这主要是因为:①本地及专业平台的网络用户规模不大;②全国性的平台具有更广泛和全面的信息,能吸引更多的网络用户参与讨论;③国内专业平台更关注的是与兴趣相关的某些主题。这些因素都需要向本地用户和在某一领域具有专业知识的用户进行调查,一旦他们参与其中,一般都扮演着重要的角色。如在华南虎事件中,xitek 用户发挥他们的专业知识,提供了令人信服的证据来证明照片中的老虎是假的(Wang, Zeng et al.,2010)。在另一起虐猫事件中,最活跃的用户基本都是宠物论坛用户(Zhang, Feng et al.,2010)。第三个例子是发生在本地的天价头事件,参与者也大多是当地居民(Wang, Zeng et al.,2010)。

3. 不同类型人肉搜索事件的演化规律差异

表 5.11 列出了人肉搜索事件的主要类型，图 5.19 列出了不同类型的子网络大小，表 5.12 给出了不同人肉搜索类型的子网络拓扑性质。

表 5.11 人肉搜索事件的主要类型

编　号	类　　型
1	虐待动物(Anti-Animal Abuses)
2	网络争议人物(Controversial Netizens)
3	网络争议言论(Controversial Postings on the Web)
4	其他道德问题(Disclosing other Ethical Issues)
5	公共场合不道德行为(Disclosing Unethical or Improper Acts in Public)
6	质疑官方公信力(Discussing Doubts about Government Claims and PR)
7	打假(Finding Product Defects and False Claims)
8	反腐败(Helping with Anti-Corruption Efforts)
9	学术造假(Identifying Academic Ethics and Plagiarism)
10	不雅照(Inappropriate Exposure)
11	第三者(Inappropriate Sexual Relationship or Behavior)
12	反常有趣的人物或事件(Interesting and Unconventional People or Events)
13	网络红人(Mystery Good-Looking People)
14	其他(Other Truth-Finding Tasks)
15	政治观点和言论(Political Opinions and Politicians)
16	维护治安(Public Safety)
17	公益(Public Services)
18	明星绯闻(Rumors Concerning Celebrities)
19	炫富(Showing off Wealth)
20	交通肇事(Traffic Accidents)

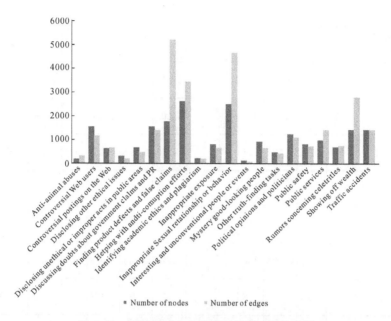

Number of nodes   Number of edges

图 5.19　不同类型人肉搜索事件的子群体数量

表 5.12　不同类型人肉搜索事件子群体的拓扑性质

性质类型	N	L	Δ	N_C	N_G (%)	$\langle d\rangle$	C	l	D	λ_{in}	λ_{out}
1	187	324	0.019	34	114 (60.96%)	3.144	0.061	3.281	7	N/A	N/A
2	1540	1145	0.001	492	143 (9.29%)	1.413	0.006	2.579	6	2.087	N/A
3	625	655	0.003	89	414 (66.24%)	1.9744	0.007	4.089	10	2.222	1.878
4	312	194	0.004	125	57 (18.27%)	1.212	0.001	2.104	5	N/A	2.447
5	659	468	0.002	216	136 (20.64%)	1.363	0.004	2.195	6	1.643	N/A
6	1556	1396	0.001	430	428 (27.51%)	1.694	0.017	3.943	11	1.63	1.914
7	1758	5198	0.003	146	662 (37.66%)	5.064	0.106	3.529	17	1.526	1.339
8	2607	3425	0.001	370	1717 (65.86%)	2.552	0.012	5.142	14	1.629	1.824

续表

性质 类型	N	L	Δ	N_C	N_G (%)	$\langle d \rangle$	C	l	D	λ_{in}	λ_{out}
9	207	198	0.009	38	121 (58.45%)	1.816	0.023	2.624	5	1.761	N/A
10	797	643	0.002	211	281 (35.26%)	1.609	0.025	2.806	7	N/A	3.128
11	2499	4654	0.001	215	1702 (68.11%)	3.513	0.038	5.416	14	1.461	1.78
12	110	64	0.011	47	6 (5.45%)	1.145	0	1.123	2	2.691	4.907
13	901	643	0.002	281	39 (4.33%)	1.385	0.004	1.682	6	2.041	3.335
14	462	430	0.004	108	113 (24.46%)	1.775	0.014	3.298	9	2.073	N/A
15	1227	1093	0.001	278	367 (29.91%)	1.654	0.01	3.426	10	1.986	N/A
16	812	741	0.002	197	227 (27.96%)	1.69	0.022	3.221	8	1.863	N/A
17	976	1421	0.003	88	795 (81.45%)	2.697	0.015	5.906	16	1.577	1.932
18	695	747	0.003	107	345 (49.64%)	2.003	0.017	5.248	16	N/A	1.946
19	1437	2808	0.003	189	905 (62.98%)	3.411	0.067	4.188	15	1.63	1.404
20	1430	1058	0.001	409	426 (29.79%)	1.462	0.001	2.979	13	1.645	1.749

通过这些对比分析,可以发现那些需要一定专业知识、涉及专业背景或道德问题的事件通常网络密度会比较大,这表明网络中存在更多的合作。如"反动物虐待"和"学术道德和剽窃"的网络密度分别是0.019和0.009,平均集聚系数分别为0.061和0.023,这些值大于大多数其他子群体。这些事件中的用户一般是由于共同的兴趣或相似的背景才参与其中的,当人肉搜索事件与其知识背景、利益或兴趣相关时,他们贡献知识与相互协作的可能性就更大。另外,事件不涉及伦理问题或太多的专业知识,也会促使参与者进行合作,但这类网络通常很稀疏。这是因为参与者一般会将其作为娱乐,很少提供重要的信息。因此,这类用户既没有引用别人的帖子,也没有被其他人引用。此外,可

以发现最大的子群体是与反腐类型事件相关的人肉搜索群体,第三大子群体则是与打假事件相关,这说明大部分的人肉搜索事件发挥了积极的社会作用。

5.4　小　结

本章首先介绍了网群运动组织这一新兴网络现象,并以基于智能体的建模方法对网民行为及情感进行了计算建模,然后以人肉搜索群体作为典型研究案例进行了深入研究。通过研究人肉搜索网络社群的拓扑性质,发现了人肉搜索群体的一些关键特性,比如小世界特性、自组织特性、行为多样化等。这些发现揭示了网络中群体运动的发起、组织、发展的重要规律,为群体智能及网络社会运动相关研究提供了新颖的思路,并指明了一些有潜力的研究方向。

149

参考文献

Ahn Y Y, Han S, et al. Analysis of topological characteristics of huge online social networking services. Proceedings of the 16th International Conference on World Wide Web, ACM,2007.

Amemiya T. Advanced econometrics. Harvard University Press,1985.

Ben-Zeev A. The nature of emotions. Philosophical Studies, 1987, 52 (3): 393—409.

Bird C, Gourley A, et al. Mining email social networks. Proceedings of the 2006 International Workshop on Mining Software Repositories,2006.

Blogpulse. The 3rd Annual Workshop on Weblogging ecosystem: Aggregation, Analysis and Dynamics, 15th World Wide Web conference,2006.

Broder A, Kumar R, et al. Graph structure in the web. Computer Networks,2000, 33(1—6): 309—320.

Cao L, Gorodetsky V, et al. Agent mining: The synergy of agents and data mining. IEEE Intelligent Systems,2009,24(3): 64—72.

Chapin F S. Trends in sociometrics and critique. Sociometry, 1940, 3 (3): 245—262.

Chen Q, Zhang J, et al. The incentives analysis of network group incidents actualization. Proceedings of the 2010 International Conference on E-Business and E-

Government,2010.

Dhar D. Theoretical studies of self-organized criticality. Physica A: Statistical Mechanics and its Applications,2006,369(1): 29—70.

Epstein J M, Axtell R L. Growing artificial societies: Social science from the bottom up. MIT Press,1996.

Farahat A, Lofaro T, et al. Authority rankings from HITS, PageRank, and SALSA: Existence, uniqueness, and effect of initialization. SIAM Journal on Scientific Computing,2006,27(4): 1181—1201.

Fu F, Liu L, et al. Empirical analysis of online social networks in the age of Web 2.0. Physica A: Statistical Mechanics and its Applications,2008,387(2): 675—684.

Goh K I, Oh E, et al. Betweenness centrality correlation in social networks. Physical Review E,2003,67(1): 17101.

Grimm V, Revilla E, et al. Pattern-oriented modeling of agent-based complex systems: Lessons from ecology. Science,2005,310(5750): 987—991.

Grujic J, Mitrovic M, et al. Mixing patterns and communities on bipartite graphs on web-based social interactions. Proceedings of the 16th International Conference on Digital Signal Processing,2009.

Ha J, Bae D H, et al. Analyzing a Korean blogosphere: A social network analysis perspective. Proceedings of the 2011 ACM Symposium on Applied Computing, 2011.

Java A, Song X, et al. Why we Twitter: Understanding microblogging usage and communities. Proceedings of the 9th WebKDD and 1st SNA-KDD 2007 Workshop on Web Mining and Social Network Analysis,2007.

Kaiser J. Senate bill would alter biosafety, select agent rules. Science, 2008, 320(5883): 1573—1573.

Kleinberg J M. Authoritative sources in a hyperlinked environment. Journal of the ACM (JACM),1999,46(5): 604—632.

Leskovec J, Kleinberg J, et al. Graphs over time: Densification laws, shrinking diameters and possible explanations. Proceedings of the 18th ACM SIGKDD International Conference on Knowledge Discovery in Data Mining,2005.

Leskovec J, McGlohon M, et al. Cascading behavior in large blog graphs. Proceedings of the SIAM Conference on Data Mining (SDM'07),2007.

Ling K, Beenen G, et al. Using social psychology to motivate contributions to online communities. Journal of Computer-Mediated Communication,2005,10(4).

Lofland J. Social movement organizations: Guide to research on insurgent realities. Aldine de Gruyter,1996.

150

Mitrović M, Paltoglou G, et al. Quantitative analysis of bloggers' collective behavior powered by emotions. Journal of Statistical Mechanics: Theory and Experiment,2011(2): 2005.

Mitrović M, Tadić B. Spectral and dynamical properties in classes of sparse networks with mesoscopic inhomogeneities. Physical Review E, 2009, 80(2): 26123.

Newman M E J. Assortative mixing in networks. Physical Review Letters,2002, 89(20): 208701.

Newman M E J. Mixing patterns in networks. Physical Review E, 2003, 67 (2): 26126.

Ravasz E, Barabási A L. Hierarchical organization in complex networks. Physical Review E,2003,67(2): 26112.

Shi X, Tseng B, et al. Looking at the blogosphere topology through different lenses. Proceedings of the 1st International Conference on Weblogs and Social Media,2007.

Shi X, Tseng B, et al. Looking at the blogosphere topology through different lenses. Ann Arbor,2007,1001: 48109.

Soffer S N, Vázquez A. Network clustering coefficient without degree-correlation biases. Physical Review E,2005,71(5): 57101.

Symeonidis A L, Mitkas P A. Agent intelligence through data mining. Springer,2005.

Uyenoyama M K. The evolution of population biology. Cambridge University Press,2004.

Valente T W, Coronges K, et al. How correlated are network centrality measures?. Connections,2008,28(1): 16.

Wang D, Wen Z, et al. Information spreading in context. Proceedings of the 20th International Conference on World Wide Web,2011.

Wang F Y. Human flesh search: A case study in social computing. 2010 Workshop on Social Computing and Cultural Modeling,2010.

Wang F Y, Zeng D, et al. A study of the human flesh search engine: crowd-powered expansion of online knowledge. IEEE Computer,2010,43(8): 45—53.

Wang L, Lou T, et al. Detecting community kernels in large social networks. Proceedings of the 2011 IEEE 11th International Conference on Data Mining, 2011:784—793.

Wasserman S, Faust K. Social network analysis: Methods and applications. Cambridge University Press,1994.

Wilson S M, Peterson L C. The anthropology of online communities. Annual Review of Anthropology,2002,31: 449—467.

Zacharias G, MacMillan J, et al. Behavioral modeling and simulation: From individuals to societies. National Academy Press,2008.

Zald M N, Ash R. Social movement organizations: Growth, decay and change. Social Forces,1966,44(3): 327—341.

Zhang J, Ackerman M S, et al. Expertise networks in online communities: Structure and algorithms. Proceedings of the 16th International Conference on World Wide Web,2007:221—230.

Zhang Q, Feng Z, et al. Modeling cyber-enabled crowd-powered search. Proceedings of the 2rd Chinese Conference on Social Computing,2010.

Zhang Q, Wang F Y, et al. Understanding crowd-powered search groups: A social network perspective. PLoS ONE,2012,7(6): 39749.

Zlatić V, Božičević M, et al. Wikipedias: Collaborative web-based encyclopedias as complex networks. Physical Review E,2006,74(1): 16115.

牛新权.网络热点事件传播中的心理效应分析.声屏世界,2009(1):36—38.

王飞跃.关于社会物理学的意义及其方法讨论.复杂系统与复杂性科学,2008(3):13—22.

罗伯特·西奥迪尼.影响力.北京:中国人民大学出版社,2006.

钱学森.一个科学新领域——开放的复杂巨系统及其方法论.城市发展研究,2005,12(5):1—8.

龚培兴,陈洪生.政府公信力:理念、行为与效率的研究视角——以"非典型性肺炎"防治为例.中共中央党校学报,2003,7(3):34—38.

152

社会行为分析与决策评估

在数字网络化时代,社会状态和趋势动态分析的首要任务是确立对安全和谐社会状态和趋势的理解认识与观察手段,及时准确地反映现实社会的真实状态和趋势,找出理想态和现实态之间的差别并准确认识这些差别所隐含的意义和可能的影响。然后要研究无论是由于政策上、规划中,或自然诱发的社会事件,还是由于偶然、意外,甚至恶意诱发的社会事件,对假设的或现实的社会状态和趋势的影响,了解、掌握这些影响的规模和重要程度。最终目的是根据影响效果和重要程度制定相应的主动社会政策或被动应急方案,确保和谐社会的发展和安全,以及科学发展观的落实。

目前我国已有上亿的网络用户,而且上网人数还在持续增加,无论是从政治上还是经济上,这些网上人口的影响可能远远超过他们所占的人口比率。换言之,网络人口掌握的政治、经济资源和所具有的社会影响,可能远远大于其余社会人口的总和。所以,对现有的网络社会状态全面、准确、及时的了解,已成为国家安全和社会和谐发展的重要保障。因此,利用社会计算手段,开展网络化社会状态与趋势的动态分析,对国家安全与社会发展是一项极为重要的工作,是一项具有基础性、战略性和前瞻性的研究工作。同时,这方面的研究也可能促生知识经济下的新型产业。

6.1 行为分析与意图推理

行为分析致力于解释被观察对象的历史行为及预测其未来行为,已在很多社会计算应用中发挥了关键性的作用。在社会软件中,行为分析能帮助推测成员行为意图,增加团队协作效率;在网络应用中,行为分析能帮助计算用户行为的不确定性,为改进应用提供反馈信息;在决策支持系统中,行为分析能帮助决策者分析对手行为动向,并辅助制定最佳决策。行为分析的研究对象包括社会个体及社会群体,下面将从人、组织、国家、群体的角度探讨行为分析研究现状,并重点介绍行为的意图推理研究。

6.1.1 行为分析研究现状

1. 人的行为预测

随着 Web 2.0 技术和相关应用的发展,网民群体网上行为的种类越来越多,网络空间中包含着海量的用户行为数据,分析这些行为数据有助于理解用户的网络行为规律。目前人的行为预测主要集中在用户行为方面,主要研究方向包括以下几个。

(1)页面点击行为预测(Craswell,Zoeter et al.,2008;Dupret,Piwowarski,2008;Attenberg,Pandey et al.,2009;Chapelle,Zhang,2009):主要研究如何预测用户点击网络搜索结果的概率。点击概率可用于计算搜索结果的相关程度,为搜索引擎算法的改进提供反馈信息。其中用户点击行为模型可分为以下几类(Dupret,Piwowarski,2008)。

①基准模型:假设用户点击与链接 u 的位置无关,其中 a 表示链接 u 作为查询 q 的返回结果是否有吸引力。

$$P(c \mid r,u,q) = P(a \mid u,q)$$

可分离假设模型认为每个位置都有一定的被注意概率,这个概率被定义为 $P(e \mid r)$;位置越靠后的链接,用户注意的可能性就越小。

$$P(c \mid r,u,q) = P(e \mid r)P(a \mid u,q)$$

②瀑布模型:假设用户是从上到下浏览链接,在每个链接处决定是

否点击。若点击,则浏览行为结束;若不点击,则继续浏览下一个链接。

$$P(\text{session of } q) = \prod_{i=1}^{r-1}(1 - P(a \mid u_i, q))P(a \mid u_i, q)$$

其中,变量 q 表示用户查询语句;u 表示页面或网络链接;r 表示链接在搜索结果中的位置;c 为二值变量,当链接被点击时为 true,否则为 false。

在确定模型形式后,可对模型中的变量假设其分布,根据用户点击行为的历史数据学习分布的参数;在学得模型后,可计算用户点击不同搜索结果的概率。

(2)电脑用户行为预测(Davison,Hirsh,1998;Gorniak,Poole,2000;Hartmann,Schreiber,2007):电脑软件需要对用户行为进行预测,识别用户行为目标以更好地辅助用户完成任务。其主要研究内容是序列预测,即给定用户的历史行为序列,预测用户当前或未来行为,代表性工作包括以下几项。

①IPAM 模型(Davison,Hirsh,1998):假设用户行为只依赖于前一个行为,即 $P(x \mid a_1, a_2, \cdots, a_i) = P(x \mid a_i)$。IPAM 模型保存着一个条件概率矩阵,存储着行为 y 的下一个行为为 x 的概率 $P(x \mid y)$。该矩阵随着新输入的到达而不断更新,更新公式如下:

$$P'(x \mid a_i) = \begin{cases} \alpha P(x \mid a_i) + (1-\alpha) & \text{if } x = a_{i+1} \\ \alpha P(x \mid a_i) & \text{otherwise} \end{cases}$$

经实验比较发现,参数 α 选择 0.8 时效果最好。

②ONISI 模型(Gorniak,Poole,2000):同时考虑了用户的行为和对应的用户界面状态,首先寻找与当前用户历史行为匹配的 k 个最长历史行为序列,并基于 k 个序列计算用户行为概率分布。实验发现,$k = 5$ 时效果最好。其用户行为模型如下:

$$P(x \mid (s_1, a_1) \cdots (s_i, a_i) s_{i+1})$$
$$= \alpha \frac{l(s_{i+1}, x)}{\sum_y l(s_{i+1}, y)} + (1-\alpha) \frac{fr(s_{i+1}, x)}{\sum_y fr(s_{i+1}, y)}$$

其中,$l(s, a)$ 代表在 k 个邻居序列中状态行为对 (s, a) 发生的频率,$fr(s, a)$ 代表在界面状态 s 处 a 行为发生的频率。

③ActiveLeZi 模型(Karthik,Diane,2007):根据压缩算法 LZ78 将输入模式的频率存储在索引中。为克服 LZ78 算法中存在的问题,该模型采用了观察行为的变量长度窗口,随着输入序列中不同子序列数目

的增加,窗口的长度也增大。令 suf_l 是当前交互历史 A 后面长度为 $l+1$ 的部分,即 $a_{i-l}\cdots a_i$,则行为模型可定义为:

$$P^0(x \mid A) = \frac{fr(x)}{\sum\limits_{y \in \sum} fr(x \circ y)}$$

$$P^l(x \mid A) = \frac{fr(suf_l \circ x)}{fr(suf_l)} +$$

$$\frac{fr(suf_l) - \sum\limits_{y \in \sum} fr(suf_l \circ y)}{fr(suf_l)} P^{l-1}(x \mid A)$$

其中,$fr(x)$ 代表索引中输入模式 x 的频率。

(3)入侵检测(Mukkamala, Janoski et al.,2002;Kabiri, Ghorbani,2005;García-Teodoro, Díaz-Verdejo et al.,2009):网络系统经常会遭遇黑客入侵,为保证网络安全,需要从大量的用户访问行为数据中识别出恶意入侵行为。入侵检测技术主要包括以下三类(García-Teodoro, Díaz-Verdejo et al.,2009)。①基于统计的检测方法:该方法捕捉网络行为并通过流动率、每个协议的包数、连接的频率、不同 IP 地址的数目等指标对其进行描述。同时在异常检测中引入了两个数据集,一个数据集对应于当前的用户行为数据,一个数据集对应于用户的历史行为数据。当网络事件发生时,首先获取当前的行为描述,并利用统计方法比较当前行为与历史行为的差别,获得一个异常分数。该分数代表了特定事件的异常程度,当分数超出特定的界限时,系统将检测到网络入侵。②基于知识的方法:该类方法中最常用的是专家系统,该系统首先从训练数据中识别不同的属性和类,然后推理出一系列的分类规则、参数和流程,并对数据进行分类。该方法的优点在于鲁棒性和灵活性好,而局限性在于编写高质量的知识费时费力。③基于机器学习的方法:该方法通过建立用户行为的模型来对观察到的数据进行分类,典型方法包括贝叶斯网络、马尔可夫模型、神经网络、模糊逻辑方法、遗传算法以及聚类和边界检测方法等。

(4)其他行为:Pentland 和 Liu(Liu, Hsu et al.,1997)提出人类行为可用动态模型(如卡尔曼滤波器)的马尔可夫链来准确描述,认为人是一个有着大量内部精神状态的设备,每个状态都有其特殊的控制行为及状态间的转移概率。模型的状态能层次性地组织成短期和长期行为,如在驾驶汽车时,长期行为可能是超车、尾随和转向,短期行为可能是保持车道位置及释放刹车。他们认为人类行为不仅仅是单动态模型,应该是有多个可选的动态模型,每个模型对应于一类人类行为。在每个时刻观察人的状态,决定选用模型的类型,并基于这个模型作出反应。Kumagai 等(Kumagai, Sakaguchi et al. ,2003)利用动态贝叶斯网络模型计算司机在公路交叉口的停车概率。在他们的动态贝叶斯网络模型中,车辆速度、油门踏板和刹车踏板的角度为观察变量,预测变量为司机的停车行为。实验显示,动态贝叶斯网络在司机行为预测上表现出优秀的性能。

2. 组织行为预测

人的行为与组织行为具有较大的相关性,当组织决策由个人决定时,组织行为近似于人的行为。然而在大多数情况下,组织行为与人的行为存在着区别,这主要体现在以下几方面。①组织行为与人的行为的决策机理不同。人的行为由认知驱动,随意性较强;而组织行为往往由多名决策者提出不同意见并反复讨论而得出,属于理性决策,目的性和计划性都较强。②组织行为与人的行为的影响不同。由于组织可调动的人力、物力资源较多,其行为的规模和影响力比个人行为要大得多。③组织行为与人的行为的类型有较大不同。组织行为的范围受其组织类型与宗旨限定,多数由利益驱动;而人的行为较大程度上是为了满足自身心理及生理需求。两者行为层次不同,有部分交集但差别较大。此外,有的行为所耗费的资源超出个人能力之外,仅能由组织执行。

在组织行为预测方面,社会文化计算是新兴的计算方法(Khuller, Martinez et al. ,2007; Khuller, Martinez et al. ,2007; Subrahmanian, 2007; Subrahmanian, Albanese et al. ,2007; Martinez, Simari et al. , 2008; Nau, Wilkenfeld,2008)。社会文化计算由马里兰大学 LCCD 实验室提出,认为组织行为由当前社会、政治、经济、文化、宗教等背景信息决定,根据背景信息能分析、预测组织行为。他们还提出了社会文化模型的概念性框架 CARA(Subrahmanian, Albanese et al. ,2007)。CARA 主要由四个部分组成,即 STORY 文本抽取模块、OASYS 情感挖掘模块、SOMA 行为分析引擎和 GAME 交互引擎。

STORY 文本抽取模块的主要功能是从开源数据(网页、博客、论坛)中抽取恐怖组织的行为及事件的详细资料。抽取后的数据为 RDF(Resource Describe Framework)类型的数据,形式如(subject, property, object),其中 subject 指的是实体,如组织或事件(屠杀);property

157

指的是属性；object 一般指的是属性的具体值。这部分数据可存放于 RDF 数据库中，抽取的数据如图 6.1 所示。

RDF 类型数据
（afghanistan，violent_deaths，2216）
\\The fact that 2216 violent deaths occurred in Afghanistan in 2000.
（killingEvent，Hazara Afghans，about 5000）
\\An event extracted from "About 5000 Hazara Afghans were killed by Taliban fighters".

图 6.1　抽取的 RDF 类型数据

OASYS 引擎的输入主要为网页数据，它能从网页中挖掘出某组织或个人对其他事物的情感倾向，如喜欢或憎恶等。这一部分主要用到的是情感挖掘技术，抽取出的情感一般加入组织行为规则中，因为情感倾向也对组织的行为有着一定的影响。图 6.2 所示为巴基斯坦前总统穆沙拉夫从 2006 年 10 月到 12 月对所选定国家的情感变化。

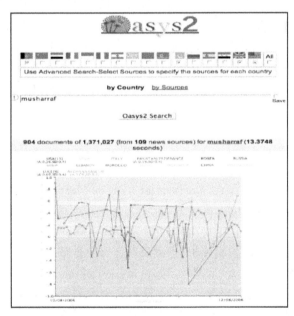

图 6.2　情感抽取引擎 OASYS

行为分析引擎 SOMA 的工作流程为：首先输入 STORY 引擎抽取的 RDF 类型数据，主要是组织的历史行为数据；然后整理数据得到组织的历史行为数据，每个组织用一个表来表示，横轴为行为和环境变量,纵轴为时间。

SOMA 利用规则抽取算法(Khuller,Martinez et al.,2007)抽取出每个组织的行为规则,这里的规则抽取算法可采用归纳学习的方法。基于抽取的规则,在给定的环境条件下,可通过 SOMA 引擎的行为推理功能计算某组织的行为概率。其主要功能包括:①在某重大事件发生后,STORY 引擎能从最新的新闻中迅速抽取到 RDF 数据,并转化为一系列环境条件 S,然后将 S 输入 SOMA 引擎中进行推理分析,此时用户可以查看各组织的最可能的行为,以辅助决策支持。②用户可以自己假设各种环境条件,以观察组织的最可能的行为及进行某行为的概率。

用户交互引擎 GAME 提供了一个与用户交互的界面,该界面可以通过游戏的方式帮助用户学会一些地区的文化习俗,如教美军士兵学习阿富汗村民的文化习惯。在该 GAME 引擎中,一个游戏包含多个状态,每个状态提供给士兵一组信息和士兵可选择的行为;在每个游戏状态时,引擎给玩家提供一个问题,有多个答案可供选择。在玩家回答一个问题后,游戏将到达一个新的状态,显示给用户一些真的或假设的信息,并邀请玩家进行下一步行为,直到游戏结束用户才能知道其行为的结果。GAME 引擎能让用户了解在各种情况下某组织可能的行为,并加深用户对该组织的理解。

为进一步实现 CARA 模型中的行为推理功能,马里兰大学的研究者提出了 SemiHop(Khuller,Martinez et al.,2007)及 CONVEX(Martinez,Simari et al.,2008)算法。

SemiHop 算法的输入为组织的行为规则集和当前世界状态,规则的形式为 $F:\mu \leftarrow A_1:\mu_1 \wedge A_2:\mu_2 \wedge \cdots \wedge A_m:\mu_m$,其中 F 为待预测行为,μ 为对应的概率区间,$A_1,A_2,\cdots,A_m$ 为环境变量,$\mu_1,\mu_2,\cdots,\mu_m$ 为环境变量的值或范围,规则含义为当 $A_1,A_2,\cdots,A_m$ 满足要求时,行为 F 发生的概率区间为 μ。在输入状态后,寻找与状态匹配的规则,获得各种可能行为的概率区间(如行为 a 的概率区间为 $[0.6,0.9]$,b 为 $[0.7,0.75]$),并建立行为的可能世界集合(即行为的逻辑组合,如 $ab,\overrightarrow{ab},\overrightarrow{ab}$,$\overrightarrow{a}\overrightarrow{b}$),列出可能世界的线性方程组,利用概率逻辑编程计算各可能世界的概率区间,选择区间下界概率最大的可能世界作为组织行为的预测结果。

CONVEX 算法主要基于 MAROB 数据,该算法将数据集中的每个样本当做一个行为对 $\langle(c_1,c_2,\cdots,c_m),(a_1,a_2,\cdots,a_n)\rangle$,其中 $(c_1,$

$c_2, \cdots, c_m$）为背景向量，$(a_1, a_2, \cdots, a_n)$ 为行为向量。算法所要解决的问题为：给定一个输入背景向量，计算最可能的行为向量。研究者提出了两种 CONVEX 算法：Convex$^{k\_NN}$ 和 ConvexMerge，这两种算法均为 K 近邻算法的扩展。其中 Convex$^{k\_NN}$ 算法即为采用行为对表示的 KNN 算法，而 ConvexMerge 算法在 KNN 算法基础上对邻居按距离赋予不同的权重。对 Convex$^{k\_NN}$ 和 ConvexMerge 在不同 K 值以及不同距离函数时进行了比较，发现 Convex$^{k\_NN}$ 算法效果始终优于 ConvexMerge算法，且选择 $K=2$ 以及曼哈顿距离时效果最好，此时算法的实验准确率能达到 96%。

社会文化计算为组织行为的计算化预测方法开辟了新的思路，具有较大的研究潜力。

Jarvis 等（Jarvis, Lunt et al. ,2005）利用规划识别方法来预测恐怖组织行为。他们首先用一阶逻辑语言定义了一系列的攻击模板，以观察行为和结果的方式描述了可能的攻击策略。针对输入的观察量，他们搜索与观察量符合的假设并将其作为组织行为的解释。这里的规划识别方法仅检查假设与观察量的一致性，对于满足观察量的多个假设则不能比较假设间的可能性，因此存在着一定的使用局限性。

3. 国家行为预测

在国家行为层面上，行为预测研究主要集中于预测国家的决策以及国家间的政治冲突，各国政府都对国家决策预测研究极为重视。美国国防部于 2007 年资助开发政治意愿推理工具（Political Will Expert Reasoning Tool），该工具致力于推测其他国家领导人在反恐、反叛乱以及维护国内稳定方面的政治意愿，以帮助美军决策者做出合理决策。Mesquita 提出了面向国家行为预测的应用博弈论方法（de Mesquita, 2010），该方法通过对事件中的各个重要人物进行建模，确定各角色可以采用的行为集合以及行为带来的收益，构成多角色博弈论模型，模型反复运行直至达到贝叶斯完美均衡状态，最终可预测各角色的最可能行为和事件的最终走向。该方法已用于多件重大事件的预测中，如伊朗是否会制造核武器、中东突变是否会蔓延到沙特等。

博弈论模型用到的变量包括：①每个参与者当前声称或据推断最可能的立场；②显著程度，衡量参加议题的意愿，即议题相对参与者的优先级；③可能影响，即每个参与者需要说服其他人接受其观点的可能性。A 选手选择是否挑战其他选手的立场，如果选择不进行挑战则可能出现三种结果。首先行为者(选手 A)相信有 Q 的概率将维持现状,有 $1-Q$ 的概率将改变现状。如果改变现状,则选手 B 的行为可能有 T 的概率增加 A 的获益或有 $1-T$ 的概率降低。如果 A 进行挑战,则 B 可能有 $1-S_B$ 的概率屈服于 A 的要求或有 S_B 的概率抵抗。如果 B 进行抵抗,则 A 和 B 各自有自己的立场,最终结果取决于 A 与 B 各自的力量及他们从第三方获得的支持。

计算从 A 和 B 各自的角度进行,期望效益如下:

$$EU \mid A \text{ Challenges} = (1-S_B)U_{\text{Wins}} + S_B(P_A)U_{\text{Wins}} +$$
$$S_B(1-P_A)U_{\text{Loses}}$$
$$EU \mid A \text{ Not Challenges} = Q(U_{\text{StatusQuo}}) +$$
$$(1-Q)\big[T(U_{\text{Improves}}) +$$
$$(1-T)(U_{\text{Worse}})\big]$$

$$E^A(U_{AB}) = EU \mid A \text{ Challenges} - EU \mid A \text{ Not Challenge}$$

对于每对选手,分别需要计算:①$E^A(U_{AB})$,②$E^A(U_{BA})$,③$E^B(U_{AB})$,④$E^B(U_{BA})$。模型综合各队选手的选择策略,最终计算出最可能产生的政治决策。

此外,部分研究致力于预测国家间的政治冲突状态。Brandt 等(Brandt,Freeman et al. ,2011)提出了一种贝叶斯时间序列模型来分析政治冲突的动态变化,并应用该模型预测以色列和巴基斯坦间的冲突。在他们的工作中,数据集包括两方在冲突中的行为,记录着行为的发起者、类型、对象和时间,数据集中还包含了一系列国内、国外以及跨国的政治因素。他们根据现有理论,即人类冲突服从阶段转移(Phase Shifts)或非线性关系,利用马尔可夫转移过程来对非线性进行建模。结构化马尔可夫转移贝叶斯 VAR 模型形式为:

$$\sum_{l=0}^{p} \boldsymbol{y}_{t-l}\boldsymbol{A}_l(\boldsymbol{s}_t) = \boldsymbol{d}(\boldsymbol{s}_t) + \boldsymbol{\varepsilon}(\boldsymbol{s}_t), \ t = 1,2,\cdots,T$$

其中,$\boldsymbol{y}_t$ 为 $1 \times m$ 维向量,代表冲突行为;$\boldsymbol{s}_t$ 为 h 维向量,代表过程的状态;马尔可夫过程的转移矩阵 Q 为 $h \times h$ 维;A_l 是 $m \times m$ 维,代表系统对滞后 p 的记忆系数矩阵;$\boldsymbol{d}$ 与 $\boldsymbol{\varepsilon}$ 为 $1 \times m$ 维向量,其中 $\boldsymbol{\varepsilon}$ 代表误差。

Schrodt (Schrodt,2011)利用 LDA(Latent Dirichlet Allocation)模型来进行政治冲突预测,并将该模型用于预测 29 个亚洲国家的每月的冲突状态。该研究工作的数据集为 1997—2010 年 29 个亚洲国家的数据,数据集中特征包括事件主角、类型及时间,待预测变量为政治冲突,包括反抗、叛乱、民族冲突、国内政治冲突、国际冲突等状态。

Goldstone 等(Goldstone，Bates et al.，2010)提出了一种逻辑回归模型，并对 1995 到 2004 年世界所有国家的政治稳定程度进行了预测。

上述方法主要利用计算模型对国家决策进行预测，而影响国家决策的因素较多，包括国内/国外社会、政治、经济、文化等方面。现有研究工作仅利用了部分可量化的因素进行建模，模型较为简单，未能全面地刻画国家决策的形成机理。如何利用更多相关因素进行行为预测而不显著增加模型复杂度，已成为国家决策预测中的重要研究课题。

4. 群体行为预测

对个人、组织、国家的行为预测都停留于社会个体层面。近年来，随着社会媒体的兴起，越来越多的普通民众在社会媒体上表达和交流他们的观点。利用社会媒体中的海量信息，研究者尝试对社会群体的行为进行预测。

Chung 和 Mustafaraj(Chung，Mustafaraj,2011)根据 Twitter 中的网民情绪预测美国参议院议员大选结果，他们收集了 2010 年 1 月 13 日到 1 月 20 日包含候选人名字的 234697 条 Twitter 信息，利用情感分析方法计算每条 Twitter 信息的整体情感(如正向、负向或中性)，并根据总统选举中每人一票的选举原则，标注 Twitter 用户对各候选人的支持度，进行投票预测政治选举。

Goel 等(Goel，Hofman et al.，2010)结合搜索引擎中特定关键字的搜索量预测商品的销售量及歌曲的流行程度，他们主要利用线性回归方法，基于本周和上周的歌曲搜索量排名计算 Billboard 上的歌曲排名。他们还将同样的方法用于预测电影的票房以及视频游戏的第一个月销量等。他们将基于网络搜索的方法与基于线下统计量的预测方法进行了比较，发现基于网络搜索的方法与基于线下统计量的预测方法在效果上并无明显优势，但信息搜集过程要方便很多。此外，如果将网络搜索量与线下统计量结合，效果将比单独的方法好很多。

Leetaru(Leetaru,2011)认为，可根据网络新闻中的语气强弱信息准确预测很多社会行为，包括预测埃及总统穆巴拉克是否会辞职等。这类方法根据网上行为信息推测网下群体行为，较适于预测群体行为的趋势走向。

6.1.2　意图推理方法

行为分析方法在国家与社会公共安全、商业管理、决策评估等领域都有十分广泛的应用。以往的行为分析方法主要基于 Markov 或 Bayesian 模型,这些模型方法存在计算空间和条件概率表的赋值等一些固有的弱点,使其应用受到较大的局限。而且,基于 Markov 和 Bayesian 模型的方法只能提供行为分析结果,在行为的深层分析和结果的解释方面都存在较大欠缺。相对于这些传统的行为分析方法,基于规划知识的行为分析方法由于采用了明晰的行为知识表示,不但可以提供行为分析结果,还可以分析个体或组织采取行为的意图和目标,因此在行为分析结果的可解释性和丰富程度上较以往方法有明显的优势。

近年来,基于规划知识的行为意图分析方法以概率方法为代表。Charniak 和 Goldman(Charniak,Goldman,1993)采用贝叶斯推理方法建立了第一个基于规划知识、用于意图分析的概率模型。Panadath 和 Wellman(Pynadath,Wellman,2000)提出一种基于 PSDGs 文法的概率意图分析方法。Avrahami-Zilberbrand 和 Kaminka(Avrahami-Zilberbrand,Kaminka,2007)提出一种结合符号规划识别和观察者自身偏见的混合意图分析方法。Geib 和 Goldman(Geib,Goldman,2009)提出一种基于规划执行模型的概率意图分析算法。尽管所采用的具体方法各不相同,但目前所提出的行为意图分析方法均存在着以下不足。

(1)以往行为意图分析方法中均未考虑规划表示的行为知识间固有的因果联系,特别是行为与行为前提、行为与行为结果以及行为与行为间的内在关联,因而所提出的方法中均未结合这些行为知识进行因果推理。

(2)行为意图分析过程可以看作是识别被观察者(个体或组织)的行为决策策略,即通过模拟被观察者的行为决策策略达到分析识别行为意图的目的,而以往方法中均未考虑结合行为决策理论进行意图分析与识别。

本节将介绍一种基于概率规划推理的行为意图分析方法(Mao,Gratch et al.,2012)。给定当前行为或状态观察,该方法能基于个体或组织行为的规划知识描述,结合行为因果推理和决策理论中的“期望效用最大化”原则,分析识别被观察者(个体或组织)最可能采取的行为及其行为意图。

1."期望效用最大化"原则

对行为意图的分析识别基于决策理论中的"期望效用最大化"原则，即同时考虑行为目标的合意性和目标实现的可能性。因此，在计算行为规划的期望效益值时要考虑两方面重要因素，即规划后果的效用值（表示该后果状态对被观察者的合意性）和规划后果出现的概率（表示被观察者实现该后果状态的可能性）。在进行行为意图分析时，综合考虑三类导致规划执行不确定性的因素：①行为前提的不确定性，即状态的概率 $P(\text{state})$；② 行为执行的不确定性（即执行概率 $P_{\text{execution}}(A \mid \text{precondition}(A))$，表示当行为 A 的所有前提成立时，该行为成功执行的概率）；③ 行为结果的不确定性，即结果概率 $P_{\text{effect}}(e \mid A)$，表示当行为 A 成功执行时，该行为结果 e 出现的概率。

2. 行为意图分析过程

基于概率规划推理的行为意图分析方法依据领域规划知识和所观察到的行为或状态证据，利用行为与状态（包括行为前提和结果）及行为之间的因果关联进行推理计算，得到规划后果的期望效用值，进而结合决策原则判断被观察者最可能采取的行为及其意图。以下我们逐一说明基于概率规划推理的行为意图分析过程。

（1）状态概率值的推理计算：E 为证据。给定 E，如果观察到状态 x，则 $P(x \mid E)$ 为1。所观察到的行为会改变与其关联的状态出现的概率。如果观察到正在执行或已经执行行为 A，则行为 A 的每个前提出现的概率为1。如果正在执行行为 A，则行为 A 的每个结果 e 出现的概率为其执行概率 $P_{\text{execution}}(A \mid \text{precondition}(A))$ 与其结果概率 $P_{\text{effect}}(e \mid A)$ 的乘积；如果已经执行行为 A，则行为 A 的每个结果 e 出现的概率为 $P_{\text{effect}}(e \mid A)$。否则，状态 x 出现的概率等于 x 的先验概率值 $P(x)$。

（2）行为概率值的推理计算：给定 E，如果观察到已经执行行为 A，则 $P(A \mid E) = 1$；如果观察到正在执行行为 A，则 $P(A \mid E)$ 等于其执行概率 $P_{\text{execution}}(A \mid \text{precondition}(A))$。否则，行为 A 发生的概率等于行为 A 的执行概率与它的每个前提出现的概率的乘积。

$$P(A \mid E) = P_{\text{execution}}(A \mid \text{precondition}(A)) \times \prod_{e \in \text{precondition}(A)} P(e \mid E)$$

行为概率的变化会影响行为结果出现的概率：

$$P(e \mid E) = P(A \mid E) \times P_{\text{effect}}(e \mid A)$$

（3）行为后果概率与期望效用值计算：行为概率的变化会影响行为后果出现的概率，进而影响该行为的期望效益值。令 O_A 为行为 A 的后果集合，且后果 $o_i \in O_A$，则

$$P_{\text{action}}(o_i \mid E) = P(A \mid E) \times P_{\text{effect}}(o_i \mid A)$$

行为 A 的期望效用值由 A 的每个后果出现的概率及其效用值计算得到：

$$EU(A \mid E) = \sum_{o_i \in O_A} (P_{\text{action}}(o_i \mid E) \times \text{Utility}(o_i))$$

（4）规划后果概率与期望效用值计算：行为概率的变化会影响规划后果出现的概率，进而影响整个规划的期望效益值。令 O_P 为规划 P 的后果集合，且后果 $o_j \in O_P$。令 $\{A_1, A_2, \cdots, A_k\}$ 为 P 中导致结果 o_j 的偏序行为集合，其中 o_j 是 A_k 的行为结果。给定 E，o_j 出现的概率由 P 中每个导致 o_j 的行为发生的概率和 o_j 的结果概率的乘积确定：

$$P_{\text{plan}}(o_j \mid E) = (\prod_{i=1,2,\cdots,k} P(A_i \mid E)) \times P_{\text{effect}}(o_j \mid A_k)$$

规划 P 的期望效用值由 P 中每个规划后果出现的概率及其效用值计算得到：

$$EU(P \mid E) = \sum_{o_j \in O_P} (P_{\text{plan}}(o_j \mid E) \times \text{Utility}(o_j))$$

基于概率规划推理的行为意图分析算法依据所观察到的证据，选取至少包含一个观察到的行为或状态的行为规划执行算法。算法通过因果推理动态改变状态概率和行为概率值，状态概率值的变化影响行为发生的概率，继而影响规划后果出现的概率和规划的期望效益值。最后，算法识别出具有最大期望效益值的行为规划，并把它作为对被观察者进行的行为意图分析的结果。

该方法与以往的行为意图分析识别方法相比，主要有以下几方面的优点：①明确采用状态信息，特别是被观察者对状态的偏好信息进行行为意图分析；②基于决策理论，分析识别行为意图所依据的原则与人的决策策略相符；③利用关于行为的因果知识参与推理计算过程；④对状态和行为观察以及增量行为意图分析均采用一致的解决方法。

3. 算法示例

采用图 6.3 所示的两个行为规划 Plan 1 和 Plan 2 来展示方法流

程。Plan 1 和 Plan 2 各包含三个行为,以及每个行为的前提和结果。规划 Plan 1 有一个行为后果,为 1-6-supported,其效用值为+25。规划 Plan 2 有两个行为后果,为 1-6-supported 和 Unit-fractured,其效用值分别为+25 和−30。每个行为的执行概率为 0.95,结果概率分别标于图 6.3。

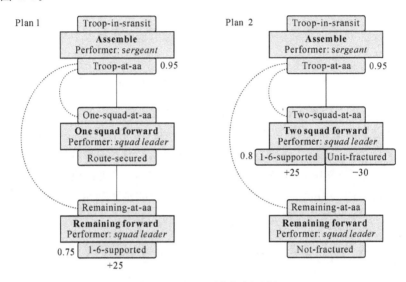

图 6.3 MRB 系统规划示例

下面给出行为意图分析步骤,其中,输入为当前观察(行为 Assemble 和 Two-squads-forward)、待考察的行为规划描述(Plan 1 和 Plan 2),输出为被观察者当前最可能采取的行为及其行为意图。

据当前观察:$P(\text{Assemble} \mid E) = P(\text{Two-squads-forward} \mid E) = 1.0$

由图 6.3 得知:$P_{\text{effect}}(\text{Troop-at-aa} \mid \text{Assemble}) = 0.95$

$P_{\text{effect}}(1\text{-}6\text{-supported} \mid \text{Remaining-forward}) = 0.75$

$P_{\text{effect}}(1\text{-}6\text{-supported} \mid \text{Two-squads-forward}) = 0.8$

根据观察 1,$P(\text{Assemble} \mid E) = 1.0$,可以得到:

$P(\text{Troop-in-transit} \mid E) = 1.0$

$$
\begin{aligned}
P(\text{Troop-at-aa} \mid E) &= P(\text{One-squad-at-aa} \mid E) \\
&= P(\text{Two-squads-at-aa} \mid E) \\
&= P(\text{Remaining-at-aa} \mid E) \\
&= 0.95
\end{aligned}
$$

根据观察 2,$P(\text{Two-squads-forward} \mid E) = 1.0$,可以得到:

$$P(\text{Two-squads-at-aa} \mid E) = 1.0$$
$$P(\text{1-6-supported} \mid E) = 0.8 \ (\text{Plan 2})$$
$$P(\text{Unit-fractured} \mid E) = 1.0$$

根据当前观察,计算行为 One-squad-forward 和 Remaining-forward 发生的概率为:

$$P(\text{One-squad-forward} \mid E) = P(\text{Remaining-forward} \mid E)$$
$$= 0.95 \times 0.95 = 0.9025$$

再分别计算规划后果出现的概率:

$$P_{\text{plan}}(\text{1-6-supported} \mid E) = 0.9025 \times 0.9025 \times 0.75$$
$$= 0.61 (\text{Plan 1})$$
$$P_{\text{plan}}(\text{1-6-supported} \mid E) = 0.8 \ (\text{Plan 2})$$
$$P_{\text{plan}}(\text{Unit-fractured} \mid E) = 1.0$$
$$P_{\text{plan}}(\text{Not-fractured} \mid E) = 0.9025$$

进而计算得到规划 Plan 1 和 Plan 2 的期望效用值:

$$EU(\text{Plan 1} \mid E) = 0.61 \times 25 = 15.25$$
$$EU(\text{Plan 2} \mid E) = 0.8 \times 25 + 1 \times (-30) + 0.9025 \times 30$$
$$= 17.075$$

因此,行为分析结果支持规划 Plan 2,Plan 2 被识别为被观察者当前最可能执行的规划,其下一个可能采取的行为是 Remaining-forward,其行为意图如 Plan 2 所描述。

6.2 复杂行为分析与预测

本节将讨论如何利用意图推理算法对复杂行为进行分析预测。正如前面提到的,规划识别方法在预测人或组织行为方面具有多方面的优势。然而,传统规划识别方法一般假设智能体每次只执行单个规划,而在实际世界环境下,组织行为非常复杂,可能同时执行多个规划或追求多个目标,因此这个假设经常不满足。为推理复杂组织行为,亟须开发能识别组织多规划的新方法。

多规划识别能处理组织执行一个或多个规划的情况,这对预测复杂行为很有用;单规划识别则可认为是多规划识别的特殊形式。虽然多规划识别有着明显的优点,但是从计算角度来看,这个问题却极具挑战性。与单规划识别比较,多规划识别需要考虑许多新因素,例如,多个目标或规划间的交互、多规划间的行为共享、多规划的执行方式等。此外,给定同样的观察量,多规划识别的假设空间比单规划识别的大得多,这大大增加了计算复杂度。

近年来,已有学者开始研究多规划/目标识别问题(Hu,Yang,2008;Geib,Goldman,2009)。然而,这些方法都假设完全可观测环境,而复杂组织行为在实际中却是很难完全观察到的。考虑非完全可观测性允许规划识别器解释行为观测中存在的不确定性,针对复杂行为预测问题,本节介绍了一种面向非完全可观测环境的多规划识别方法。该方法的输入为观察行为和状态。由于层次规划表示已被广泛用于实际应用的智能系统中,所以选择层次规划表示(Erol,Hendler et al.,1994)作为该方法的规划表示方式。

基于层次规划库和观察行为/状态,该方法首先构建了假设空间,并将假设空间映射为有向赋权图。其主要思路是将多规划识别问题转化为经典的图论问题(即有向斯坦纳树问题(Charikar,Chekuri et al.,1998;Zosin,Khuller,2002)),并结合图论搜索算法来寻找最佳解释作为组织行为预测结果。

6.2.1　经典规划识别方法

在规划识别领域,早期工作主要致力于识别单个规划。为应对规划识别中内在的不确定性,大多数的相关工作采用概率推理方法。Charniak 和 Goldman 基于贝叶斯网络建立了第一个概率规划识别模型。Huber 等(Huber,Durfee et al.,1995)建立了从 PRS 规划表示到信念网络的动态映射。除了贝叶斯网络外,其他典型的方法包括基于动态贝叶斯网络的方法、基于抽象隐马尔可夫模型的方法、基于自然语言解析的方法(Pynadath,Wellman,2000)和规划执行模型(Goldman,Geib et al.,1999)。这些方法许多都假设完全可观测性。

近期工作开始研究多规划/目标识别。Geib 和 Goldman 首先指出了多规划识别的重要性(Geib,Goldman,2009),并扩展他们的规划执行模型来解释多规划识别问题。然而,他们的工作假设完全可观测环境,而且其算法计算复杂度至少为 NP 难的。Hu 和 Yang(Hu,Yang,2008)最近提出了一个多目标识别的二层概率框架。他们的研究工作也假设完全可观测性,并采用了非层次规划表示。识别层次规划能从不同的抽象层次上推测智能体的意图和目标,却大大增加了识别任务的工作量,这是由于不同层次上的目标均需要识别。此外,目标识别是规划识别的精简问题,它只识别顶层的目标,而规划识别致力于识别导向目标的规划。

6.2.2 多规划推理方法

本小节介绍一种概率多规划推理方法(Li, Mao et al.,2012;李晓晨,2012)。由于假设空间较大,计算观察行为对应的所有解释的概率并不现实,因此,考虑利用搜索方法有效地寻找最佳解释。从直觉上看,如果将层次规划的行为视作节点,将行为分解或具体化连接视作边,则层次规划可转化为一个图。此时,能将多规划识别问题转化为图论问题,并能采用图搜索算法寻找最可能假设。

在多规划推理方法中,层次规划使用 AND/OR 树(Homem de Mello, Sanderson,1990)表示。在层次规划表示中,行为可以是基本的(即能直接被智能体执行)或者抽象的。一个行为有前提和结果。前提和结果都是世界状态。抽象行为有一种或多种分解方法,每种分解对应一种行为执行方式。为表示不同行为执行方式的可能性,每种行为分解都与概率关联。

1. 定义

一个层次规划库 PL 是一个层次偏序规划的集合。每个偏序规划由抽象行为或基本行为或两者混合组成。偏序规划中的行为组成树结构,在规划结构中抽象行为对应于 AND 节点(即只存在一种分解方式)或 OR 节点(存在多种分解方式)。在 AND 节点处,每个子节点以分解概率1从父节点分解(Decompostion)。在 OR 节点处,每个子节点是父节点的具体化(Specialization),所有子节点具体化概率的总和为1。

每个观察量可能是基本行为或状态。给定规划库,对于单个观察 O_i,对应的解释 SE_i 是一个从顶层目标 G_0 到 O_i 的行为序列:$SE_i = \{G_0, SG_1, SG_2, \cdots, SG_m, O_i\}$,其中 $\{SG_1, SG_2, \cdots, SG_m\}$ 是一个抽象行为的集合。对于单个观察量,解释的数量一般有多个。而对于观察量集合 $O = \{O_1, O_2, \cdots, O_n\}$,对应的解释 E_j 定义为 $E_j = SE_1 \bigcup SE_2 \bigcup \cdots \bigcup SE_n$,其中 SE_i 是单个观察量 O_i 的解释。如果 $SE_1 = SE_2 = \cdots = SE_n$,解释 E_j 对应单个规划,否则对应多个规划。

多规划识别问题的定义如下:给定层次规划库 PL 和观察集合 O,多规划识别的任务是从 O 的解释集合 E 中找到最可能的(最佳的)解释 E_{max}:

$$E_{max} = \arg \max_{E_i \in E} P(E_i \mid O)$$

图 6.4 显示了情报安全领域中的一个偏序规划库示例。在规划库中有五个偏序规划,其中 launch_attack 和 setup_base 是组织的顶层目标。在例子中,raise_fund,recruit_people,get_bomb,get_arm,buy_house 和 rent_house 是基本行为,其他行为是抽象的。launch_attack 对应规划结构中的 OR 节点,即组织可能以概率 0.6 执行炸弹袭击(bomb_attack)或以概率 0.4 执行武装袭击(arm_attack)。setup_base 是一个 AND 节点,即组织必须首先筹集资金(raise_fund),然后寻找房屋(find_house)。

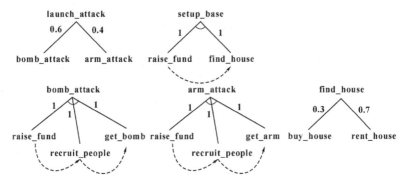

图 6.4　情报安全信息学领域的规划库示例

假设现在观察到组织执行了两个行为 raise_fund 和 buy_house,可能找到 raise_fund 对应的解释:$SE_{11} = \{$launch_attack, bomb_attack, raise_fund$\}$,$SE_{12} = \{$launch_attack, arm_attack, raise_fund$\}$ 和 $SE_{13} = \{$setup_base, raise_fund$\}$;buy_house 对应的解释:$SE_2 = \{$setup_base, find_house, buy_house$\}$,则 raise_fund 和 buy_house 对应的解释为 $E_1 = SE_{11} \bigcup SE_2$,$E_2 = SE_{12} \bigcup SE_2$ 和 $E_3 = SE_{13} \bigcup SE_2$。

这里将介绍如何针对不同类型的观察量(行为或状态)来构建解释图。

2. 构建解释图

给定行为观察量的集合和一个规划库,首先将初始解释图 EG 初始化为空,对于每个观察到的行为,首先将其加入解释图 EG,并在行为规划库中查找该行为,找到其父节点,并加入 EG 中。依次将观察行为加入,并扩展其父节点,直到观察行为均被扩展,扩展过程中的重复节点均被合并。然后对新加入的节点继续进行扩展,该过程持续进行,直到没有新的节点加入时结束。此时,在 EG 的顶部加入一个辅助节点 dummy,辅助节点连接到顶层目标,连接边的数值为顶层目标的先验概率,则解释图 EG 构建完毕。解释图的形式为一个有向带权图,图中的每个节点均代表一个具体或抽象的行为,节点间的边和方向代表分解关系或具体化关系,边上的概率代表分解概率或具体化概率。所构建的解释图中包含了观察行为对应的所有可能解释。

图 6.5 是行为观察量 A_1、A_2 和 A_3 的解释图。这是一个有向图,粗线对应于一个解释。符号 $P_1, P_2, \cdots, P_{13}$ 代表与边关联的分解或具体化概率。解释对应于解释图中的一个子图,这个子图包含 dummy 节点、顶层目标、部分子目标和所有的观察量。在解释中,出度为 0 的节点对应于观察量。

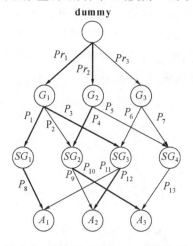

图 6.5 观察量 A_1、A_2、A_3 的解释图

注意到假设可以是图或者树。①如果解释中的每个行为只对应一个目标或子目标(即每个节点对应单个父节点),解释就是树的形式。②如果解释中的某个行为同时对应多个目标或子目标(即节点有多个父节点),解释即为一个图。图结构的解释代表一类特殊的智能行为,即智能体执行一个行为以同时实现多个目标或子目标。由于这种情况相对少见,这里主要关注树结构解释的识别。将观察集合的解释定义为解释图中的一棵树,树的顶点是 dummy 节点,叶节点为所有的观察量。这棵树为每个观察量分配了对应的唯一解释。

在非完全可观测环境中,可能只观察到执行行为的状态,而无法观察到行为本身。这些观察状态的信息能帮助推测未观察到的行为,扩大观察行为集合,进而更好地跟踪智能体的意图。将这些可能导致观察到的状态的行为称为候选行为。

状态观察量存在三种情况:①如果状态对应于某个观察到的行为,则这个状态属于无用观察量;②如果状态对应于一个新行为(即不包含在观察集合中的行为),则将这个新行为加入观察量集合;③如果状态对应于多个新行为,则需要推理哪个行为是最可能的。这里采用的策略类似于极大似然参数估计。对于每个候选行为,将其加入观察集合,并计算最可能的解释,选择那个最大化最可能解释概率的候选行为。

为在解释图中实施这种策略,将所有的候选行为(如 A_4 和 A_5)加入解释图中,并按照构建解释图的流程更新解释图。将状态(如 S_0)也加入到更新的图中,同时在候选行为和状态间添加有向边。从每个候选行为到状态的边的概率设为 1,这表示候选行为的执行一定会导致观察状态的发生。这样就得到了图 6.6 所示的一个扩展解释图,扩展图上最优解释中包含的候选行为即为最可能的。图 6.6 中,A_4 在最优解释中,因此是最可能的候选行为。

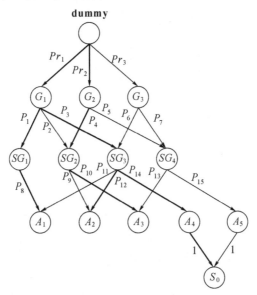

图 6.6 扩展解释图

令 $O_{1:i} = \{O_1, O_2, \cdots, O_i\}$ 为观察到的行为,则解释 E_j 的概率可计算如下:

$$P(E_j \mid O_{1:i}) = P(E_j, O_{1:i}) \mid P(O_{1:i})$$

$$= P(O_{1:i} \mid E_j) P(E_j) \mid P(O_{1:i})$$

由于 $1/P(O_{1:i})$ 对于每个解释均为常量，故用 K 来指代。$P(O_{1:i} \mid E_j)$ 是给定解释 E_j 时 $O_{1:i}$ 发生的概率，这个概率对于所有解释均为 1。$P(E_j)$ 是解释的先验概率，即解释图中整棵树的初始概率。

对于解释 E_j，令 $G_{1:m} = \{G_1, G_2, \cdots, G_m\}$ 为顶层目标，$SG_{1:n} = \{SG_1, SG_2, \cdots, SG_n\}$ 为子目标。定义树 E_j 的节点集合为 $V = \text{dummy} \bigcup G_{1:m} \bigcup SG_{1:n} \bigcup O_{1:i}$。令 $E = \{e_1 = \text{dummy} \rightarrow G_1, G_2, \cdots, e_s = SG_x \rightarrow SG_y, \cdots, e_t = SG_z \rightarrow O_i\}$ 为 E_j 的边集合，其中 $1 \leqslant x, y, z \leqslant n$，$1 \leqslant s \leqslant t$。这里假设每个行为的分解受其父节点的直接影响，则解释 E_j 的先验概率为：

$$
\begin{aligned}
P(E_j) &= P(V, E) \\
&= P(O_i, e_t \mid V/O_i, E/e_t) \cdot P(V/O_i, E/e_t) \\
&= P(e_t) \cdot P(V/O_i, E/e_t) \\
&\ \ \vdots \\
&= P(\text{dummy}) \cdot \prod_{\text{edge} \in E} P(\text{edge})
\end{aligned}
$$

其中，$P(O_i, e_t \mid V/O_i, E/e_t)$ 是给定树 $(V/O_i, E/e_t)$ 后，分解规则 e_t 触发的概率，根据分解假设，等于 $P(e_t = SG_z \rightarrow O_i)$；$P(\text{edge})$ 是解释中边的概率；$P(\text{dummy})$ 是组织追求目标的先验概率，对每个解释均为常数。

现在寻找最佳解释的问题可表示为

$$
\begin{aligned}
E_{\max} &= \arg \max_{E_j \in E} P(O_{1:i} \mid E_j) P(E_j) \mid P(O_{1:i}) \\
&= \arg \max_{E_j \in E} \prod_{\text{edge}_i \in E_j} P(\text{edge}_i) \\
&= \arg \max_{E_j \in E} \sum_{\text{edge}_i \in E_j} \ln(P(\text{edge}_i)) \\
&= \arg \min_{E_j \in E} \sum_{\text{edge}_i \in E_j} \ln(P(\frac{1}{\text{edge}_i}))
\end{aligned}
$$

其中，$P(\text{edge}_i)$ 是边 edge_i 关联的分解概率。将 $\ln(1/P(\text{edge}_i))$ 定义为边 edge_i 的权重，由于 $0 < P(\text{edge}_i) < 1$，可知 $\ln(1/P(\text{edge}_i)) > 0$。对于解释图 EG，将 EG 中的每条边赋予权重 $\ln(1/P(e))$（其中 $P(e)$ 是边 e 的概率），能将整个解释图转化为带权有向图。现在寻找最可能解释的问题被重新定义为在解释图中寻找最小赋权树，这棵树的顶点是 dummy 节点，叶节点是观察量。

从有向图中寻找最小赋权树是图论中的有向斯坦纳树问题（Charikar, Chekuri et al., 1998; Zosin, Khuller, 2002）。其定义如下：

给定有向图 $G=(V,E)$，每个边上的权重为 $w(w\geqslant 0)$，终点的集合 S 是 V 的子集，一个节点 r，找到最小的赋权树 T，其顶点在 r，S 中的所有节点都包含在 T 中。研究者已提出一系列的算法来解决这个问题，如 Charikar 等(Charikar, Chekuri et al. ,1998)提出的近似算法。

Charikar 等(Charikar, Chekuri et al. ,1998)提出了第一个在算法复杂度上取得重大突破的有向斯坦纳树算法。该算法将一棵树 T 的密度 $d(T)$ 定义为树的代价与 T 中端点个数的比值，即 $d(T)=c(T)/k(T)$。算法如图 6.7 所示，其中 $T_i(k, r, X)$ 代表 $A_i(k, r, X)$ 所返回的树，$A_1(k, r, X)$ 代表找到离顶点 root 最近的 k 个端点，并通过最短路径将端点与顶点相连，所有的最短路径构成了一棵树。$A_i(k, r, X)$ 代表反复寻找节点 v 和数 k'，以使树 $T_{i-1}(k', r, X)\bigcup\{\langle r, v\rangle\}$ 的密度最小，其中 $1\leqslant k'\leqslant k$，$\langle r, v\rangle$ 为图中从节点 r 到节点 v 的最短路径，i 为算法的可调节参数，i 值越高算法越精确。当选择 r 为 dummy，X 为解释图中观察量集合，K 为观察行为的数量时，算法返回的即为需要寻找的最佳解释。

```
Algorithm A_i(k,r,X)
OUTPUT:  A tree T rooted at r that satisfies at least k terminals in X.
0 if there do not exist k terminals in X reachable from r, then return φ.

1 T←φ;

2 while k > 0
    3 T_BEST←φ;  d(T_BEST)←∞;
    4 for each vertex v ∈ V, and each k',1 ≤ k' ≤ k
        5 T'←A_{i-1}(k',v,X)∪{< r,v >};
        6 if d(T_BEST) > d(T') then T_BEST←T'
    7 T←T∪T_BEST;  k←k-|X∩V(T_BEST)|;  X←X-V(T_BEST)

8 return T
```

图 6.7　Charikar 等提出的算法

算法流程如图 6.8 所示，基于层次规划库和观察集合，算法从观察量(行为/状态)开始。首先自底向上扩展解释图，直到顶点 dummy 被扩展。在构造解释图后，算法图中每条边的权重，然后应用有向斯坦纳树算法。最后，算法返回一个有向最小权重树(即最佳解释)作为输出。

输入:规划库 PL 和观察集合 O

(1) 初始化 $EG = \{\}$,扩展节点集合 $S = \{\}$,集合 $S' = \{\}$

(2) 对 O 中每个观察量 o

(a) 如果 o 是行为,则将 o 加入 EG 和 S 中

(b) 如果 o 是状态,则寻找 o 的候选行为集合 C

如果 $C \bigcap O \neq C$,则将所有候选行为加入 EG 和 S 中,并将从候选行为到 o 的边加入 EG

(3) 对于每个 S 中的每个元素 A

从规划库 PL 中寻找 A 的所有父节点

将这些父节点加入 EG 和 S' 中,将每个父节点到 A 的边加入 EG 中

令 $S \leftarrow S'$, $S' \leftarrow \{\}$,当 S 集合非空时,跳转到(3)开始部分

(4) 将 dummy 节点 d 加入 EG

对于 EG 中的每个顶层节点 g,将从 d 到 g 的边加入 EG

(5) 计算 EG 中每条边的权重,在 EG 上应用有向斯坦纳树算法

输出:最小权重树 T 作为最佳解释

图 6.8　算法流程

3. 算法与复杂度分析

算法的时间复杂度由两部分组成,即构建解释图和搜索最佳解释。

构建解释图的复杂度与最差情况下附带重复节点检测的宽度优先搜索算法相同。对于 K 个观察量,宽度优先搜索的复杂度是 $O(K * b^d)$,其中 b 是分支因子,d 是规划库的最大深度;重复节点检验的复杂度是 $O(N^2)$,其中 N 是规划库中的行为总数。因此,构建解释图的复杂度是 $O(K * b^d) + O(N^2)$。

搜索最佳解释对应于有向斯坦纳树问题。有向斯坦纳树问题的复杂度已被证明为 NP 难问题(Johnson,Garey,1979),但研究者设计了许多近似算法来寻找近似最优解。所采用的近似算法的复杂度是 $O(N^i K^{2i})$,其中 K 是观察量的数目,i 是调节算法精确度的近似因子。采用近似算法,能在多项式时间内找到近似最优的解释。

6.3　行为建议与决策评估

尽管行为分析及预测能帮助决策者洞悉对象的未来行为,但不能

提供改变这些行为(抑制或鼓励)的可执行的行动建议。这些行动建议又称为可操作知识,往往是用户在决策过程中直接需要的。可操作知识一般表达为可操作规则形式。如果用户基于某条规则采取行动能使其获益,则该条规则被认为是可操作规则(Liu,Hsu et al.,1997)。

目前已有不少研究致力于发现可操作规则。相关研究(Ras,Wieczorkowska,2000)提出从特定分类规则对中构建行动规则(Action Rule)的方法,以提高银行客户的收益性。首先,属性被分为两类:稳定属性和灵活属性。前者(后者)包含其值不能(能)被银行改变或影响的属性。其次,分类规则以灵活属性优先的方式从决策表中抽取。最后,一类称作行动规则的新规则从该分类规则库中构建。一条行动规则定义为 $[(\omega) \wedge (\alpha \to \beta)] \Rightarrow (\gamma \to \varphi)$,其中 ω 是稳定属性值的合取,$(\alpha \to \beta)$ 表示灵活属性值的改变(代表一个行动),$(\gamma \to \varphi)$ 是该行为的预期后果。行动规则描述了需要如何改变某些属性以提高预期收益。

属性值的改变也需要考虑代价的因素。Tzacheva 和 Ras(Tzacheva,Ras,2005)提出了行动规则的代价和可行性概念,并提出了一个基于搜索图的以最低代价构建可行行动规则的方法。Ras 等(Ras,Tzacheva et al.,2005)将最低代价行动规则定义为有趣的行动规则,并提出了一个构建有趣行动规则的启发式算法。Tzacheva 和 Tsay(Tzacheva,Tsay,2008)提出了一个产生有趣行动规则的方法,该方法将启发式策略应用于抽取行动规则的行动森林算法中。

尽管选择的分类算法不同,但以上的行动规则挖掘方法均基于一对特定的分类规则或一条分类规则产生一条可操作规则。这一策略的主要缺点是可能遗漏掉一些有趣的可操作规则。为了克服这一缺点,文献(He,Xu et al.,2005)提出了一个在支持度-置信度-代价框架下直接从数据库中挖掘行动规则的策略;Ras 等(Ras,Dardzinska et al.,2008)提出了一个挖掘关联类型行动规则的方法;Ras 和 Dardzinska(Ras,Dardzinska,2008)提出了一个采用自底向上策略且不需使用预先存在的分类规则的行动规则挖掘方法。

另一类相关研究工作是关联分类(Associative Classification,AC)算法,该算法集成了关联规则挖掘与分类,以构建预测模型。这类算法一般会产生很大的规则集合,而其中很多规则是冗余和误导性的(Liu,Hsu,1998;Li,Han et al.,2001)。因此,可用多种剪枝方法来降低 AC 分类器的规模,其中,规则排序方法被大多数 AC 分类器采用。决定规则先后次序的重要参数之一是规则前件的长度。一些相关研究

(Wang，Zhou et al.，2000；Li，Han et al.，2001；Antonie，Zaïane，2004)所提出的 AC 算法倾向于一般规则(前件较短的规则)，这导致了较低的分类准确率；相反，另一些研究工作(Baralis，Garza，2002；Baralis，Chiusano et al.，2004)所提出的 AC 算法倾向于具体规则(前件较长的规则)，能减少误分类机会。

一条 AC 规则可表示为 $[\alpha]\Rightarrow(\gamma)$，其中，$\alpha$ 是特征属性值，γ 是决策属性的一个值。与可操作规则挖掘相比，AC 和其他传统的基于规则的分类并不考虑属性值的改变，因此，传统分类方法在问题定义和形式体系上都不能提供关于如何改变属性值以使用户获得满意收益的可操作建议。

以往的可操作规则挖掘研究工作提出的方法不能用于可操作行为规则挖掘。可操作行为规则可表示为 $[(\alpha\rightarrow\beta)]\Rightarrow[(\gamma\rightarrow\varphi,p)]$，其中，$p$ 表示行动的相应效果的概率。形式上，可操作行为规则与以往的可操作规则相比有两个重要不同。第一，前者的 α 与 γ 是当前观察的属性值；第二，前者的后件可涉及多个多值行为属性，而后者的后件仅涉及单个二值决策属性。因此，无论是在形式体系上还是具体方法上，可操作行为规则挖掘与其他的可操作规则挖掘都是极其不同的，表 6.1 比较了不同方法的异同。

表 6.1 可操作行为规则挖掘与以往方法的比较

	可操作行为规则挖掘	其他可操作规则挖掘	关联分类
数据集中的对象含义	对某实体的观察	某实体的成员对象	对某实体的观察
决策属性数目	多个	单个	单个
决策属性可能值的数目	多个	两个	多个
是否需要最小置信度阈值	否	是	是
是否需要最小支持度阈值	是	是	是
是否需要指定行动的效用值	是	是	否
规则形式/输出	$[(\alpha\rightarrow\beta)]\Rightarrow[(\gamma\rightarrow\varphi,p)]$	$[(\omega)\wedge(\alpha\rightarrow\beta)]\Rightarrow(\gamma\rightarrow\varphi)$	$[\alpha]\Rightarrow(\gamma)$
建议行动直接影响的期望	改变实体的行为状态	重分类实体的某些成员对象	无

本节介绍一类新的行为建议挖掘方法——可操作行为规则挖掘

（苏鹏，2011；Su，Mao et al.，2012）。首先给出可操作行为规则挖掘问题的形式化定义，然后介绍两种可操作行为规则挖掘算法 MABR1 和 MABR2。

6.3.1　问题定义

行为信息可用一张信息表来表示。相关研究（Agrawal，Srikant，1994）为信息表提供了一个严格并易于遵循的形式化定义——信息系统。因此，可借鉴信息系统的定义为行为信息进行形式化定义。

定义 6.1　关于某个实体（如组织）的行为信息系统（Behavioral Information System）定义为一个 5 元组 $I = (O, o^*, A, D, \rho)$，其中，O 是对实体的观察的有限非空集，$o^* \in O$ 是下一个观察的投射，A 是属性的有限非空集，$D = U_{a \in A} D_a$（D_a 是属性 a 的值域），$\rho: O \times A \rightarrow D$ 是一个将每一个观察和属性值的集合关联起来的函数。A 可进一步分为两个子集，即 $A = A_{an} \bigcup A_{be}$，其中，$A_{an}$ 是对实体行为有影响的环境属性集合，A_{be} 是实体行为集合。为了统一处理，可假定所有属性都是类别属性；如果存在数值属性，则提前对其进行离散化处理。

除 o^* 之外，每一个关于环境和行为属性的观察都来自于一个特定间隔的时间段。o^* 是一个基于最近观察的对将要到来的特定时间段的观察的投射（假设该时间段内用户没有采取任何行动以影响实体行为）。例如，假定某国境内的某恐怖组织近来频繁发动恐怖袭击，如果该国政府不采取任何有针对性的行动，那么在某时间段内（比如半年）严峻形势将保持不变或改变很小。可操作行为规则挖掘的目标就是识别可改善下一个观察的行动建议，例如，采取什么行动才能减少恐怖袭击的频度。

示例 6.1　假设黎巴嫩真主党的行为信息系统为 $I = (O, o^*, A, D, \rho)$，其中 $O = \{o^*, o_1, o_2, \cdots, o_{10}\}$，$A_{an} = \{e_1, e_2\}$，$A_{be} = \{b_1, b_2\}$，$D_{e_1} = D_{e_2} = \{0, 1\}$，$D_{b_1} = D_{b_2} = \{0, 1, 2\}$，$\rho$ 函数如表 6.2 所示（例如，$\rho(o_1, e_1) = 1$，$\rho(o_3, b_2) = 2$）。下面将以本例为基础构建其他例子。

表 6.2 行为信息系统 I 中的 ρ 函数

	ORSTPOLSUP	ORGCULTGR	DEMORGVIOLENCE	TRANSVIOLENCE
	e_1	e_2	b_1	b_2
o^*	1	1	2	2
o_1	1	1	2	2
o_2	1	0	2	1
o_3	1	0	1	2
o_4	1	0	1	2
o_5	0	1	1	1
o_6	0	1	2	1
o_7	0	1	2	1
o_8	0	0	0	0
o_9	0	0	0	1
o_{10}	0	0	1	0

179

定义 6.2 行动(Action)定义为一个三元组 $t = (a, v_f, v_t)$,其中 $a \in t, v_f = \rho(o^*), v_t \in D_a$。如果 $v_f = v_t$,则称 t 为非行动。如果 a 的值从 v_f 变到 v_t,则称行动 $t = (a, v_f, v_t)$ 满足。行动集 S,又称为 $|S|$ - 行动集,定义为行动的有限非空集,其中,对任何 $t_1, t_2 \in S$,有 $t_1 \cdot a \neq t_2 \cdot a$。如果每一个 $t \in S$ 都满足,则称行动集 S 满足。如果行动集 S 是行动集的真超集且 S'/S 仅包含非行动,则称 S 是关于 S' 的一般行动集,而 S' 是关于 S 的具体行动集。如果对每一个 $t \in S$,有 $\rho(o, t, a) = t \cdot v_f$,则称观察 o 支持 S。S 的支持度(Support)定义为:

$$sup(S) = |\{o \in Q \mid o \text{ supports}\}|$$

如果 $sup(S) \geqslant minsup$,则称 S 为关于一个用户指定的阈值——最小支持度(Minsup)的频繁行动集(Frequent Action set)或者频繁 $|S|$ - 行动集。如果行动集是一个频繁行动集且其任一真超集均不是频繁行动集,我们称 S 是最具体频繁行动集(Most Specific Frequent Action Set)。

对示例 6.1 而言,$(e_1, 1, 0)$ 是一个行动,$(e_1, 1, 1)$ 是一个非行动,$(e_1, 0, 1)$ 不是一个行动,$\{(e_1, 1, 0)\}$ 是一个 1- 行动集,$\{(e_1, 1, 0), (e_2, 1, 0)\}$ 是一个 2- 行动集,$\{(e_1, 0, 1)\}$ 和 $\{(e_1, 1, 0), (e_1, 0, 1)\}$ 都不是行

动集,$\{(e_1,1,1)\}$ 是关于 $\{(e_1,1,0),(e_2,1,1)\}$ 的一个一般行动集,而 $\{(e_1,1,0),(e_2,1,1)\}$ 是关于 $\{(e_1,1,0)\}$ 的一个具体行动集。如果属性 ORSTPOLSUP 的值从 1 变为 0,则行动 $(e_1,1,0)$ 满足。如果 $(e_1,1,0)$ 和 $(e_2,1,1)$ 均满足,则行动集 $\{(e_1,1,0),(e_2,1,1)\}$ 满足。$sup\{(e_1,1,0)\}$ $=|\{o_5,o_6,o_7,o_8,o_9,o_{10}\}|=6, sup\{(e_1,1,0),(e_2,1,1)\}=|\{o_5,o_6,o_7\}|$ $=3$。给定最小支持度为 2,则 $\{(e_1,1,0)\}$ 是一个频繁 1- 行动集,$\{(e_1,1,0),(e_2,1,1)\}$ 是一个频繁 2- 行动集,同时也是一个最具体频繁行动集。给定最小支持度为 4,则 $\{(e_1,1,0)\}$ 是一个频繁 1-行动集,同时也是一个最具体频繁行动集,但不是一个频繁 2-行动集。

定义 6.3 效果(Effect)定义为一个三元组 $e=(a,v_f,v_t)$,其中,$a\in A_{be}$,$v_f=\rho(o^*,a)$,$v_t\in D_a$。注意 v_f 与 v_t 可以相等。如果 a 的值从 v_f 变为 v_t,则称效果 $e=(a,v_f,v_t)$ 发生。效果 - 概率(Effect-Probability)定义为 $ep=(e,p)$,其中 e 是一个效果,而 $p\in[0,1]$;如果 e 以概率 p 发生,则称效果 - 概率 $ep=(e,p)$ 发生。

对示例 6.1 而言,$(b_1,2,0)$ 是一个效果,而 $(b_1,0,2)$ 不是一个效果。如果属性 DEMORGVIOLENCE 的值从 2 变到 0,则效果 $(b_1,2,0)$ 发生。$((b_1,2,0),0.5)$ 是一个效果 - 概率,如果 $(b_1,2,0)$ 以概率 0.5 发生,则效果 - 概率 $((b_1,2,0),0.5)$ 发生。

定义 6.4 原子可操作行为规则(Atomic Actionable Behavioral Rule)定义为 $ar=(S,e)$,其中,S 是一个最具体频繁行动集,e 是一个效果。如果对任一 $t\in S$,有 $\rho(o,t,a)=t\cdot v_t$,且 $\rho(o,e,a)=e\cdot v_t$,则称 o 支持 ar。ar 的置信度(Confidence)定义为

$$conf(ar)=|\{o\in o\,|\,o \text{ supports } ar\}|/sup(S)。$$

原子可操作行为规则的置信度可认为是行动集满足时对效果发生的可能性的概率估计。

对示例 6.1 而言,$(\{(e_1,1,0)\},(b_1,2,0))$ 是一个原子可操作行为规则,$conf(\{(e_1,1,0)\},(b_1,2,0))=|\{o_8,o_9\}|/6=1/3$。

定义 6.5 候选可操作行为规则(Candidate Actionable Behavioral Rule)定义为 $cr=(S,C)$,其中 C 是效果- 概率的一个有限非空集;对任一 $ep\in C$,(S,ep,e) 是一个置信度为 $ep\cdot p$ 的原子可操作行为规则,$|C|=\sum_{a\in A_{be}}|D_a|$。候选可操作行为规则 $cr=(S,C)$ 的支持度定义为 $sup(cr)=sup(S)$。

无论是改变环境属性的值还是改变行为属性的值,都会为用户带

来收益(正效用)或损失(负效用),即行动或效果会带来正面或负面的效用。如果环境或行为属性的值没有变化,则相应的效用为 0。

定义 6.6 候选可操作行为规则 $cr=(S,C)$ 的期望效用(Expected Utility)定义为:

$$util(cr) = \sum_{t \in S} util(t) + \sum_{ep \in C} util(ep \cdot e) \cdot ep \cdot e$$

其中,$util(t)$ 和 $util(ep \cdot e)$ 分别表示行动 t 和效果 $ep \cdot e$ 的效用。

对示例 6.1 而言,假定 $(e_1,1,0)$,$(e_2,1,0)$,$(b_1,2,0)$,$(b_1,2,1)$,$(b_2,2,0)$ 和 $(b_2,2,1)$ 的效用分别是 -1,-2,5,2,3 和 1;可操作行为规则为:

$$\left(\{(e_1,1,0)\} \begin{cases} ((b_1,2,0),1/3),((b_1,2,1),1/3),((b_1,2,2),1/3) \\ ((b_2,2,0),1/3),((b_2,2,1),2/3),((b_2,2,2),0) \end{cases} \right)$$

则其期望效用可计算为:

$$u(e_1,1,0) + u(b_1,2,0) \times 1/3 + u(b_1,2,1) \times 1/3 +$$
$$u(b_2,2,0) \times 1/3 + u(b_2,2,1) \times 2/3 = 3$$

定义 6.7 在候选可操作行为规则集 CR 上的二元等价关系定义为:$cr_1,cr_2 \in CR$,对任一 $a \in cr_1 \cdot S$。如果 $a \cdot v_f \neq a \cdot v_t$,则 $a \in cr_2 \cdot S$,且对任一 $b \in cr_2 \cdot S$,如果 $b \cdot v_f \neq b \cdot v_t$,$b \in cr_1 \cdot S$,记为 $cr_1 \sim cr_2$。关于在 CR 上的关系 $\sim$ 的一个最大等价类 L 的合并可操作行为规则(Consolidated Actionable Behavioral Rule)定义为 $r=(S,C)$,其中,$S = \{a \in \bigcap_{\sigma \in L} cr \cdot S \mid a$ 不是一个非行动$\}$,C 是一个效果-概率的有限非空集,$|C| = \sum_{a \in A_{be}} |D_a|$,对任一 $ep \in C$,有 $ep \cdot p = \sum_{\sigma \in L} conf((cr \cdot S),$ $(ep \cdot e)) \cdot sup(cr \cdot S) / \sum_{l \in L} sup(l \cdot S)$。合并可操作行为规则 $r=(S,C)$ 的期望效用(Expected Utility)定义为

$$util(r) = \sum_{t \in S} util(t) + \sum_{ep \in C} util(ep \cdot e) \cdot ep \cdot e$$

其中,$util$ 和 $util(ep \cdot e)$ 分别表示行动和效果 $ep \cdot e$ 的效用。如果 $util(r) \geqslant$ minutil,则称合并可操作行为规则 r 为关于用户指定阈值最小效用(即 minutil)的有趣可操作行为规则(Interesting Actionable Behavioral Rule)。

合并可操作行为规则的含义是:如果行动集 $r \cdot S$ 满足,则对任一 $ep \in r \cdot C$,效果 $ep \cdot e$ 将以概率 $ep \cdot p$ 发生。在实际应用中,仅当一条规则的期望效用超出某个阈值,用户才会认为其是"有趣"的。

由示例 6.1 可得

$$\left(\begin{array}{l}\{(e_1,1,0)\}, \\ \left\{\begin{array}{l}((b_1,2,0),1/3),((b_1,2,1),1/3),((b_1,2,2),1/3) \\ ((b_2,2,0),1/3),((b_2,2,1),1/3),((b_2,2,2),0)\end{array}\right\}\end{array}\right)$$

等价于

$$\left(\begin{array}{l}\left\{\begin{array}{l}(e_1,1,0) \\ (e_2,1,1)\end{array}\right\}, \\ \left\{\begin{array}{l}((b_1,2,0),0),((b_1,2,1),1/3),((b_1,2,2),2/3) \\ ((b_2,2,0),0),((b_2,2,1),1/3),((b_2,2,2),0)\end{array}\right\}\end{array}\right)$$

但不等价于

$$\left(\begin{array}{l}\left\{\begin{array}{l}(e_1,1,0) \\ (e_2,1,0)\end{array}\right\}, \\ \left\{\begin{array}{l}((b_1,2,0),2/3),((b_1,2,1),1/3),((b_1,2,2),0) \\ ((b_2,2,0),2/3),((b_2,2,1),1/3),((b_2,2,2),0)\end{array}\right\}\end{array}\right)$$

$$\left(\begin{array}{l}\{(e_1,1,0)\}, \\ \left\{\begin{array}{l}((b_1,2,0),2/9),((b_1,2,1),1/3),((b_1,2,2),4/9) \\ ((b_2,2,0),2/9),((b_2,2,1),7/9),((b_2,2,2),0)\end{array}\right\}\end{array}\right)$$

是一个关于在

$$\left\{\begin{array}{l}\left(\begin{array}{l}\{(e_1,1,0)\}, \\ \left(\begin{array}{l}\left\{\begin{array}{l}(e_1,1,0) \\ (e_2,1,0)\end{array}\right\}, \\ \left\{\begin{array}{l}((b_1,2,0),1/3),((b_1,2,1),1/3),((b_1,2,2),1/3) \\ ((b_2,2,0),1/3),((b_2,2,1),2/3),((b_2,2,2),0)\end{array}\right\} \\ \left\{\begin{array}{l}((b_1,2,0),0),((b_1,2,1),1/3),((b_1,2,2),2/3) \\ ((b_2,2,0),0),((b_2,2,1),1),((b_2,2,2),0)\end{array}\right\}\end{array}\right)\end{array}\right)\end{array}\right\}$$

上的关系~的唯一最大等价类的合并可操作规则。该合并可操作规则的期望效用为 $20/9$。

以上的合并可操作规则 r 实际上提出了以下建议："如果将 ORST-POLSUP 从级别 1 变为 0,DOMORGVIOLENCE 将从级别 2 以 2/9 的概率变为 0,或以 1/3 的概率变为 1,或以 4/9 的概率保持不变;TRANS-VIOLTARG 将从级别 2 以 2/9 的概率变为 0,或以 7/9 的概率变为 1。"

6.3.2　挖掘算法

在定义可操作行为规则后,挖掘可操作行为规则的问题即为从行为信息系统中挖掘所有的有趣可操作行为规则。阈值 $minsup$ 用来排除规则发现的偶然性,而阈值 $minutil$ 用来确保规则对用户足够有益。

为挖掘可操作行为规则,本小节介绍两个算法 MABR-1(Mining Actionable Behavioral Rules-1) 和 MABR-2。下面将详细描述这两个算法。

1. MABR-1

MABR-1(见图 6.9)分为两个阶段,分别是最具体行动集产生阶段和有趣可操作行为规则产生阶段。

第一个阶段类似于用于关联规则挖掘(Agrawal,Srikant,1994)的 Apriori 算法中的频繁项集产生过程。该阶段的核心思想是频繁行动集的下闭包特征。也就是说,如果一个行动集的支持度超过 $minsup$ 阈值,则其所有子集的支持度必超过 $minsup$ 阈值。这一特征用来有效减少需要被核实的潜在频繁行动集的数量。

从频繁 1-行动集开始(行 1,调用函数 Select),算法迭代发现频繁 2-行动集、频繁 3-行动集等,直到没有频繁 k-行动集产生(行 3-行 8)。在每一次迭代中,频繁 k-行动集被用来产生潜在的频繁 $(k+1)$-行动集(行 4,调用函数 Generate),然后通过计算支持度检查是否是频繁 $(k+1)$-行动集。对任一频繁 k-行动集,如果其为关于任一频繁 $(k+1)$-行动集的一般行动集,则删除之(行 6-行 7)。阶段 1 输出的是所有最具体频繁行动集的集合。

函数 Generate 的输入是频繁 k-行动集的集合,输出是潜在的频繁 $(k+1)$-行动集的集合(行 18-行 30)。首先,对任何频繁 k-行动集,如果它们中有且仅有一个元素不同,则 (S_1) 合并为一个潜在的频繁 $(k+1)$-行动集(行 19-行 21)。然后根据下闭包特征,如果一个潜在的频繁 $(k+1)$-行动集的任一 k-子集不是频繁行动集,则将其删除(行 22-行 29)。

函数 Select 的输入是潜在的频繁 $(k+1)$-行动集的集合,输出是频繁 $(k+1)$-行动集的集合(行 31-行 39)。仅需扫描一次数据集就可计算出所有潜在的频繁 $(k+1)$-行动集的支持度(行 32-行 35),支持度低于 $minsup$ 的行动集将被删除(行 36-行 38)。

Input: behavioral information system $I = (O, o^*, A, D, \rho)$, utilities of all possible actions and effects, $minsup$, $minutil$.

Output: interesting actionable behavioral rules with expected utilities // Phase 1: most specific frequent action sets generation

1. $F_1 \leftarrow$ Select (1-action sets)
2. $k \leftarrow 1$
3. **while** $F_k \neq \emptyset$
4. $F_{k+1} \leftarrow$ Generate (F_k)
5. $F_{k+1} \leftarrow$ Select (F_{k+1})
6. **for each** $S \in F_{k+1}$
7. Discard general action sets with respect to S in F_k
8. $k \leftarrow k+1$
9. $F \leftarrow \bigcup_{i=1}^{k-1} F_i$
   // Phase 2: interesting rules generation
10. **for each** $S \in F$
11. $cr \leftarrow$ Candidate acionable behavioral rule with S
12. $CR \leftarrow CR \cup (cr)$
13. **for each** largest equivalence class LE $of \sim$ on CR
14. $r \leftarrow$ Consolidated actionable behavioral rule from LE
15. **if** $util(r) \geqslant minutil$
16. $R \leftarrow R \cup \{R, util(r)\}$
17. **return** R
18. **Function** Generate $(F:$ set of action sets$)$
19. **for each** $\{S_1, S_2\} \subset F$ such that $|S_1 / S_2| = 1$
20. **if** $S_1 \cup S_2$ is an action set
21. $C \leftarrow C \cup \{S_1 \cup S_2\}$
22. **for each** $c \in C$
23. $flag \leftarrow 1$
24. **for each** $c' \subset c$ such that $|c/c'| = 1$
25. **if** $c' \notin F$
26. $flag \leftarrow 0$
27. **break**
28. **if** $flag = 0$
29. $C \leftarrow C/(c)$
30. **return** C
31. **Function** Select $(C:$ set of action sets$)$

32. **for each** $o \in O$

33. $C_0 \leftarrow \{c \in C \mid o \text{ supports } c\}$

34. **for each** $c \in C_0$

35. $c.\ sup \leftarrow c.\ sup + 1$

36. **for each** $c \in C$

37. **if** $c.\ sup < minsup$

38. $C \leftarrow C/\{c\}$

39. **return** C

图 6.9　算法 MABR-1 流程

阶段 2 基于阶段 1 产生的最具体频繁行动集生成有趣可操作行为规则集(行 10—行 17)。首先,以每一个最具体频繁行动集为前件,构建一条候选可操作行为规则(行 10—行 12)。然后,基于可操作行为规则集合上关系~的每一个最大等价类构建一条合并可操作行为规则,若其期望效用大于 $minutil$,则将其包括进最终输出中(行 13—行 16)。

考虑示例 6.1,$minsup$ 和 $minutil$ 被分别设为 3 和 2,则 MABR-1 算法的流程如下。

(1)生成频繁 1-行动集集合:
$$\{\{(e_1,1,1)\},\{(e_1,1,0)\},\{(e_2,1,1)\},\{(e_2,1,0)\}\}$$

(2) 生成潜在频繁 2-行动集集合:
$$\left\{ \begin{matrix} \{(e_1,1,1)\}, \\ \{(e_2,1,1)\} \end{matrix}, \begin{matrix} \{(e_1,1,1)\}, \\ \{(e_2,1,0)\} \end{matrix}, \begin{matrix} \{(e_1,1,0)\}, \\ \{(e_2,1,1)\} \end{matrix}, \begin{matrix} \{(e_1,1,0)\}, \\ \{(e_2,1,0)\} \end{matrix} \right\}$$

(3) 生成频繁 2-行动集集合:
$$\{\{(e_1,1,1),\ (e_2,1,0)\},\ \{(e_1,1,0),\ (e_2,1,1)\},\ \{(e_1,1,0),\ (e_2,1,0)\}\}$$

(4) 生成最具体频繁行动集的集合:
$$\{\{(e_1,1,1),\ (e_2,1,0)\},\ \{(e_1,1,0),\ (e_2,1,1)\},\ \{(e_1,1,0),\ (e_2,1,0)\}\}$$

(5)生成如下的候选可操作行为规则集的集合:
$$\left\{ \begin{matrix} (e_1,1,1), \\ (e_2,1,0) \end{matrix}, \begin{matrix} ((b_1,2,0),0),((b_1,2,1),2/3),((b_1,2,2),1/3), \\ ((b_2,2,0),0),((b_2,2,1),1/3),((b_2,2,2),2/3) \end{matrix}, \right.$$
$$\begin{matrix} (e_1,1,0), \\ (e_2,1,1) \end{matrix}, \begin{matrix} ((b_1,2,0),0),((b_1,2,1),1/3),((b_1,2,2),2/3), \\ ((b_2,2,0),0),((b_2,2,1),1/3),((b_2,2,2),2/3) \end{matrix},$$
$$\left. \begin{matrix} (e_1,1,0), \\ (e_2,1,0) \end{matrix}, \begin{matrix} ((b_1,2,0),2/3),((b_1,2,1),1/3),((b_1,2,2),0), \\ ((b_2,2,0),2/3),((b_2,2,1),1/3),((b_2,2,2),0) \end{matrix} \right\}$$

（6）生成如下有趣可操作行为规则及其期望效用的集合并作为最终输出返回：

$$\left\{ \begin{array}{l} \left(\left(\left(\{e_1,1,0\}\left\{\begin{array}{l}((b_1,2,0),0),((b_1,2,1),1/3),((b_1,2,2),2/3), \\ ((b_2,2,0),0),((b_2,2,1),1),((b_2,2,2),0) \end{array}\right\}\right),3\right), \\ \left(\left(\left\{\begin{array}{l}(e_1,1,0), \\ (e_2,1,0) \end{array}\right\},\left\{\begin{array}{l}((b_1,2,0),2/3),((b_1,2,1),1/3),((b_1,2,2),0), \\ ((b_2,2,0),2/3),((b_2,2,1),1/3),((b_2,2,2),0) \end{array}\right\}\right),\frac{10}{3}\right) \end{array} \right\}$$

2. MABR-2

MABR-1 的阶段 1 需要迭代发现势不断增加的频繁行动集，这成为整个算法的效率瓶颈。在每一次迭代中，首先通过合并上次迭代生成的频繁行动集以生成潜在的频繁行动集，然后扫描行为信息系统以计算本次迭代中的潜在的频繁行动集的支持度。这一过程因需不断地扫描数据库而特别耗时。假如行为信息系统的属性比较多且（或者）属性的值域较大、支持度阈值较小，每一次迭代中的潜在的频繁行动集的数目就可能是巨大的，而 MABR-1 就会很耗时。

相比较 MABR-1，MABR-2（见图 6.10）有良好的可伸缩性和效率。它避免了潜在的可操作行为规则的产生—检测步骤，并采用一个 FA-tree 数据结构以显著地减少计算代价。基于 FP-tree（Han，Pei et al.，2004）的定义，进而定义了 FA-tree、Conditional Subtree 和 Conditional FA-tree。

定义 6.8 $I=(O,o^*,A,D,\rho)$ 是一个行为信息系统。FA-tree（Frequent-Action-Set Tree）定义为一个树结构：

（1）其包含一个根、一个根的 1−行动集−前缀子树的集合和一个列表 header。

（2）1−行动集−前缀子树的每一个节点有四个域：1-action-set，count，next 和 parent。域 1-action-set 载有一个 1−行动集。域 count 记录 O 中支持从根到该节点路径上的所有节点载有的 1−行动集的合集的观察的数目。域 next 链接 FA-tree 中其 1-action-set 域与该节点的 1-action-set 域相同的下一个节点。域 parent 链接该节点的父节点。

（3）列表 *header* 中的每一个元素有两个域：1-action-set 和 first。域 1-action-set 载有一个 1−行动集。域 first 指向 FA-tree 中其 1-action-set 域与该元素的 1-action-set 域相同的下一个节点。

定义 6.9 $I=(O,o^*,A,D,\rho)$ 是一个行为信息系统，T 是一棵关于 I 的 FA-tree。$T.header$ 中元素 a 的 Conditional Subtree 定义为 T

Input: behavioral information system $I=(O,o^*,A,D,\rho)$, untilities of all possible actions and effects, *minsup*, *minutil*.

Output: interesting actionable behavioral rules with expected utilities

1. $F\leftarrow\{$frequent 1-action sets$\}$

    // FA-tree construction

2. $T\leftarrow$An FA-tree root with no child

3. $T.header\leftarrow$list of (frequent 1-action set, null) pairs

    sorted in support-descending order

4. **for each** $o\in O$

5. $L\leftarrow$Empty list

6. **for each** $a\in A_{en}$

7. **if** $S=\{a,\rho(o^*,a),\rho(0,a)\}\in F$

8. $L.$ Add(S)

9. Sort L according to the order of $T.header$

10. **Insert** (L,T)

     // Most specific requent action sets generation

11. **Construct** $(T.$ null$)$

12. **for each** i from 1 to $|A_{en}|$

13. **if** set of $(i+1)$-action sets$\neq\emptyset$

14. Delete all specific i-action sets with regard to any $(i+1)$-action set in F

     // Interesting rules generation

15. **for each** $S\in F$

16. $cr\leftarrow$Candidate actionable behavioral rule with S

17. $CR\leftarrow CR\cup\{cr\}$

18. **for each** largest equivalence class LE of $\sim$ on CR

19. $r\leftarrow$Consolidated actionable behavioral rule from LE

20. **if** $util(r)\geqslant minutil$

21. $R\leftarrow R\cup\{[r,util(r)]\}$

22. **return** R

23. **Procedure** Insert $(L$: List of 1-action sets. P: PA-tree node$)$

24. **if** P has no child N such that $N.$ $1\text{-}action\text{-}set=L[1]$

25. $i\leftarrow f$ such that $header[j].$ 1-action-set$=L[1]$

26. $N\leftarrow FA\text{-}tree$ node $(L[1],1,T.header[i]$ first$,P)$

27. $T.$header$[i$ first$]\leftarrow N$

28. **else**

29. $N.count\leftarrow N.count+1$

30. $L.$ Delete(1)

31. **if** L is not empty

32. Insert (L, N)

33. **Procedure** Construct $(P$: FA-tree, A: action set)

34. **if** P contains a single path

35. **for each** combination c of 1-*action-set* fields of nodes of P except the root

36. $F \leftarrow F \cup \{c \cup A\}$

37. **else**

38. **for each** item I in $P.header$, from last to first

39. $A \leftarrow A \cup I.$ 1-*action-set*

40. $CB \leftarrow$ Conditional subtree of I

41. $CT \leftarrow$ Conditional FA-tree of CB

42. **if** $CT \neq$ null

43. Construct (CT, A)

图 6.10 算法 MABR-2 流程

的一棵包含其 1-action-set 域与 a 的 1-action-set 域相同的所有节点以及从根节点到这些节点的路径上所有节点的子树。Conditional FA-Tree 定义为一棵以存在为条件的 FA-tree,可基于 a 的 Conditional Subtree 构建。

MABR-2 比 MABR-1 更高效且可伸缩性更好的主要原因有两个:一个是 MABR-2 仅需扫描很少几次行为信息系统,另一个是 FA-tree 比行为信息系统要小得多。

MABR-2 采用了 FP-growth 算法(Han, Pei et al.,2004)的一个变种,总共只需要扫描 3 次行为信息系统。第一次扫描收集所有频繁 1-行动集(行 1);第二次扫描构建 FA-tree;第三次扫描生成候选可操作行为规则(行 15—行 17)。不管是基于 FA-tree 生成最具体行动集的集合(行 11—行 14),还是基于候选规则生成合并规则(行 18—行 21),MABR-2 都不需要扫描行为信息系统,其生成有趣的可操作行为规则的步骤(行 15—行 21)与 MABR-1 是不同的,递归过程 Insert(行 23—行 32)将某观察支持的排序频繁 1-行动集插入 FA-tree。递归过程 Construct(行 33—行 43)构建所有频繁 k-行动集($k > 1$)。

一棵 FA-tree 的大小(节点数)最多为 $\sum_{o \in O} |L(o)| + 1$,高度最多为 $\max_{o \in O} |L(o)| + 1$,其中 $L(o)$ 表示观察 o 支持的频繁行动集的列表(由行

6—行 8 得出）。这意味着一棵 FA-tree 的规模小于相应的行为信息系统的规模。因为不同观察支持的不同频繁行动集列表可能含有相同项，所以一棵 FA-tree 的规模通常远小于相应的行为信息系统的规模。

6.3.3 讨 论

算法 MABR-1 和 MABR-2 假定行为信息系统是完整的，但是，这一假定在实际应用中会经常违背，例如，值的缺失比较普遍。缺失值可能会导致算法产生低质量的可操作行为规则，此时可采用多种缺失值处理方法使不完整的行为信息系统变得完整。例如，可把行为信息系统中包含缺失值的观察删除，这是最简单的方法，其优点是快速并易于实现，缺点是会损失有价值的信息，适合于缺失值很少的情况。此外，缺失值可由行为信息系统中其他观察的相应值填充。如果行为信息系统中的两个观察相似，其中一个观察的缺失值就可以用另外一个观察的相应值填充。还可以用行为信息系统中相应属性的平均值填充缺失值。

基于效用函数和组织的过去行为，一些基于智能体的方法（如POMDP）或框架（如 SOAR）也可用于推理行动。然而 MABRS 与这些方法的目标不同，MABRS 是致力于发现对决策者整体效用最佳的行动，而不是达到目标状态的行动。

6.4 小 结

本章首先概述了行为分析领域的研究现状，并介绍了两种意图推理算法，包括基于期望效益最大化的算法及多意图推理算法，这两种算法适用于对不同类型的社会行为进行推理。然后介绍了行为建议的挖掘方法——可操作行为规则挖掘，该方法能为决策者提供改变实体行为的可行建议。这些方法为社会行为分析以及决策建议评估提供了可行的研究思路，然而由于实体行为的内在复杂性，未来还需要结合行为理论及决策理论，进一步开展相关研究。

参考文献

Agrawal R, Srikant R. Fast algorithms for mining association rules. Proceedings of the 20th International Conference on Very Large Data Bases, 1994.

Antonie M L, Zaïane O R. An associative classifier based on positive and negative rules. Proceedings of the 9th ACM SIGMOD Workshop on Research Issues in Data Mining and Knowledge Discovery, 2004.

Attenberg J, Pandey S, et al. Modeling and predicting user behavior in sponsored search. Proceedings of the 15th ACM SIGKDD International Conference on Knowledge Discovery and Data Mining, 2009.

Avrahami-Zilberbrand D, Kaminka G A. Incorporating observer biases in keyhole plan recognition (efficiently!). Proceedings of the 22nd National Confence on Artificial Intelligence, 2007: 944—949.

Baralis E, Chiusano S, et al. On support thresholds in associative classification. Proceedings of the 2004 ACM Symposium on Applied Computing, ACM, 2004.

Baralis E, Garza P. A lazy approach to pruning classification rules. Proceedings of the 2002 IEEE International Conference on Data Mining, 2002.

Brandt P T, Freeman J R, et al. Real time, time series forecasting of inter-and intra-state political conflict. Conflict Management and Peace Science, 2011, 28(1): 40—63.

Chapelle O, Zhang Y. A dynamic Bayesian network click model for Web search ranking. Proceedings of the 18th International Conference on World Wide Web, 2009.

Charikar M, Chekuri C, et al. Approximation algorithms for directed Steiner problems. Proceedings of the 9th Annual ACM-SIAM Symposium on Discrete Algorithms, 1998.

Charniak E, Goldman R P. A Bayesian model of plan recognition. Artificial Intelligence, 1993, 64(1): 53—79.

Chung J, Mustafaraj E. Can collective sentiment expressed on Twitter predict political elections? Proceedings of the 25th AAAI Conference on Artificial Intelligence, 2011.

Craswell N, Zoeter O, et al. An experimental comparison of click position-bias models. Proceedings of the International Conference on Web Search and Data Mining, 2008.

Davison B D, Hirsh H. Predicting sequences of user actions. Proceedings of the AAAI/ICML 1998 Workshop on Predicting the Future: AI Approaches to

Time-Series Analysis,1998.

de Mesquita B B. A new model for predicting policy choices: Preliminary tests. Conflict Management and Peace Science,2010,28(1): 64—84.

Dupret G E, Piwowarski B. A user browsing model to predict search engine click data from past observations. Proceedings of the 31st Annual International ACM SIGIR Conference on Research and Development in Information Retrieval,2008.

Erol K, Hendler J, et al. HTN planning: Complexity and expressivity. Proceedings of the 12th National Conference on Artificial Intelligence,1994.

García-Teodoro P, Díaz-Verdejo J, et al. Anomaly-based network intrusion detection: Techniques, systems and challenges. Computers & Security,2009,28 (1—2): 18—28.

Geib C W, Goldman R P. A probabilistic plan recognition algorithm based on plan tree grammars. Artificial Intelligence,2009,173(11): 1101—1132.

Goel S, Hofman J M, et al. Predicting consumer behavior with Web search. Proceedings of the National Academy of Sciences,2010,107(41): 17486—17490.

Goldman R, Geib C, et al. A new model of plan recognition. Proceedings of the 15th Annual Conference on Uncertainty in Artificial Intelligence,1999.

Goldstone J A, Bates R H, et al. A global model for forecasting political instability. American Journal of Political Science,2010,54(1): 190—208.

Gorniak P, Poole D. Predicting future user actions by observing unmodified applications. Proceedings of the 17th National Conference on Artificial Intelligence and 12th Conference on Innovative Applications of Artificial Intelligence,2000.

Han J, Pei J, et al. Mining frequent patterns without candidate generation: A frequent-pattern tree approach. Data Mining and Knowledge Discovery, 2004, 8(1): 53—87.

Hartmann M, Schreiber D. Prediction algorithms for user actions. Proceedings of Lernen Wissen Adaption,2007.

He Z, Xu X, et al. Mining action rules from scratch. Expert Systems with Applications,2005,29(3): 691—699.

Homem de Mello L S, Sanderson A C. AND/OR graph representation of assembly plans. IEEE Transactions on Robotics and Automation,1990,6(2): 188—199.

Hu D H, Yang Q. CIGAR: Concurrent and interleaving goal and activity recognition. Proceedings of the 23rd National Conference on Artificial Intelligence,2008.

Huber M, Durfee E, et al. The automated mapping of plans for plan recognition. Proceedings of the Tenth Annual Conference on Uncertainty in Artificial Intel-

191

ligence,1995.

Jarvis P, Lunt T, et al. Identifying terrorist activity with AI plan recognition technology. AI Magazine,2005,26(3): 73—81.

Johnson D S, Garey M R. Computers and intractability: A guide to the theory of NP-completeness. New York: W. H. Freeman & Co. ,1979.

Kabiri P, Ghorbani A A. Research on intrusion detection and response: A survey. International Journal of Network Security,2005,1(2): 84—102.

Karthik G, Diane J C. Online sequential prediction via incremental parsing: The active LeZi algorithm. IEEE Intelligent Systems,2007,22(1): 52—58.

Khuller S, Martinez M V, et al. Computing most probable worlds of action probabilistic logic programs: Scalable estimation for 1030,000 worlds. Annals of Mathematics and Artificial Intelligence,2007,51(2—4): 295—331.

Khuller S, Martinez V, et al. Finding most probable worlds of probabilistic logic programs. Proceedings of the 1st International Conference on Scalable Uncertainty Management,2007.

Kumagai T, Sakaguchi Y, et al. Prediction of driving behavior through probabilistic inference. Proceedings of the 8th International Conference on Engineering Applications of Neural Networks,2003.

Leetaru K H. Culturomics 2. 0: Forecasting large-scale human behavior using global news media tone in time and space. First Monday,2011,16(9).

Li W, Han J, et al. CMAR: Accurate and efficient classification based on multiple class-association rules. Proceedings of the 2001 IEEE International Conference on Data Mining,2001.

Li X, Mao W, et al. Forecasting complex group behavior via multiple plan recognition. Frontiers of Computer Science in China,2012,6(1): 102—110.

Liu B, Hsu W, et al. Using general impressions to analyze discovered classification rules. Proceedings of the 3rd International Conference on Knowledge Discovery and Data Mining,1997.

Liu B, Hsu W, et al. Integrating classification and association rule mining. Proceedings of the 4th International Conference on Knowledge Discovery and Data Mining,1998.

Mao W, Gratch J, et al. Probabilistic plan inference for group behavior prediction. IEEE Intelligent Systems,2012,27(4): 27—36.

Martinez V, Simari G I, et al. CONVEX: Similarity-based algorithms for forecasting group behavior. IEEE Intelligent Systems,2008,23(4): 51—57.

Mukkamala S, Janoski G, et al. Intrusion detection using neural networks and support vector machines. Proceedings of the 2002 International Joint Conference on Neural Networks, 2002.

Nau D, Wilkenfeld J. Computational cultural dynamics. IEEE Intelligent Systems, 2008, 23(4): 18—19.

Pynadath D V, Wellman M P. Probabilistic state-dependent grammars for plan recognition. Proceedings of the 16th Conference on Uncertainty in Artificial Intelligence, 2000.

Ras Z, Dardzińska A. Action rules discovery without pre-existing classification rules. Rough Sets and Current Trends in Computing. Springer, 2008.

Ras Z, Dardzinska A, et al. Association action rules. Proceedings of IEEE/ICDM Workshop on Mining Complex Data, 2008.

Ras Z, Wieczorkowska A. Action-rules: How to increase profit of a company. Principles of Data Mining and Knowledge Discovery, 2000: 75—116.

Ras Z W, Tzacheva A A, et al. Mining for interesting action rules. Proceedings of the 2005 IEEE/WIC/ACM International Conference on Intelligent Agent Technology, 2005.

Schrodt P A. Forecasting political conflict in Asia using latent dirichlet Allocation models. The Annual Meeting of the European Political Science Association, 2011.

Su P, Mao W, et al. Mining actionable behavioral rules. Decision Support Systems, 2012, 54(1): 142—152.

Subrahmanian V S. Cultural modeling in real time. Science, 2007, 317 (5844): 1509—1510.

Subrahmanian V S, Albanese M, et al. CARA: A cultural-reasoning architecture. IEEE Intelligent Systems, 2007, 22(2): 12—16.

Tzacheva A, Ras Z. Action rule mining. International Journal of Intelligent Systems, 2005, 20(7): 719—736.

Tzacheva A, Tsay L S. Tree-based construction of low-cost action rules. Fundamenta Informaticae, 2008, 86(1): 2.

Wang K, Zhou S, et al. Growing decision trees on support-less association rules. Proceedings of the 6th ACM SIGKDD International Conference on Knowledge Discovery and Data Mining, 2000.

Zosin L, Khuller S. On directed Steiner trees. Proceedings of the 13th Annual ACM-SIAM Symposium on Discrete Algorithms, 2002.

李晓晨. 社会计算中组织行为的计算建模与预测方法. 中国科学院自动化研究所博士学位论文, 2012.

苏鹏. 社会计算中的组织行为建模研究. 中国科学院自动化研究所博士学位论文, 2011.

社会计算应用

社会计算近年来已取得长足发展,在若干重大领域中得到了应用,并建立了许多社会计算应用系统。本章将介绍面向情报安全、互联网舆情和突发事件应急管理的社会计算系统,以及前面讲到的主要技术方法在这些领域的具体应用。

7.1 情报与安全信息学

自 9 · 11 事件后,世界各国,特别是美国和西欧国家,都加速开展了有关国家甚至国际安全方面的科学研究。2002 年,美国白宫颁布了《国土安全的国家战略》(*National Strategy for Homeland Security*)报告。同年,美国国家研究委员会(U. S. National Research Council)公布了《使国家更安全:科学和技术在反恐中的角色》(*Making the Nation Safer: eRole of Science and Technology in Countering Terrorism*)的报告。2003 年,美国国家科学基金会(NSF)宣布,强制性资助在信息技术、组织研究以及安全策略方向所开展的有关中长期国家安全的研究。在此背景下,美国在 2003 年率先提出了"情报与安全信息学(ISI)"的概念,并于 2003 年和 2004 年由 NSF 和情报与安全机构资助召开了两次 ISI 国际研讨会议。2005 年,IEEE 学会与 NSF 联合召开 IEEE ISI 国际年会,该年会现已成为情报与安全信息学领域的顶级会议。此外,许多国际一流期刊也纷纷出版情报与安全信息学专刊，以鼓励相关研究。

如同医学和生物学研究面临着信息超载以及由此带来的创新机会及数字化等问题，进而产生"医学信息学"和"生物信息学"一样，法制机关、安全分析部门、情报机构也面临着类似的挑战，迫切需要一门解决情报与安全问题的信息学——情报与安全信息学。ISI 的核心内容就是研究如何开发并利用先进的数字化、网络化信息系统和智能算法，通过信息技术、组织结构和安全策略的集成，使情报采集和安全分析更加系统化和科学化，以保障国际安全、国家安全、社会安全、商业安全和个人安全。

实际上，构成 ISI 学科的理论基础、各类方法与系统以及实现技术已在计算机科学的不同分支中得到研究。特别是近年来，认知科学和计算智能的深入发展，数据挖掘和知识发现的广泛应用，加上数字化和网络化的不断普及，为 ISI 的出现与迅速发展奠定了基础。在国际上，ISI 已取得了大量的研究成果，并已应用于解决国家安全问题。以美国亚利桑那大学人工智能实验室为例，在短短 4 年时间里就完成了 4 项具有重大影响的 ISI 课题，具体项目如下。

（1）用于社会安全的 COPLINK 项目（Chen，Zeng et al.，2003）：采用数据挖掘、文本分析、生物特征识别等技术为警察提供现场犯罪分析和搜索疑犯的工具。COPLINK 系统曾用于著名的 2003 年美国华盛顿特区枪击案罪犯的抓捕工作，被美国 NSF 誉为是近年来资助最成功的项目。目前，该系统已在美国西南许多州的警车里安装使用。美国 NSF 还成立了 NSF COPLINK Center of Excellence，对 COPLINK 系统进行推广。

（2）用于反恐和国际安全的 Dark Web 项目（Chen，Chung et al.，2008）：通过因特网搜集恐怖主义集团的活动和演化过程，建立相关的门户网站和数据库系统，不断对恐怖活动进行动态分析和预测。该系统曾在 2004 年 3 月西班牙火车站恐怖袭击案之前，成功预测西班牙为受恐怖主义者攻击风险最大的地区。2004 年夏，美国白宫和国土安全部曾两次邀请 Dark Web 系统研制组赴首都华盛顿进行演示。

（3）用于国土安全的 BorderSafe 项目（Chen，Atabakhsh et al.，2005）：通过对海关入境人员各类信息的采集和分析，建立集成的数据库，并对各类犯罪行为进行数据挖掘和分析，特别适用于毒品走私、非法入境和专门犯罪集团的识别与侦破。该系统初步用于美国和墨西哥边界站，并把车牌号自动辨识技术也集成到 BorderSafe 系统中，已经在侦破毒品走私和黑社会犯罪方面发挥了十分有效的作用,大大减少了有关人员处理各类信息的时间。

(4)用于防治传染疾病的应急系统 WNV-BOT 项目(Zeng,Chen et al.,2004):用于 West Nile Virus 和 Botulism 两种传染病的防治。其最终目标是要建立一个网上国家公共卫生安全应急系统,用于动态地搜索、传播和分析各类传染病的爆发、生化污染和相关恐怖事件等。

为应对国家与社会公共安全等领域的重大需求,中国科学院复杂系统管理与控制国家重点实验室研发了针对恐怖活动的情报实时采集和分析系统——暗网,通过系统化的研发,基于开源信息进行恐怖组织行为监控与预警。开源信息在反恐中有着重要的意义。互联网上存在着大量的恐怖组织的相关新闻报道。这些信息能帮助情报人员监控恐怖组织的最新动态。而且互联网还是恐怖组织招募新成员的最佳通道。发现这些隐藏在网络中的恐怖组织活动信息能帮助安全部门有效地打击恐怖行为。

暗网系统的主要功能包括两方面:①基于网络的情报采集和管理。利用网络爬虫和深度网挖掘技术,结合本体知识库、文本分析、语义网和多媒体分析等技术,收集、监控互联网上的涉恐信息。②情报的智能分析和处理。对采集、监控的涉恐信息进行过滤、分析,从海量数据中挖掘恐怖活动的蛛丝马迹,量化评估当前的恐怖组织动态。其系统框架如图 7.1 所示。下面介绍暗网系统的主要功能。

7.1.1　网站信息监控、搜集与抽取

网站信息监控、搜集与抽取用于监控国、内外主要媒体网站的新闻发布情况,并将相关新闻存储至恐怖组织数据库中。系统不仅覆盖了报道恐怖活动的主要网站、新闻、博客和论坛等文本数据(语言包括中文、英文、藏文及回文等),还覆盖了这些网站上的音频、图片和视频等信息,如图 7.1 所示。所监控网站的数量如表 7.1 所示。

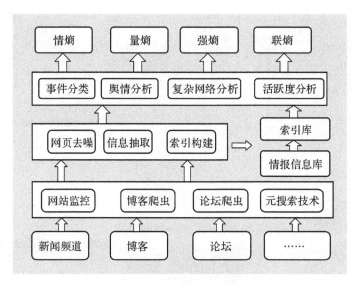

图 7.1　暗网系统框架

表 7.1　暗网所监控网站数量

类　　别	监控对象	数量统计
新　闻	中文网站	1350
	英文网站	21
	中文频道	58098
	英文频道	229
博　客	博客网站	27
	安全相关博主	9249
论　坛	网站	130
	安全相关板块	210
反动网站	疆独网站	296
	藏独网站	43
	伪民运网站	32

　　在监控对象方面,系统重点关注疆独、藏独及其他非法组织。恐怖组织事件的时控信息展示如图 7.2 所示;从监控网站中获取的相关信息量如表 7.2 所示。

图 7.2　恐怖组织事件的时空信息展示

表 7.2　涉恐信息数量

名　称	反动网站信息量	新闻量	博客量	论坛量
疆独	2590	48480	93423	5612
藏独	2334	10488	26523	725
非法组织	8869	12410	11580	412

　　在监控过程中,系统可以根据不同网站的新闻更新频率,自动调整监控周期。此外,系统还支持用户手工调整个别网站的监控优先级以及添加系统尚未进行监控的新站点。

网络相关信息的获取主要通过主题爬虫实现。普通爬虫在爬取过程中不能对页面内容进行分析，因此爬取结果中存在大量的无关信息，加重了分析和处理的负担。主题爬虫则可以在爬取的过程中对页面进行初步的分析，以判断页面是否与要爬取的主题相关，从而提高数据采集的效率。基于主题爬虫采集的网页信息，信息抽取是从网页源文件中抽取网页的结构化信息。针对国内外新闻网站，信息抽取采用基于模板的抽取方式以保证抽取精度，抽取内容主要包括网页标题、内容、发布时间及转载信息。系统还设计了抽取结果的反馈机制，在页面结构发生变化后，程序可以自动将抽取错误的网站反馈给用户，以便及时修正错误。针对国内外主要论坛，信息抽取内容包括论坛主帖、主帖发表时间、主帖作者，回帖、回帖时间、回帖作者等信息，并可进行增量抽取。系统通过对不同论坛类型制定模板并覆盖主流的论坛类型来抽取论坛信息，同时增加了用户自定义论坛模板功能。

在获取网页数据后，系统还为用户提供了按关键字搜索网页的功能。该模块已实现覆盖中、英、藏等语种的多语检索技术，并进一步实现了跨语言检索词语义扩展、聚类检索等技术，构建了跨媒体的开源情报智能检索服务体系。

7.1.2   情报分析

情报分析用于分析恐怖组织的相关行为动态，从而为决策者提供有价值的情报。其主要功能包括多主题检测与跟踪、事件热度分析和探测、观点言论跟踪汇总、人物组织活跃度分析、舆情分析、实体关系抽取与分类、关联网络分析及可视化。

（1）多主题检测与跟踪：基于无监督增量聚类技术进行多主题检测，根据输入文本与现有主题（每个主题相当于一个类，计算这个类别中心，以向量空间模型 VSM 表示）的距离来识别新主题，以及对主题相关信息进行跟踪。跟踪分析指标主要有情感、流行度及新鲜度等，功能包括分析主题或事件随时间的演化趋势、空间分布情况等。图 7.2 所示为恐怖组织事件的时空信息展示。

（2）事件热度分析和探测：通过对事件的发现和追踪，实现对特定事件话题进行热度分析，自动筛选出热度较高的涉及相关主题的事件话题，并对该话题事件进行分析和探测，以获取事件的发展状态和趋势。

199

（3）观点言论跟踪汇总：针对用户关注的特定事件及其引起的舆论，系统可围绕用户配置的特定主体事件分析该主题事件涉及的人和组织的言论观点，如主要其他机构派别的观点言论、社会大众对该主题言论的言论观点，以方便相关机构获取事件的社会舆情及态势。

（4）人物组织活跃度分析：根据相关主题对与公共安全相关的人物组织的监测需要，针对用户指定的人物、组织，系统结合搜集的开源情报信息以及资料库信息，为用户提供人物、组织在各场合发表的最新言论、视频汇总，并可按照时间段查看其活跃度趋势。

（5）舆情分析：利用情感分析算法进行舆情分析，包括评论的情感倾向性分析、人物支持度分析以及事件的情感分析等，并结合复杂社会网络技术来对人物和事件情感进行全方位的分析。包括实体提取，实体之间以及实体与事件之间的情感倾向性。

（6）实体关系抽取与分类：系统利用指代消解、关系抽取、事件抽取等实体识别技术，抽取实体及实体间的关联关系。关系分类的准确率可达 70%，采用的分类技术包括基于本体知识库与 SVM 相结合的分类、面向正例标识集和未标识集的半监督分类、CO-Training 等。

（7）关联网络分析：如何有效、准确地刻画恐怖组织团体与个人的关系，尤其是新兴的恐怖组织团体与个人的关系，对于情报采集和安全分析至关重要。这里可结合暗网资料库中涉恐人物、组织的信息，通过直接关联和潜在关联挖掘构建涉及公共安全人物、组织的社会网络，为用户提供组织内部人员之间的关系网络以及组织间的关系网络分析。这方面工作的主要内容就是利用复杂系统及复杂网络理论，系统地研究社会动态网络的结构与特性，进而指导情报采集和安全分析。

通过已有的恐怖活动本体库，首先从大量的新闻网页、博客论坛等开源数据中获取大量的人物、事件、地点等恐怖活动相关文档的关键属性信息，利用已有的社会动态网络方法，生成恐怖活动组织、人物和事件之间的动态网络可视化展示。其中，恐怖组织和个人之间的网络关系结构的链接强度主要基于词共现频率来衡量。这种方式在一定程度上能展示不同恐怖活动人物和组织之间的联系紧密程度，典型示例如图 7.3 所示。

（8）可视化：可视化技术用图形和图像将数据和信息表示出来，可帮助情报人员更加直观地观察数据中的隐藏规律，是发现和理解组织行为规律的有力工具。其具体功能包括人员和组织关系网络可视化以及时空数据分析可视化两方面的内容。

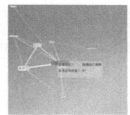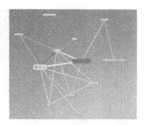

图 7.3　组织间关系的时间演化过程

人员和组织的行为活动一般不会孤立出现,通常会存在空间和时间上的关联。因此,可在时空数据分析中建立支持向量聚类的时空数据热点探测模型,并与 GIS 技术结合,不仅能够反映这些行为活动的动态时空趋势,而且能够有效挖掘不同空间和时间上出现的行为活动的内在关系,以辅助发现人物组织行为的潜在规律以及相关事件的发展态势。系统为数据分析统计结果提供条形图、柱形图、线形图、饼图、堆叠图等多种统计图表表示方式,可满足用户的多种需求,典型示例如图7.4 所示。

201

7.2　互联网舆情计算

通过互联网传播的信息中包含了网民对当前各种社会现象以及热点问题的立场和观点,涉及政治、经济、军事、娱乐、体育、卫生、科技、个人生活等多个领域。网络舆论最直接、最快速地反映了各个层面的社会舆情状况与发展态势,已成为社会政治、经济、文化等相关重要领域的社会舆情晴雨表,受到国家和各级政府的高度重视。从互联网上获取的信息往往带有噪音,语义模糊不清,内容涵盖多领域的主题、事件、行为等。为了对这些模糊的语义信息进行量化分析和综合预警,中国科学院复杂系统管理与控制国家重点实验室研发了互联网舆情计算系统,该系统集成了一套自主设计的预警指标体系和舆情预警算法。

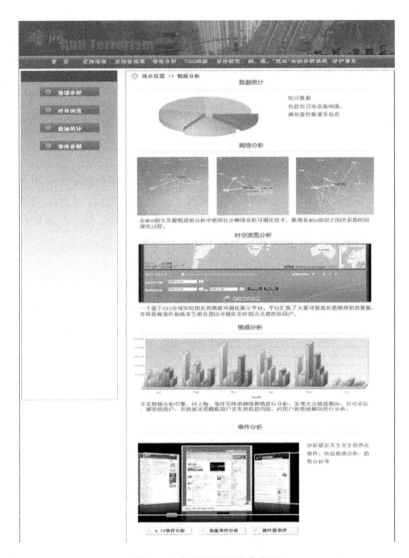

图 7.4　暗网系统可视化界面

7.2.1　预警指标体系

1. 量熵

量熵是对监控对象的开源情报信息量的度量。舆情计算系统对量熵的分析主要涵盖与监控对象相关的新闻、博客和论坛评论。系统对与监控对象相关的新闻报道、博客文章及论坛帖子进行统计，并以此作为该监控对象的量熵。

用于量熵分析的原始数据来自于主题爬虫从监控网站中抓取的新闻报道、博客和论坛网页，以及通过元搜索的方式获取的与指定组织相关的网页。系统从这些带有噪音的网页中过滤出与监控对象相关的页面，通过文本分类的方式将网页自动归类于相关对象并统计其数量。由于转载的数量越大，其数量效应也越大，所以系统对转载的新闻、博客和论坛网页进行重复计数。

2. 强熵

强熵是对监控对象活跃强度的度量。强熵的度量来自两方面：一是关注监控对象主动在其网站上发布的信息，如公告、声明等；二是关注监控对象的量熵，即来自于非监控对象本身对其进行的报道和评论。因此，强熵的计算是对监控对象网站发布的网页数量和该对象互联网信息量熵的相对比例进行加权求和。

强熵统计的原始数据有两部分：一部分是监控对象网站每日发布的新网页数据；另一部分是经过分类器分类及命名实体识别到的与该监控对象相关的新闻、博客和论坛帖子的网页数据。获得上述网页数据后需要进行网站识别、组织机构识别以及事件探测与跟踪等处理，而这些过程都需要领域知识库提供的信息支持。

强熵计算也对转载过的新闻、博客和论坛帖子进行重复计数，转载量越多，该新闻所报道的组织的活跃性越强。与新闻相似，博客和论坛中被谈论越多的对象越活跃。

3. 联熵

联熵是对监控组织间的关联程度进行度量。关联得越紧密，则联熵就会越高，反之则越低。通过计算并比较分析组织在不同阶段的联熵值，可以深入理解组织间的动态演化规律，并较为准确地挖掘出表现异常的组织，以达到对异常组织的检测以及对相关突发事件的预警。联熵的原始数据来源于新闻、博客以及论坛等开源信息，系统对这些信息进行预处理后得到组织及其相互间关联的数据。

4. 情熵

情熵是网民对相关人物、组织和事件的情绪度量以及支持度度量。互联网舆情感知系统对情熵的度量是指开源情报信息中的各种情绪的总量统计,以及对社会人物、组织团体、社会事件的支持度,即对于组织团体或政治党派的民意支持与反对的数量统计。

以情熵的计算为例。情熵计算主要包括两方面内容:①分析网民的语义倾向性及情绪,计算情熵预警指标;②基于情熵预警指标进行舆情预警。舆情分析监控流程如图 7.5 所示。

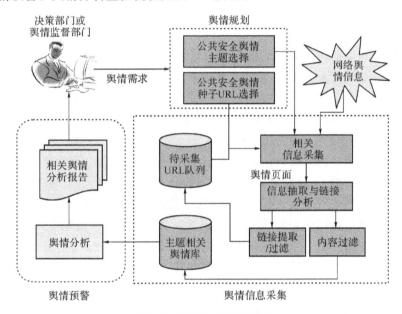

图 7.5　舆情分析监控流程

计算情熵的原始数据来源于主题爬虫在所监控网站上抓取的当日发布的新闻、博客、论坛帖子及评论网页,以及通过元搜索引擎检索获得的与主题或事件相关的网页。基于语义倾向性的支持度分析采用第 2 章介绍的从句子级别到篇章级别的语义倾向性分析算法来计算网民对相关人物、组织、事件及主题的支持度,并对正负倾向性网页的数量进行统计。文本情感分类采用以情感词为中心词的评价短语及 Unigram 为特征的 SVM 情感分类方法对社会舆情进行分析。系统以人工标注的六类通用情感(愤怒、焦虑、惊恐、高兴、悲伤、其他)为训练语料库,训练情感分类器,采用主动学习方式针对特定领域或事件进行训练集的扩充并重新生成特定领域或事件的情感分类器。为使情感分类器能适应实际应用需求，系统对分类器的训练集进行动态更新和调整，并重新训练生成新的分类器。通过这种主动学习的方式，SVM 情感分类器能够在预测过程中动态适应实际应用需求，逐步提高情感分类的准确率。

7.2.2　舆情预警算法

在获得预警指标后，系统采用多种预警算法对网络舆情进行预警，预警等级包括绿、黄、红，分别代表安全、警告、危险的网络舆情态势。舆情预警算法包括统计过程控制（SPC）预警算法、基于马尔可夫转换模型的单序列突发事件发现算法（Lu，Zeng et al.，2010）和多序列突发事件发现算法（Sun，Zeng et al.，2010）。

1. 统计过程控制（SPC）预警算法

统计过程控制（SPC）预警算法算法主要利用预警指标对事件态势和组织的行为决策进行预警。系统为预警指标设置两条预警线，预警指标超过第一条预警线为进入预警区，超过第二条预警线为进入警报区。预警线的计算以一星期为窗口，即利用一个星期的数据计算预警值；预警线的计算是一个动态估计过程，以一星期为周期重新计算预警线。

第一条预警线的计算公式为：

$$y_1 = E(x_t) + E([E(x_t) - x_t]^2)$$

第二条预警线的计算公式为：

$$y_2 = E(x_t) + 2E([E(x_t) - x_t]^2)$$

2. 基于马尔可夫转换模型的单序列突发事件发现算法

马尔可夫转换（Markov Switching，MS）模型通常被用来在时间序列数据里解决噪音问题，发现在不完全正确的数据中隐藏的状态规律。MS 模型不需要假定训练数据完全正常，而是假定所有的样本数据点都对应一个隐含的二值状态变量，该二值变量的取值分别表示事件爆发与正常的状态。通过建立隐含状态与观测状态的关系，根据观测状态（即预警指标）估计产生该观测状态的隐含状态，即网络舆情的预警级别。

MS 模型的表示方式如图 7.6 所示。

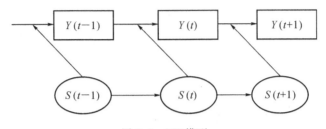

图 7.6　MS 模型

在图 7.6 中，Y 为观测值，S 为隐含的状态。每一个隐含状态 $S(t)$ 由其前一时刻的隐含状态 $S(t-1)$ 决定，每一个观测值 $Y(t)$ 由其当前时刻的隐含状态 $S(t)$ 和前一时刻的观测状态 $Y(t-1)$ 共同决定。

对经典的 MS 模型进行改进，引入跳跃点去拟合异常值，能减少异常值对模型参数的影响。改进后，模型的数学描述如下：

$$y_t = g(Y_{t-1}) + z_t \tag{7-1}$$

$$z_t = \xi_t J_t + x_t \tag{7-2}$$

$$x_t = a_{0,0} + a_{0,1}s_t + (a_{1,0} + a_{1,1}s_t)x_{t-1} +$$
$$\sum_{i=1}^{6} w_i d_{t,i} + \sum_{i=1}^{K} b_i v_{t,i} + e_t \tag{7-3}$$

$$s_t \in \{0,1\} \tag{7-4}$$

$$J_t \in \{0,1\} \tag{7-5}$$

$$p(s_t = j \mid s_{t-1} = i) = p_{ij} \tag{7-6}$$

$$e_t \sim N(0, \sigma^2) \tag{7-7}$$

$$\zeta_t \sim N(0, \sigma_a^2) \tag{7-8}$$

$$g(Y_{t-1}) = \text{med}\{\bar{y}_{t-m}, \bar{y}_{t-2m}, \bar{y}_{t-3m}\} \tag{7-9}$$

$$\bar{y}_{t-im} = \frac{y_{t-im-3} + y_{t-im-2} + \cdots + y_{t-im+3}}{7} \tag{7-10}$$

$$d_{t,i} \in \{0,1\}, i = 1,2,3,4,5,6 \tag{7-11}$$

基于逐步分解的建模思路，式 (7-1)、(7-9)、(7-10) 基于季节随机游走的假设，通过指数平滑的方法去除了时间序列中可能存在的季节性波动。式 (7-2) 进一步将去掉季节性波动后的数据分解为异常跳跃值和数据的局部规律波动。式 (7-3) 将局部波动的规律分解为正常波动和异常波动两种自回归模型，并在其中考虑了工作日的影响和其他因素（如环境温度等，也可以视之为更多阶的 x 滞后值）的影响。状态变量 s 的变化服从一阶马尔可夫转移规律，由式 (7-6) 指定。模型中参数的意义如表 7.3 所示。

表 7.3　MS 模型中的参数

参　数	描　述
y_t	t 时刻(以天为单位,序列长度为 T)的观测值
$\overline{y}_{t-im}$	过去 i 年对应时间的前后一周的平均值
ζ_t	跳跃量,服从均值为 0 的正态分布
σ_a^2	跳跃量所服从的正态分布的方差
J_t	是否存在异常值的二值虚拟变量
$a_{0,0}\,a_{1,0}$	正常状态下的随机漂移量和自回归系数
$a_{0,1}\,a_{1,1}$	爆发状态下随机漂移量增量和自回归系数增量
$d_{t,1}$	工作日虚拟变量,当时刻 t 为工作日(以 6 天计算一周,第 i 天时取值为 1,其他情况为 0),该变量形成与 y_t 平行的 6 个时间序列
w_i	工作日第 i 天的影响效应
b_i	其他因素的影响效应(如政策等环境因素)
$V_{t,i}$	b_i 对应的虚拟变量

在不同状态下的序列的期望值分别为:

$$E[x_t \mid s_t = 1] \equiv \overline{m}_2 = \frac{a_{0,0} + a_{0,1}}{1 - a_{1,0} - a_{1,1}}$$

$$E[x_t \mid s_t = 0] \equiv \overline{m}_1 = \frac{a_{0,0}}{1 - a_{1,0}}$$

　　通过 MCMC 模拟和 Gibbs 采样来估计模型参数。在估计过程中采用减敏技术(Desensitization Technique)来消除标签转换(Label Switching)的问题,思路为只有当前参数的采样点能使 $\overline{m}_2$ 超过 $\overline{m}_1$ 一定大小时才接受当前采样点,否则就拒绝。对于隐含状态变量的采样采用前向滤波后向平滑(FFBS)的方法。

3. 多序列突发事件发现算法

　　在实际情况中,通常多个时间序列间存在着相互影响的关系,如系统监测的多个预警指标。由于网民对其评论的相似性,导致预警指标的时间序列间存在隐藏的关系,这种关系可用分解隐马尔可夫模型来描述。图 7.7 为基于分解隐马尔可夫的多序列图模型示例。

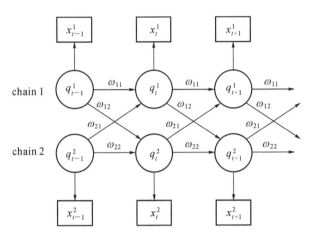

图 7.7　基于分解隐马尔可夫的多序列图模型

图 7.7 中，x^1 和 x^2 分别是观测到的两个序列，q^1 和 q^2 分别是形成这两个序列背后隐藏的状态。例如，可认为在观测到的量熵时间序列背后，每一个量熵值都有一个是否有突发事件激发的状态决定，即 0（没有突发事件发生）和 1（有突发事件发生）两个状态。T 时刻的量熵值由当时即 t 时刻的状态 q_t 决定，而状态 q_t 由前一时刻所有其他序列的状态决定，由下式表示：

$$p(q_t^v \mid q_{t-1}^1, q_{t-1}^2, \cdots, q_{t-1}^N) = \sum_{u=1}^N \omega_{uv} P(q_t^v \mid q_{t-a}^u)$$

其中，ω_{uv} 是状态相互影响的权重，有归一化的性质。

针对预警目标，系统提出一个具有三条可观测时间序列，每个时间序列都有一个隐变量序列决定的模型，即比图 7.8 多一个可观测序列和一个隐变量序列。每个隐变量有两种状态：0 为没有潜在突发事件，1 为有潜在突发事件。通过优化方法来找到最可能的隐变量序列，并对其中有潜在突发事件的时间点进行预警。

首先，对权重 ω_{uv} 进行优化。通过图模型，可以写出在给定可观测序列的情况下，隐变量序列的概率表达式：

$$P(Q \mid X) = (\prod_v P(q_0^v) P(x_0^v \mid q_0^v))$$
$$\prod_v \prod_t P(x_t^v \mid q_t^v) \sum_u \omega_{uv} P(q_t^v \mid q_{t-1}^u)$$

通过简化，去掉 $P(x_t^v \mid /q_t^v)$，得到优化的目标函数为：

$$\omega_{uv}^* = \arg\max_{\omega_{uv}} \Big[\sum_v \sum_t \log \sum_u \omega_{uv} P(q_t^v \mid q_{t-1}^u) \Big]$$

ω_{uv} 可通过以下迭代方法得到：

$$\omega_{uv} = \frac{\omega_{uv}\dfrac{\partial P}{\partial \omega_{uv}}}{\sum_k \omega_{kv}\dfrac{\partial P}{\partial \omega_{kv}}}, \quad \frac{\partial P}{\partial \omega_{uv}} = \sum_t \frac{P(q_t^v \mid q_{t-1}^u)}{\sum_k \omega_{kv}\dfrac{\partial P}{\partial \omega_{kv}}}$$

然后，设定隐状态转移的消耗函数，通过优化该消耗函数，得到最优的隐状态序列，从而得到每一个观测到的量熵背后是否有潜在突发事件存在。消耗函数如下：

$$C(S \mid X) = \sum_{t=0}^{T-1}\tau(s_t, s_{t+1}) + \left(\sum_{t=1}^{T}\sum_{v=1}^{N} -\ln f_{qt}^v(x_t^v)\right)$$

其中，第一项代表从状态 t 向状态 $t+1$ 转换时的消耗，第二项代表状态 t 时的分布之和。设定 $\tau(s_t, s_{t+1}) = \sum_{u=1}^{N} -\ln\left(\sum_{v=1}^{N}\omega_{uv}P(q_{t+1}^v \mid q_t^u)\right)$，优化结果可以通过 Viterbi 方法得到。模型中参数意义如表 7.4 所示。

表 7.4　分解隐马尔可夫模型参数意义

参　数	描　述
x_t^v	第 v 个观测序列在 t 时刻的值
q_t^v	第 v 个隐状态序列在 t 时刻的状态值
ω_{uv}	隐状态 u 向 v 转换的权重
$\tau(s_t, s_{t+1})$	从状态 t 向状态 $t+1$ 转换时的消耗
$f_{qt}^v(X_t^v)$	观测量在 t 时刻的分布

7.2.3　应用案例：汶川地震

2008 年 5 月 12 日突发的四川汶川地震具有极强的破坏力，灾难造成的死伤非常严重，受灾人口极多，影响广泛而深远。

灾难发生后，中国政府迅速反应并举全国之力抗震救灾，全国亿万网民迅速反应，通过互联网表达了对灾区同胞的深切哀悼并号召捐款、捐物。短时间内，互联网上汇集了海量关于汶川地震灾难的实况进展及网民反馈信息。网络上到处弥漫着对遇难同胞的哀悼、对灾民的鼓励与支持、对学校建筑质量的质疑等情绪。中国网民数量庞大，且大多为社会精英，对中国社会有着巨大的影响力；了解他们对地震灾情的反应、态度、观念与情绪,对政策方针的科学制定有着重要意义。

灾难发生后,系统的监测重点就转向了与地震相关的方向,主要是实时监测互联网中基于地震灾难的群体性情绪变化,跟踪各类情绪变化在不同人群中的传播路径。图7.8是利用该系统实时监测得到的关于四川汶川地震灾难的新闻与Blog数量的时序变化图。由图7.8可知,四川汶川地震灾难发生的当天(5月12日),传播汶川地震灾难的Blog数量远远高于主流媒体的新闻报道数量,即Blog对汶川地震灾难的反应速度和强度强于主流媒体的新闻播报。5月13日开始,新闻报道数量迅速攀升并开始超过Blog,这主要是因为温家宝总理第一时间赶到地震灾区并号召动员全国之力进行抗震救灾,主流媒体对此做出了迅速反应。整体来看,新闻媒体与Blog对地震灾难的关注度都经历了一个马鞍形的双峰变化过程,第一次高峰出现在5月16日,第二次高峰出现在5月19—21日三天,17和18两天的关注度有所回落,形成暂时性的谷底。这种回落应该是一种自然下降过程,因为随着时间的推移,地震灾情的新闻性会逐渐下降(从新闻性的角度来看,灾后重建工作当然远远比不上从废墟里抢救出生命)。第一次高峰是由于16日大量门户网站建立了关于汶川地震的专栏,因此信息量猛增;第二次高峰完全是由于对自然过程的行政干预所致,因为这三天是全国默哀日,要求停止一切公共娱乐活动,基本只报道和传播与抗震救灾相关的新闻。从媒体新闻和Blog时序变化曲线的形态看,新闻曲线的变化更加剧烈;相对而言,Blog的变化比较平缓。新闻媒体主要传达的是政府意志,Blog表达的是民众意志。政府意志受行政指令的影响很大,因此

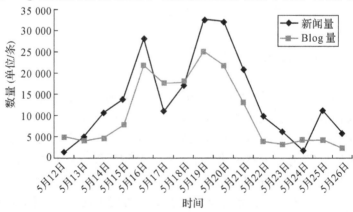

图7.8 四川汶川地震相关的新闻与Blog数量的时序变化图

在中央政府统一指令下的群聚效应更显著,容易出现大起大落;而民众意志受行政干预的影响较小,基本是一种自发过程,反映了普通民众的真实情感,因此对事态关注的增加或降低都会有一个渐近过程,变化程度不如代表官方意志的主流媒体。

图 7.9 所示为利用该系统监测数据分析得到的各类舆情(感动关注、悲痛、焦虑、愤怒、惊慌等情绪)随时间的变化图。由图 7.9(a)可知,地震灾难发生后,感动、悲痛和焦虑情绪从一开始就几乎完全主导了整个感情,整个过程中,愤怒情绪非常少,虽存在不少惊慌情绪,但一直没

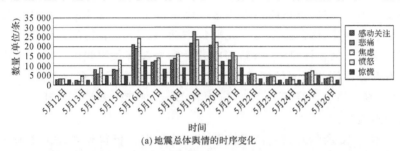

(a)地震总体舆情的时序变化

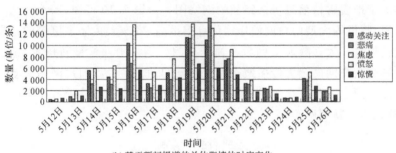

(b)基于新闻报道的总体舆情的时序变化

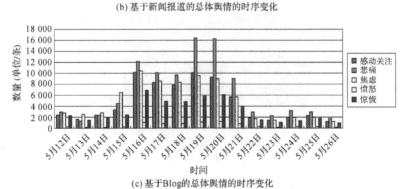

(c)基于Blog的总体舆情的时序变化

图 7.9　地震后各类舆情的时序变化图

211

有成为主流,悲痛情绪在全国哀悼日显得非常突出,焦虑情绪一直与感动情绪持平。情感的时序变化过程与图 7.8 中对地震灾难的关注度的时序变化过程类似,均经历了马鞍状的双峰变化过程。整个情绪强度在全国哀悼日达到顶峰。

对比分析图 7.9(b)和图 7.9(c),不难发现两者中所表达的各类情绪及其时序变化过程是比较类似的。但也存在一些差异,最明显的是 Blog 中所表达的悲痛情绪要比新闻中表达的更强烈,在整个感情中所占的分量也更大,Blog 中的感动则要比新闻中的少,新闻中的焦虑要明显多于 Blog 中所表达的焦虑。这可能是由于主流媒体新闻要传达更为积极的信息,因此会刻意弱化悲痛情绪,而 Blog 表达的情绪则自然真实得多。值得注意的是,新闻中几乎完全没有愤怒情绪,而 Blog 中则有部分比例的愤怒情绪存在。这也是因为新闻代表官方意志,在灾难中,表达愤怒情绪不利于救灾,而在 Blog 中有很多对学校建筑质量的强烈质疑。

图 7.10 所示是利用该系统监测到的数据分析得到的几个主流媒体关于地震灾情信息传播路径的网络图。由图 7.10 可知,新浪、搜狐、凤凰、腾讯等大型门户网站作为信息集散地,发布和传播了更多的地震灾情信息。大多数人上网后习惯于从门户网站上获取最新信息,这也是各类门户网站全力传播地震灾情信息的动力。大型门户网站最新信息的来源主要是可接触第一手新闻信息的专业性新闻网站,如中国新闻网、四川新闻网等。

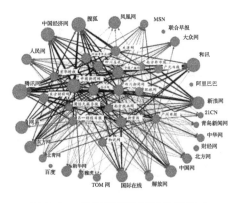

图 7.10 地震新闻的网络传播模式

图 7.11 所示是悲痛、感动关注、焦虑、惊慌、愤怒五类情绪的网络传播模式。由图可知,大型门户网站所传播的情绪类型并不存在显著

性差异,表明在抗震救灾的主旋律下,主流媒体的倾向性保持了高度一
致。不同网站上各类情绪强度的差异主要由网站对地震灾情关注强度
与网站访问量决定。

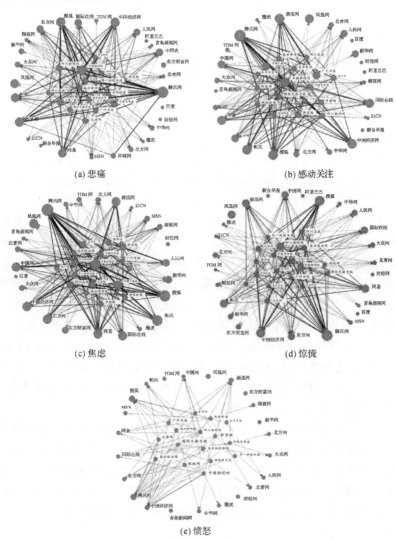

(a) 悲痛

(b) 感动关注

(c) 焦虑

(d) 惊慌

(e) 愤怒

图 7.11　不同情绪的网络传播模式

7.3 突发事件应急管理

近年来,重大传染病疫情的爆发和流行已成为当今预防医学和疾病控制的关注焦点,越来越多地受到各国政府、公共卫生机构和科研人员的重视。重大传染病疫情不仅制约经济的发展、严重威胁人类健康,也给社会稳定和国家安全带来了极大的威胁和挑战。疫情调查与处理的时效性和复杂性是疫情控制的重点和难点。因此,如何提高疫情现场流调的时效性、科学性和有效性,成为有效控制疫情传播蔓延的头等大事,对防止疫情扩散和蔓延、降低疫情对社会和公众的危害、提高应急反应效果具有重要的作用和意义。

欧盟、美国等已纷纷建立各种应对系统来应对可能发生的传染病疫情。而我国在传染病疫情现场分析和处置方面仍然停留在较低水平,疫情现场的分析和处置手段相对落后,多依赖于个人经验,缺乏信息化、科学化和标准化,尚未建立系统的现场分析、处置技术和管理规范。2003 年,SARS 流行事件以后,我国先后启动了"国家救灾防病报告管理信息系统"和"传染病疫情网络直报系统",国家和部分省市已建立了应急指挥系统,使我国的传染病疫情防控水平得到了一定提高。然而,目前这些系统仅仅是一个数据采集、存储和传输的工具,还没有形成一个包括数据采集、分析、疫情辅助判别和现场处置的完整系统,不足以满足目前传染病疫情现场应急处置的需求。

因此,亟待建立疫情现场电子流调和智能辅助分析系统,综合运用流行病学和信息计算科学方法,基于疫情现场实时获取的电子调查数据,实现对疫情现场的辅助分析和应急处置措施的科学辅助决策,发现和减少突发急性传染病发生的危险因素,提高我国对突发急性传染病暴发的早期预警能力,提高疫情现场防控与应急处置的时效性、科学性和综合应急能力。

中科院复杂系统管理与控制国家重点实验室针对重大传染病爆发的特定场景——疫情爆发现场,基于社会计算的理论和方法,具体研究了面向传染病疫情现场控制与智能分析的信息、计算、数学建模、复杂网络、仿真模拟及可视化的方法与关键技术,实现了对重大传染病疫情的时空传播特征和暴发规律的快速分析、挖掘传染病疫情的流行趋势和扩散模式、评估干预措施的实施效果、模拟传染病演化过程和扩散网络,为疫情研判、风险评估、预测预警及干预措施评估、应急预案的制定等提供辅助决策支持。

　　基于已取得的理论研究成果,根据对传染病疫情现场应急处置的调研及其内在需求,中科院复杂系统管理与控制国家重点实验室研发了一套疫情现场分析与控制原型系统,主要功能包括:①疫情在时间、空间和人群间的特征分析与可视化图表展示;②分析并可视化展示传染病发病者症候特征的出现规律及相互之间的关联关系与相互作用规律;③基于发病时间序列数据的预警监测分析;④不同疫情自然传播状态下的情景模拟;⑤基于传染病传播动力学模型的传染病疫情预测;⑥基于监测数据对流行病特征参数进行估计;⑦定量评估隔离、疫苗接种、早发现、限制人群活动等防控措施的实施效果并进行对比;⑧基于现场流调数据,实现对传染病疫情传播接触过程的重构与反演,以动态复杂网络方式对疫情在人群中传播扩散的过程进行可视化展示;⑨基于人群接触网络,模拟传染病疫情在人群中传播扩散的动态演化过程;⑩模拟传染病在学校宿舍楼中的学生人群间时空传播扩散的情景。

　　该原型系统的实施为传染病现场智能分析和措施的快速评估提供了数据支持,可视化模拟疫情传播网络、接触网络以及楼层内疫情演化规律和过程,为疫情的研判提供了科学依据,为疫情应急预案的制定和应急处置方法的选择提供了辅助决策支持,为提高我国传染病疫情的应急处置能力和综合防控水平提供了基础保障,是社会计算理论和方法在具体领域的成功应用。

7.3.1　关键核心技术

　　在实现该原型系统的建设目标过程中,现有的社会计算理论主要突破了以下核心关键技术。

1. 数据挖掘及建模技术

　　面向复杂网络的关系挖掘以及面向时空数据的趋势分析模型研究是本系统的重点。数据挖掘技术在医学领域具有良好的应用前景,不仅可以从疫情数据中辨析传染病的传播特征和复杂传播网络,预测传染病发病趋势,并动态模拟疫情发展变化态势,还能以可视化方式显示所施加的控制措施的效果。通过对不同控制措施进行仿真模拟的对比分析,快速评估并选择现场条件下最优的控制措施。

2. 疫情人群的复杂网络模型的构建和分析

系统重点研究如何有效准确地把复杂网络理论应用于刻画传染病 SIR 和 SEIR 传播过程及接触网络。基于传染病疫情的传播特征和人群接触方式,构建了人群间的分级复杂网络。在模拟人群中,每个智能体都与其他智能体相连,通过一个连接集构建了一个社会网络。每个智能体的连接都有智能体身份标识和关系类型两个属性。其重点实现了以下主要功能。

(1)分析网络中单个实体的重要性和类型:通过分析利用网络实体的特征及其相互间的链接关系,根据某种衡量节点重要性的度量(即中心度)来对网络实体进行排序,寻找关键实体进行分析;有效利用相关的信息进行网络实体的分类和聚类,发现网络实体之间的共同特征和相似程度。在本系统中,实体主要是易感人群、感染人群、移除人群、潜伏人群及各人群间的社会关系等。

(2)子网络发现及特征分析:通过传播网络和接触网络之间的关系挖掘分析,识别出疫情传播过程中的输入性传播主导者和主要传播关系,并依据传播风险评估,采取重点防控措施,以提高疫情防控工作的效率。

(3)传染病传播链可视化分析技术:基于疫情传播规律和传染病动力学模型构建不同类型的复杂网络,并以可视化方式直观展现传染病疫情的传播途径和传播链。

3. 基于复杂网络的传染病时空预测模拟技术

在交互可视化数据挖掘中,系统采用图挖掘技术,构建人群疾病传播网络和人群的复杂接触网络,并依据传染病的传播规律预测和模拟未来传染病时空扩散过程和趋势,为传染病疫情的应对提供辅助数据支持。

7.3.2 应用案例:重大传染病防控

1. 应用传播动力学模型评估防控措施的效果

基于传染病传播动力学机制,建立了用于评价防控措施效果的传播动力学模型。通过模拟退火算法对模型参数进行最优估计(实际发病与模拟结果的对比见图 7.12),反演了一系列重要的流行病参数估计:①北京市甲型 H1N1 流感的平均潜伏期约为 $1/\sigma = 1.82$ 天;②北京市甲型 H1N1 流感的平均传染期(不包括隐性感染时间)约为 $1/\gamma = 2.08$ 天;③北京市甲型 H1N1 流感传播在时间上存在显著变化,大致可以分为三个时期:5 月 16 日至 9 月 22 日、9 月 23 日至 10 月 28 日和 10 月 29 日至 12 月 31 日,三个时期对应的有效再生指数(R)为 1.13、1.65 和 0.96。北京市采取的一系列甲型 H1N1 流感防控措施使北京市 2009 年甲型 H1N1 流感报告的实际病例数远远小于其自然状态下的累计病例数(见图 7.13)。接种甲型 H1N1 流感疫苗使 2009 年甲型 H1N1 流感累计病例数减少了 24.08%,且延迟了其达到高峰的时间(见图 7.14)。

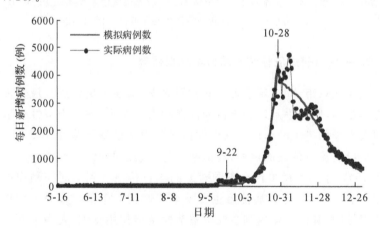

图 7.12 模拟所得甲型 H1N1 流感的每日新增病例数与实际数据对比 (拟合度指数 $R^2 = 0.96$)

本研究表明,北京市采取的一系列甲型 H1N1 流感防控措施整体上有效,且效果显著,不仅能降低疫情的规模,也能延迟疫情达到高峰的时间。

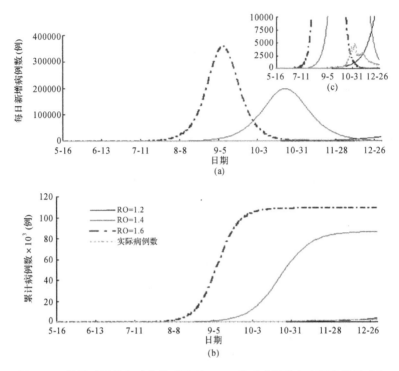

图 7.13　模拟不同基本再生数时甲型 H1N1 流感病例数与实际数据的对比
（右上方(c)图为每日新增病例数在 10000 例以内的放大图示）

2. 手足口病适应性传播动力学模型研究

　　利用北京市 2008 年手足口病病例数据,构建手足口病适应性传播动力学模型,阐述手足口病流行的传播动力学特征,评价季节性调节作用与人为干预措施的作用。适应性传播动力学模型能够较好模拟北京市手足口病流行传播的过程,模拟结果与观察值的拟合度为 0.9573(见图 7.15)。手足口病疫情在不同时期的流行传播受到不同控制作用的支配,5—7 月的手足口病传播主要受季节性调节作用与人为干预作用的共同控制,其他时期内则主要由季节性调节作用支配,人为干预作用使得 2008 年北京市的手足口病疫情降低约 40%。北京奥运会期间,手足口病流行传播的持续减弱主要是受季节性的影响,人为干预作用的影响甚微。当时的医疗资源重点用于保障奥运活动的政策是奥运后迅速出现手足口病疫情小幅度反弹的重要原因。利用模型进行流行病学参数反演,手足口病平均潜伏期约为 4.4 天,平均传染期约为 5.3 天,

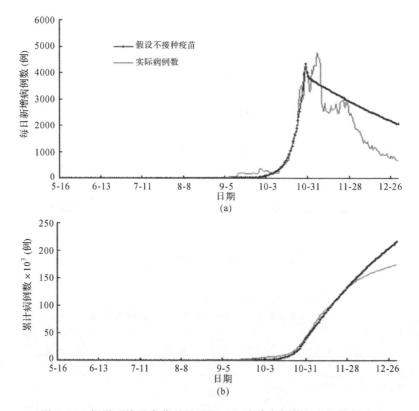

图 7.14 假设不接种疫苗时甲型 H1N1 流感病例数与实际数据对比

平均每个感染者对正常人群构成传播威胁的时间约为 10 天。

适应性传播动力学模型不仅适用于手足口病流行规律的研究，而且能够用于定量评价人为干预措施的实施效果，对于认识和发现手足口病流行规律的内在调控机制具有重要意义。

3. 甲型 H1N1 流感疫情的早期预测预警

研究发现北京市甲型 H1N1 流感疫情和网络搜索关键词具有良好的对应关系。其中，甲型 H1N1 流感病毒阳性率与关键词"甲流"搜索量指数的相关系数 $\beta = 0.8447$($P < 0.05$)，甲型 H1N1 流感发病人数与关键词"甲流"搜索量指数的相关系数 $\beta = 0.9043$（$P < 0.05$），如图 7.16 所示。

由此可见，利用网络舆情预测甲型 H1N1 流感疫情趋势具有方便、快捷、高效、可靠的特点，具备良好的灵敏度、特异度和检出时间，已成

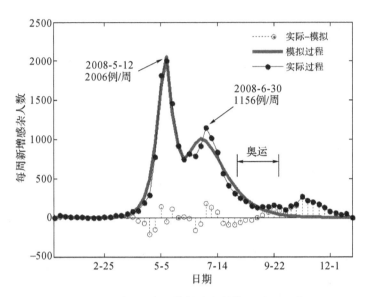

图 7.15　利用适应性传播动力学模型对 2008 年
北京市手足口病疫情发展态势的模拟预测

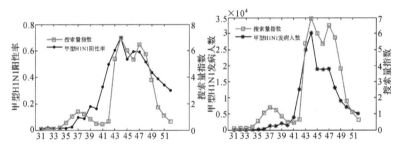

图 7.16　甲型 H1N1 疫情与网络上以"甲流"为关键词的搜索量的对应关系

为常规传染病监测系统进行预测预警的有力和必要补充。

4. 疫情期间的线上舆情与线上线下疫情流行态势的映射机制

经研究发现,网民参与甲型 H1N1 流感主题讨论的帖子数量与甲型 H1N1 流感发病人数在空间上存在显著的正相关关系。以全国 32 个省、市和自治区为空间尺度单元,两者的空间格局较为接近(见图 7.17),相关系数为 0.848($P<0.01$);以北京市的 18 个区县为空间尺度单元,两者的空间格局较为接近(见图 7.18),相关系数为 0.901($P<0.01$)。

由此可见，利用网络开源信息进行传染病的时空传播风险预测是较为可靠的方法，不同地理空间上的网民参与疫情相关讨论的舆情态势与实际地理空间上的疫情态势在空间格局上较为吻合。

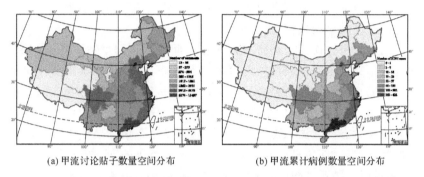

(a) 甲流讨论帖子数量空间分布　　　　(b) 甲流累计病例数量空间分布

图 7.17　全国甲流讨论帖子数量与甲流病例数的空间分布

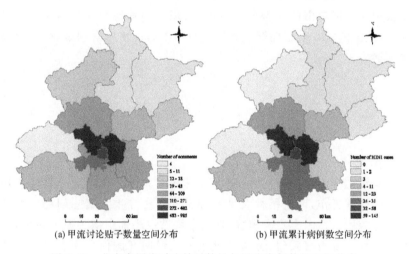

(a) 甲流讨论帖子数量空间分布　　　　(b) 甲流累计病例数空间分布

图 7.18　北京市甲流讨论帖子数量与甲流病例数的空间分布

7.3.3　改进模型

该系统还提出了基于多源时空数据流探测进行早期预警的动态概率网络模型和用于探测传染病在时序上异常爆发的隐马尔可夫置换模型。

动态概率网络模型（Dynamic Probabilistic Network Model）主要

针对数据流随时间协同演化的内在关联结构,实现对多源时序数据流的异常征兆的早期探测与预警。它不仅能够有效挖掘出多个时序数据流之间内在的关联关系,而且在混合噪音情形下,能敏感地探测到数据流的异常波动。动态概率网络模型能够有效应用于传染病疫情多源实时监测数据的早期预警,具有重要意义。

马尔可夫转换模型通常被用来在时间序列数据里解决噪音问题,发现在不完全正确的数据中隐藏的状态规律。MS 模型不需要假定训练数据完全正常,而是假定所有的样本数据点都对应一个隐含的二值状态变量,该二值变量的取值分别表示事件爆发与正常的状态。通过建立隐含状态与观测状态的关系,根据观测状态估计出产生该观测状态的隐含状态,即传染病是否爆发。系统对经典的 MS 模型进行了改进,通过引入跳跃点的方式来拟合异常值,减小了异常值对模型参数的影响。模型参数的估计主要通过蒙特卡罗模拟和 Gibbs 抽样实现。基于模拟和实证数据的实验分析表明,与现有的其他异常爆发探测模型相比,改进的 MS 模型能够显著提升对传染病疫情爆发的敏感度,提高检测能力。

7.4 小　结

本章围绕国土安全、社会舆情计算和重大传染性疾病等具体应用领域的研究工作,讨论了社会计算理论和方法在重大实际问题中的典型示范应用。在国土安全领域,暗网系统选取恐怖组织为研究对象,通过一系列开源情报采集、分析和处理方法说明开源信息在反恐中的重大作用。在社会舆情计算领域,重点介绍了表示社会舆情指数——情熵的计算方法以及基于情熵指数的舆情预警方法,并以 2008 年汶川地震后出现的互联网舆情为分析对象,展示了系统在实际重大事件中的作用。最后介绍了以重大传染性疾病防控为对象的流行性疾病应急处理原型系统。该系统所采用的数据虽然并非全部为开源数据(包括部分结构化数据),但是其所使用的分析方法仍然是社会计算理论和方法在具体实际问题中的应用。

参考文献

Chen H，Atabakhsh H，et al. Bordersafe：Cross-jurisdictional information sharing，analysis，and visualization. Proceedings of the 2005 National Conference on Digital Government Research，2005.

Chen H，Chung W，et al. Uncovering the dark Web：A case study of Jihad on the Web. Journal of the American Society for Information Science and Technology，2008，59(8)：1347—1359.

Chen H，Zeng D，et al. COPLINK：Managing law enforcement data and knowledge. Communications of the ACM，2003，46(1)：28—34.

Lu H M，Zeng D，et al. Prospective infectious disease outbreak detection using Markov switching models. IEEE Transactions on Knowledge and Data Engineering，2010，22(4)：565—577.

Sun A，Zeng D D，et al. Burst detection from multiple data streams：A network-based approach. IEEE Transactions on Systems，Man，and Cybernetics，Part C：Applications and Reviews，2010，40(3)：258—267.

Zeng D，Chen H，et al. West Nile virus and botulism portal：A case study in infectious disease informatics. Intelligence and Security Informatics，2004：28—41.

从社会计算到社会制造

通过社会计算,社会制造可以使传统企业转变为能主动感知并且响应用户大规模定制需求的智能企业。社会制造的关键就是主动、实时地将社会需求与社会制造能力有机地衔接起来,从而有效地实现需求和供应之间的相互转化过程。为此,必须把社会计算和社会制造这两个密切相关的新兴领域有机地结合起来,将互联网、物联网和物流网与 3D 打印机组成的社会制造网络无缝连接,通过众包等方式使社会民众充分参与产品的全生命制造过程,促成个性化、实时化、经济化的生产和消费模式,形成新的产业革命。

8.1 引 言

源自快速成型和快速制造,以 3D 打印技术为核心手段的加式制造(Additive Manufacturing)(王飞跃,2009;王飞跃,刘建军等,2012),被许多人认为是一项将要改变世界的"破坏性"新技术,已引起全球性的关注。2012 年 3 月,英国《经济学人》杂志就此以"第三次工业革命"为主题,声称 3D 打印技术即将引发新一轮的"工业革命"浪潮,并认为生产制造将从大型、复杂、昂贵的传统工业过程中分离出来,凡是能接上电源的任何计算机都能够成为灵巧的生产工厂;人类将以新的方式合作进行生产制造,制造过程与管理模式将发生深刻变革,而目前的制造格局必将被打破,"未来的制造业将再次回流到先进发达国家"。

在过去的几个月里,包括《纽约时报》在内的多家美国媒体持续就 3D 打印技术的新进展及应用进行报道,以详实的案例为佐证,直白地宣称"天将变了","美国制造,出口中国"的新时代即将来临! 众多由年轻创业者发起且具有鲜明创意的加式制造企业,落户于以虚拟经济著称的纽约曼哈顿城区。2008 年,该地引发了世界性的经济大滑坡,而这些企业仍保持快速发展,拉动了萧条的经济。据美国商务部国际贸易管理局最近发布的报告,纽约城区 2011 年的出口额居全美之冠,从 2010 年的 850 亿美元上升到 2011 年的 1050 亿美元,创历史新高。

目前,我国在高精小型 3D 打印机的生产方面几乎是一片空白,仅有几家海外产品的代理。如何应对这一局面,是我国制造业乃至整个国家层面所必须认真考虑的重大问题(中科院先进制造战略研究组,2009)。近期有关部门已经加大了对一些特定领域的快速成型与制造技术的支持力度;对于 3D 打印与加式制造,许多部门和企业亦表现出了极大兴趣。

我们认为,快速成型和 3D 打印机是加式制造行业的重要组成部分,正如计算机之于信息行业。以信息行业的发展历程来讲,快速成型相当于 20 世纪 60 年代的专用和大型计算机,而 3D 打印机则是 20 世纪 70 年代的 PC 和苹果台式计算机。令人担心的是,我国在加式制造这一领域目前所处的地位,差不多就是半个世纪前我国在世界信息行业所处的地位!

显然,我们必须尽快补上快速成型和 3D 打印机这一课,但切不可忘记信息行业在个人计算机出现之后浪潮般的发展进程:Microsoft 的快速崛起,还有随之而来的 Oracle、Yahoo、Amazon、eBay、Google、Facebook、Twitter,国内的百度、阿里巴巴、腾讯和微博等。以目前加式制造的发展情况判断,3D 打印机之后,必将是社会制造的迅猛发展。社会制造对加式制造行业而言,就是信息行业从 Microsoft 至 Amazon 再到 Google 和 Twitter 的一体化合成,可视为虚拟网络世界与真实物理世界的首次完美结合。因此,在关于快速成型和 3D 打印机的大量媒体渲染的背后,社会制造才应当是我们关注的要点;否则,我们就可能错失良机,一误再误,付出难以估量的代价。

在社会制造的环境中,消费者与企业通过网络世界能够随时随地参加到生产流程之中,社会需求与社会生产能力将实时有效地结合在一起,"想法到产品","需求就是搜索,搜索就是制造,制造就是消费"将成为现实。因此,社会制造必将极大地刺激社会需求,同时有效地提升整个社会的参与程度,其直接结果就是社会就业率的大幅度提高。一言以蔽之,社会制造对于提高我国制造业的竞争力、加速产业升级和转型、扩大社会内需、繁荣国家经济,具有至关重要的战略意义。

加速发展社会制造产业,不仅能够解除我国因长期在模具和材料工业方面落后而受制于人的不利局面,还可以使我国蓬勃发展的社会媒体和网络文化得到进一步的升华,使其成为促进社会经济科学发展的有力工具:从被动到主动,从消极到积极。在这方面,社会计算研究将发挥关键性的作用,从专注社会舆情分析到满足社会经济需求,能为社会制造的发展与成功提供有力保障。

8.2 从减式制造到加式制造:历史与现状

加式制造是相对于减式制造而言的,两者过去都不是严格意义下的制造专业术语。所谓减式制造,即通过模具、车铣等机械加工技术与工具将原材料转化成产品的工艺过程与设备的总称,其特征为利用缩削、减少材料来生产部件。自古以来,减式制造一直是人类生产的主要方式,更是现代制造工业的基础。

近十年来,随着快速成型、快速制造、3D 打印等技术的成熟与普及,加式制造已成为日益风行的制造专业术语。在很多文献中,将加式制造等同于 3D 打印技术;但实际上,3D 打印只是实现加式制造的一种方式,尽管目前看来是一种主要的方式。加式制造的主要特征就是利用逐层增加材料的方式生产各种产品,无需模具,因此也被称为无形制造技术(Freeform Fabrication,简称 FF 或 FFF)。

2009 年,美国材料与试验协会成立了加式制造标准委员会(ASTM F-42),开始制定标准术语并研发相应的工业标准(Bourell, Beaman et al., 2009)。在该委员会颁布的第一项标准(F2792-10)中,加式制造被简洁地定义为:"基于 3D 模型数据,通常采用与减式制造技术相反的逐层叠加的方式,结合材料来生产物品的过程(The Process of Joining Materials to Make Objects from 3D Model Data, usually Layer upon Layer, as Opposed to Subtractive Manufacturing Technologies)"。

实际上,加式制造的思想自古有之。从远古时期至今,房舍楼宇的构建技术始终体现了加式制造的思想。工业时代早期,就有许多加式制造的技术和专利出现(秦蕊,刘建军等,2012)。根据美国学者所查出的世界上加式制造相关的专利和技术,图8.1展示了加式制造的早期发展历史。由图可以看出,现代的加式制造有两个源头:照相雕塑(Photosculpture)技术和地貌成形(Topography)技术,分别始于1860年法国人Willeme的多照相机实体雕塑专利和1890年美国人Blanther的分层应急地貌图专利(见图8.2)。我们认为,照相雕塑更接近从3D模型数据产生物体的过程,因此更能体现加式制造的思想。特别是1951年Munz的专利,十分清楚地展示了现代立体印刷(Stereolithography)的特征(见图8.2(c))。

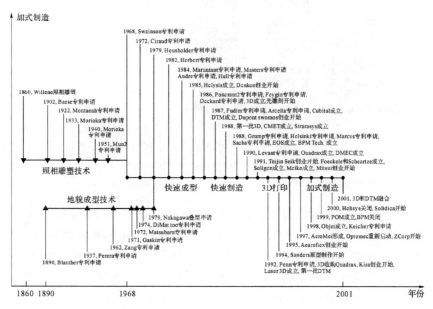

图8.1 加式制造的早期技术年史

现代加式制造技术直接起步于1968年Swainson的专利、1972年Ciraud的专利和1979年Housholder的专利(见图8.3),这三个专利分别开创了激光三维聚合成形、直接粉末沉积和粉末激光烧结的加式制造技术。一般认为,1972年德国人Ciraud提出的利用激光能量光束进行粉末沉积,实现分层叠加成形的技术,是世界上第一个成功的现代加式制造过程。从20世纪80年代起,各种各样的加式制造技术大量出现,并在许多领域里进行了创造性的应用,从而形成了今天的加式制造,特别是3D打印技术的新局面。

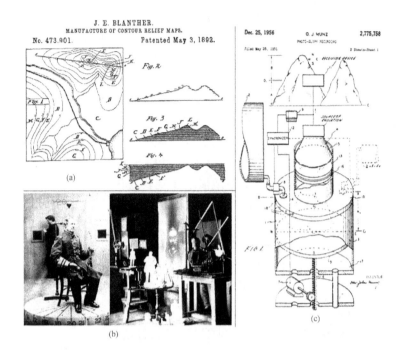

图 8.2 加式制造的源起专利

(a)Willeme 专利(Bogart,1979);

(b) Blanther 专利(Blanther,1892);(c) Munz 专利(Munz,1956)

根据 2009 年美国的 Wohler 报告(Wohlers,2011),2008 年全球加式制造市场规模约为 12 亿美元。至 2011 年,这一市场规模超过 25 亿美元,其中设备和材料的直接销售为 5 亿美元。在卖出的加式制造机器中,90%为生产基于聚合物的部件和模型的 3D 打印机。

文献和数据(Campbell, Williams et al., 2011;Christensen,2011;Lipson,2011;Gibson, Rosen et al., 2009;Hopkinson,2010)都表明,加式制造已从早期的快速成型发展成为具有广泛应用前景的新型制造技术,而且被许多专家认为是一种革命性的制造技术。目前,加式制造已在武器装备、空间系统、飞机部件、医用器件(Lavallee,2011)、电子电路,以及家用电器及装饰,甚至服装与艺术设计等领域发挥了十分显著的作用,已成为高附加值产品的核心制造技术。因此,加式制造对于时下的产业升级和世界经济的发展至关重要。

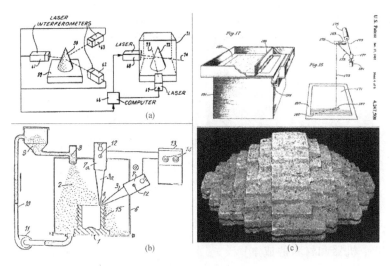

图 8.3　现代加式制造的起步

（a）Swainson 的光化学 SFF 系统（Swainson，1977）；

（b）Ciraud 的粉末沉积 SFF 过程（Ciraud，1972）；

（c）Housholder 的粉末烧结 SFF 过程及初始产品（Housholder，1981）

229

8.3　3D 打印技术的应用、挑战与应对

　　毫无疑问,目前 3D 打印是加式制造的主体和研发应用的前沿,这也是为什么多数专业与非专业的讨论中都把 3D 打印与加式制造技术等同的原因所在。然而,无论是从逻辑角度还是从手段而言,都应把 3D 打印看成是实现加式制造的一种途径,特别是加式制造本身与纳米制造和未来的原子制造有着更深刻的内在关联,因此也有更长的发展阶段和更大的发展空间(见图 8.4)。不过,在未来的 10 年甚至 20 年里,我们几乎可以把 3D 打印与加式制造等同视之。

　　表 8.1 给出了美国科技政策研究所就 3D 打印技术按过程、主要厂商、所用材料和典型市场进行的初步调查结果(Scott, Gupta et al., 2012)。一般而言,对 3D 打印过程和设备的分类主要是根据下列特性:

- 所使用的材料;
- 制造部件的速度(沉积或叠加的速度);

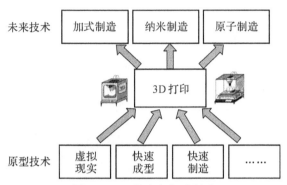

图 8.4 3D 打印与加式制造

- 生产部件的精度和表面质量；
- 生产部件的材料特性；
- 机器和材料的成本；
- 与操作复杂性相关的安全性和可适性；
- 其他性能，如多颜色、易回收等。

230

表 8.1 3D 打印技术类型与属性

工艺过程	公 司	材 料	市 场
Vat Photopolymerization	3D Systems (US)，Envisiontec (Gemany)	Photopolymers	Prototyping
Material Jetting	Objet (Israel)，3D systems (US)，Solidscape (US)	Polymers，Waxes	Prototyping，Casting Patterns
Binder Jetting	3D Systems (US)，ExOne (US)	Polymers，Metals，Foundry Sand	Prototyping，Casting Molds，Direct Part
Material Extrusionp	Stratasys (US)，Bits from Bytes，RepRap	Polymers	Prototyping
Powder Bed Fusion	EOS (Germany)，3D Systems (US)，Arcam (Sweden)	Polymers，Metals	Prototyping，Direct Part
Sheet Lamination	Fabrisonio (US)，Mcor (Ireland)	Paper，Metals	Prototyping，DirectPart
Directed Energy Deposition	Optomec (US)，POM (US)	Metals	Repair，Direct Part

目前,3D打印主要应用于小批量生产,以及小尺寸、高价值、高复杂度和高难度部件等的制造,从而消除制造过程对部件模具和机器工具的需求,实现降低成本、缩短工期的目的。3D打印的市场可粗分为原型制造、工具制造、直接部件制造和部件维修等。

目前,3D打印仍面临着许多技术上的挑战。美国2011年的Wohlers报告(Wohlers,2011)和综述(Fink,2009)将主要问题归纳为如下7个方面:①材料的刻画,②材料的研制,③过程控制问题,④过程的建模与分析,⑤机器的验证与标准,⑥机器的模块化构造与组合,⑦设计工具与软件。

除了对这些技术上的挑战进行研究之外,目前欧、美、日等国还兴起了许多综合性的研发课题与方向。例如:

- 能源和电子器件
- 奇特结构
- 轻质结构与部件
- 三维扫面成像
- 生物医学打印技术
- 环境影响与冲击

尽管美国在3D打印的整体技术上领先全球,但在基础研究设施、研发组织和政府支持上,欧盟明显领先。首先,欧盟在政府研发方面的投入要大于美国(不计不公开的国防军事投入),著名的大型合作项目包括英国的加式制造创新中心、欧盟第六框架项目、大航空航天组件快速生产Rapolac(Rapid Production of Large Aerospace Components)、全程专注航空航天的SMD(Shaped Metal Deposition)技术等。其次,欧洲工业界也主动组织形成3D打印产业群,共同开发加式制造的市场,一度形成原始创新技术源于美国,但其后的研发和应用及商业化却是由欧盟等国家完成的局面。

近几年来,美国明显加大、加快了对3D打印技术研发的组织力度,但仍然是以企业和大学及科研机构等半政府半民间的组织为主导力量。2009年,以美国相关大学为主的"加式制造路线(RAM)研讨会"就未来5到10年的技术发展进行了广泛的讨论,并发表了较有影响的路线图研讨报告(Bourell, Leu et al., 2009)。根据这一报告的建议,由爱迪生焊接研究所(EWI)牵头于2010年成立"加式制造共同体AMC(Additive Manufacturing Consortium)",试图将相关的制造商与供应商同大学与研究机构联结成为一个互动、良性发展、互相促进的生态组织,共同解决 3D 打印技术中还存在着的大量问题。AMC 目前已有 30 余个企业、研究所、大学、军方和政府等机构成员,以金属材料的加式制造技术为主,每季度活动一次。目前,AMC 整合 EWI 及其成员的设备、技术和专业知识,初步构成了一个分布式、网络化的加式制造"国家实验平台中心 NTBC(National Test Bed Center)"。AMC 和 NTBC 的使命就是提高 3D 打印加式制造技术的成熟度,促进相应的产业投资,在全美范围内将这一新兴的制造方式早日转化为主流的制造方式。自 2011 年起,AMC 每年都向其会员发布加式制造的现状报告。此外,近 3 年来美国政府、军方及企业还多次组织了 3D 打印技术的有奖挑战大赛,希望以此来加速相关技术的发展、应用和普及。

8.4 从社会计算到社会制造: 产业革命的基础与动力

2012 年 9 月 19 日,著名科技杂志《Wired》的主编 Anderson 以危言耸听般的标题"The New MakerBot Replicator Might Just Change Your World(新的 MakerBot Replicator 或将改变你的世界)"(Anderson,2012)描述了新型 3D 打印机的进展情况。根据该报道,MakerBot 公司新推出的低端 3D 打印机 Replicator 2 的价格仅为 2199 美元,高端的 Replicator 2X 也只有 2799 美元;并且,几年后价格可能会降到 99 美元,届时,每个人都将拥有 3D 打印机,比计算机还要普及。在 2011 年美国加式制造现状的许多报告中,3D 打印的个人使用和世界范围的应用已被列为最新的发展趋势。

这意味着"长尾效应"常态化将在生活和产业中成为现实,意味着个性化、规模化和经济化,意味着社会制造时代的来临:在这个时代里,社会需求将同社会制造能力实时无缝地衔接,搜索就是制造,搜索就是生产,搜索就是消费。原因十分简单,减式制造依靠规模生产降低成本,但绝大多数的需求并不需要规模生产,属长尾范围;过去只能由手工制作或归为奢侈品来满足,而现在可以通过 3D 打印技术高质量且经济地解决。3D 打印成本的下降和应用的普及,意味着加式制造的 Microsoft、Oracle、Yahoo、Amazon、Google、QQ、阿里巴巴、Facebook、

Twitter 和微博时代的同时到来。正如 Google 依靠大规模的计算机服务器阵列来满足人们信息搜索的需求,从而改变人类生活与工作方式一样,我们可以设想未来的 3D 打印机组成大规模的制造阵列,实时方便地满足人类对各种个性化产品的物质需求,进而更加深刻地改变我们生活的社会。这就是为什么 3D 打印将改变我们的世界,这就是为什么社会制造将带来一场产业革命。

至今,人们尚未对社会制造的确切含义进行深入的探讨,我们不妨从国外两个典型的社会制造公司入手,考察其内容和意义(王飞跃,2012b)。

Shapeways 公司于 2007 年创立于荷兰,后将总部移至美国纽约,至今已获数千万美元的风险投资。2012 年 10 月,该公司位于纽约皇后区的"未来工厂"投入运营。"未来工厂"里的机器,就是 50 台工业 3D 打印机,通过 Facebook 和 Twitter 等社会媒体,接受客户各种产品的三维设计方案,并在数天内完成产品的打印生产,然后寄送给客户。同时,该公司还为商家和设计者提供平台,使他们可以利用公司的 3D 打印机生产并销售自己设计或收集的产品。目前该公司已有近 15 万个平台会员,6000 余名设计者,至 2012 年 6 月 20 日,已经打印了 100 多万个 3D 产品。

Quirky 公司于 2009 年成立于美国纽约,至今已获近亿美元的风险基金。Quirky 的特色是众包:公司通过 Facebook 和 Twitter 等社会媒体接收公众提交的产品设计思路,并由公司的注册用户进行评论和投票表决,每周按此挑选出一个产品进行 3D 打印生产,参加产品设计和修正过程的众包人员可分享 30% 的营业额。公司还进一步将众包设计改进的过程同步转化为通过社会媒体来推荐相应产品的过程,创造性地拓展了销售市场。目前,该公司每年仅生产 60 种产品,产品的提交费由最初的 99 美元降至现在的约 10 美元,公司的注册用户每月以 20% 的速度增长,已达 6.5 万人,而网上社区注册用户达 26 万人次。公司有望于 2012 年获利 100 万美元,已向发明者支付了 200 多万美元的授权费。Quirky 的一个成功案例是一位中学生所设计的"Pivot Power"插线板,2012 年已获 50 万美元的净收入,该中学生的收入超过 5 万美元。

可见,社会制造最大的特色就是消费者可以将需求直接转化为产品,即"从想法到产品",使任何人都能通过社会媒体和众包等形式参与产品设计、改进、宣传、推广、营销等过程,并可以分享该产品的利润。简言之,社会制造就是利用 3D 打印、网络技术和社会媒体,通过众包等方式让社会民众充分参与产品的全生命制造过程,实现个性化、实时化、经济化的生产和消费模式。

在社会制造的环境下，大批 3D 打印机形成制造网络，并与互联网、物联网和物流网无缝连接，形成复杂的社会制造网络系统，实时地满足人们的各种需求（见图 8.5）。

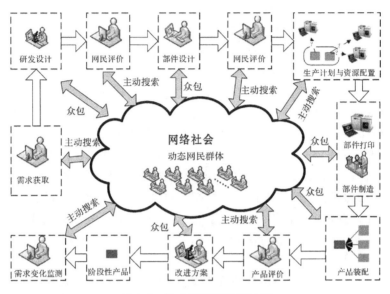

图 8.5　社会制造网络与过程

搜索是社会制造的核心，其实质内容就是社会计算。传统企业只有转变为能主动感知并且响应用户大规模个性化需求的智能企业，才能够生存（王飞跃，2012b）。

社会制造的关键问题就是如何主动、及时地将社会需求与社会制造能力有机地衔接起来，从而有效地完成从需求到供应的相互转化过程。为此，我们必须实现从社会计算到社会制造的转换，将两个密切相关的新兴领域有机地结合起来。网络空间和社会媒体的环境，不仅是催生这两个领域的基本条件，更为完成相应的整合任务提供了有力保障（王飞跃，2009）。

首先，社会计算为社会制造提供了主动、及时地掌握社会需求的必要手段（王飞跃，2012b），从而能够在大数据的时代环境下直接用数据考察研究各类问题。其次，社会制造涉及人的行为与需求，对于许多问题，由于时间、经济、法律和道德上的原因无法进行传统的实验，而社会计算（王飞跃，2005）能够以计算实验的方式弥补这一缺陷。最后，社会计算的平行管理与控制为落实社会制造的运营和支持各种决策提供了一个有效的操作平台。

　　特别是,作为目前社会制造核心手段的众包,也正是社会计算目前的核心研究内容。众包源于中国的"人肉搜索"现象,可以被认为是工程化的"人肉搜索",而"人肉搜索"是社会化的众包,两者是同一概念从不同角度的认识而已。一般而言,社会民众可以通过"人肉搜索"的独立方式寻求满足自己需要的社会制造企业,而企业可以通过众包的方式有效地完成产品的提出、设计、评价和营销等任务(见图 8.6(a))。图8.7 给出了通过"人肉搜索"或众包的方式完成从社会需求到社会制造的过程(王飞跃,2011)。

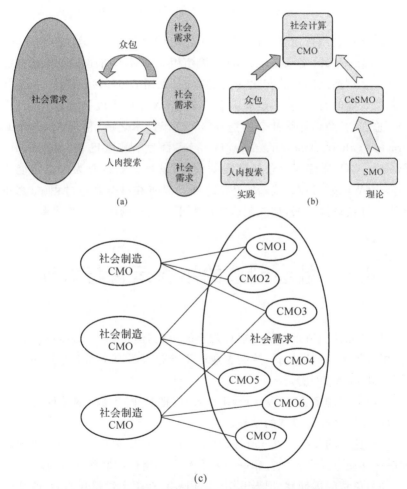

图 8.6　网群运动组织 CMO、社会需求、社会制造

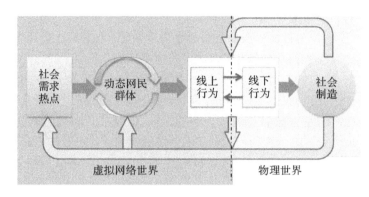

图 8.7　基于 CMO 的社会需求与社会制造能力转换

对于社会制造而言,可以直接将 CMO 解释成客户运动组织(Cus-tomer Movement Organization)。掌控相关 CMO,将是实现从社会需求到社会制造之间有效转化的关键所在(见图 8.6(c))。将来,一个社会制造企业能否成功,一定取决于其掌控 CMO 的手段和能力。

总之,社会计算是社会制造在 3D 打印技术之后,整合 Microsoft、Oracle、Yahoo、Amazon、eBay、Google、百度、阿里巴巴、Facebook、Twitter、QQ、微博等理念与实践的关键,是社会制造成为未来智能生产企业(Wang,2012a)基础的必由之路。只有在社会制造过程中,真正地嵌入社会计算方法,加式制造才能真正完成一场伟大的产业革命。

8.5　社会制造的平行运营与管理

尽管社会制造企业仅有短短几年的历史,但正如 Anderson 所指出的,相对传统的制造方式,这类企业的生产过程具有下面 3 个鲜明的品质(Anderson,2012)。

(1)免费的多变性(Variety is Free):把每个产品做成不同与把它们做成相同之间无成本的差异。

(2)免费的复杂性(Complexity is Free):可以像打印一个简单塑料方块一样便宜且方便地打印一个具有精巧小组件和繁琐细节的产品。

(3)免费的柔韧性(Flexibility is Free):在生产过程开始后,改变一个产品只是意味着程序的简单改变。

必须指出的是,这 3 个对于加式制造来说是免费的品质,要在传统制造中获得,每一个都要付出很大的代价。

然而,这些品质将不可避免地使真正的社会制造过程变得极其动态、多样、复杂且不确定。因此,我们需要新的理念、系统和方法来管理和运作社会制造企业,这就是提出社会制造平行运营和管理的原因(Wang,2010)。

基于针对复杂系统的 ACP(人工系统＋计算实验＋平行执行)理论(Wang,2007),图 8.8 给出了社会制造的平行控制与管理系统的研究框架。这一框架以社会制造企业和承载网群运动组织 CMO 的互联网为对象,以现代物流网络为支撑,以 3D 打印加式制造设备为依托,形成一类支持集设计、生产、制造、推介、消费为一体的新型智能制造产业模式。这对于我国生产企业降低成本、提高利润,进而提高我国制造业的整体竞争力、实现产业升级具有重要意义。

图 8.8　社会制造的平行控制与管理系统研究框架

社会制造的平行控制与管理系统主要由五部分组成,简要简介如下。

8.5.1 社会制造的人工社会

图 8.9 给出了社会制造的人工系统架构,主要包括社会制造中网群运动组织 CMO 的人工社会构建(王飞跃,2004b)、社会制造的人工系统构建、社会制造参与各方的交互模型。主要任务是建立需求热点和相关 CMO 线上、线下行为的演化模型,并研究其复杂网络结构特性与社会媒体信息传播机制间的关系,从而为社会制造的控制与管理提供决策依据。

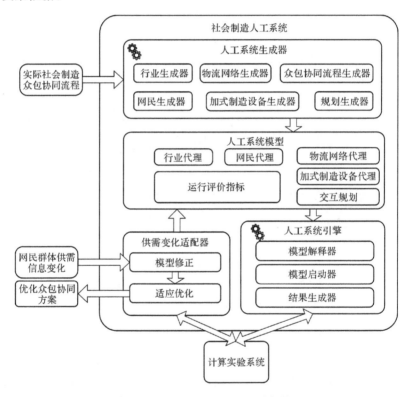

图 8.9 社会制造的人工系统架构

8.5.2 社会制造的计算实验

图 8.10 描述了社会制造中的计算实验过程,主要包括:生产任务

的计算实验,生产全过程的优化跟踪、分析评价、动态演化,CMO 的演化分析与评估,CMO 对突发事件的动态响应模拟及预处理模拟,CMO 的管理机制与策略的分析与评估,探索网络社会中热点形成机理及发展规律,3D 打印制造分布协作机制评估与性能分析,3D 打印制造分布协作机制对突发事故的动态响应模拟及预处理机制模拟,3D 打印制造负载均衡与批量优化方法,物流过程优化与跟踪方法等。

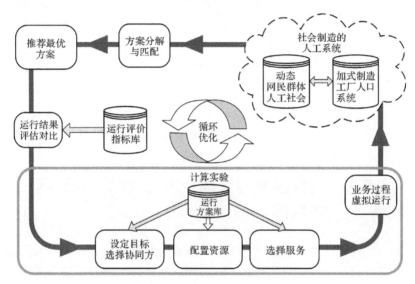

图 8.10 社会制造的计算实验

8.5.3 社会制造的平行执行

图 8.11 描述了社会制造中的平行执行过程(王飞跃,2004a),主要内容包括:社会制造人工系统与实际系统的虚实互动机制、网络社会与真实社会的互动调节与反馈机制、CMO 人工系统与实际系统之间的互动调节与反馈机制、分布式协作的 3D 打印人工系统与实际系统的互动调节与反馈机制等。其主要任务包括:研究 CMO 与真实社会交易行为的相互影响与反馈机理,社会制造中虚实系统的互动演化和反馈调节,为真实社会中基于 CMO 的社会制造决策提供支持。

239

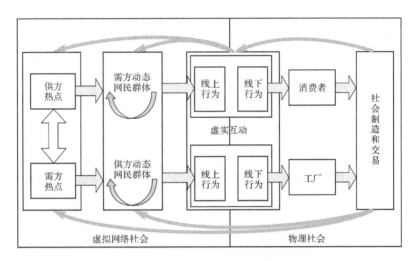

图 8.11　社会制造中的平行执行过程

240

8.5.4　社会制造的支撑技术:云计算、物联网、大数据

　　由于存在于社会媒体上的 CMO 涉及大数据的动态性、多样性、虚实交互性、复杂性和不确定性等特点,所以如何从大数据中获得有用的信息,并从中挖掘出 CMO 的一般规律,是一个极具挑战性的问题。我们必须以物联网、云计算为手段,采用机器学习、数据挖掘、模式识别、人工智能等领域的理论、技术、方法,研发可计算的智能社会媒体数据信息处理的机制,进而支持处理 CMO 的计算模型。其主要研究内容如图 8.12 所示。

8.5.5　社会制造的系统设计

　　图 8.13 和图 8.14 分别给出了面向服务的社会制造平行系统的体系结构和运营框架,描述了各个层次结构及其功能(王飞跃等,2012b)。

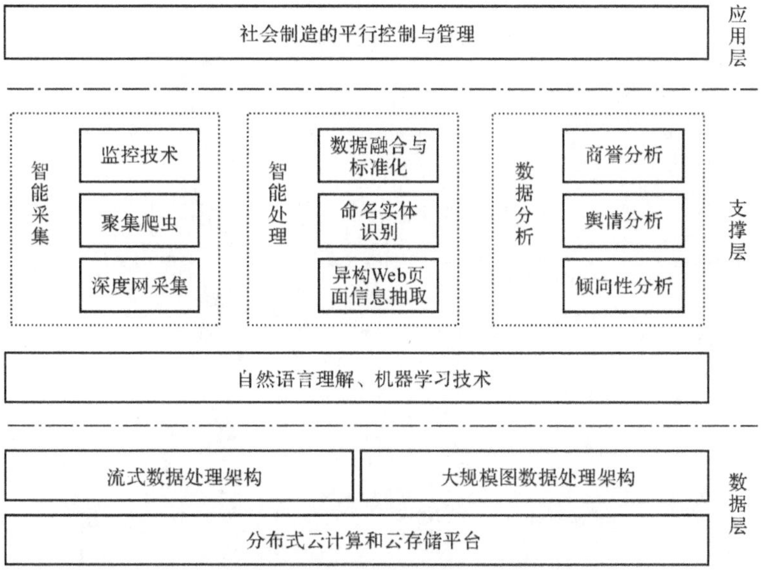

图 8.12　社会制造的大数据处理

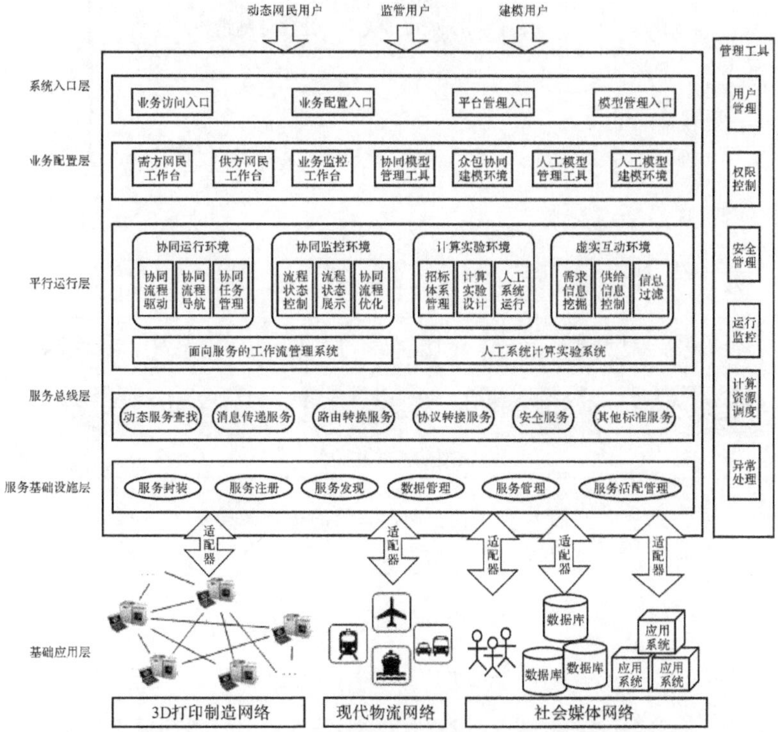

图 8.13　社会制造的平行控制与管理体系结构

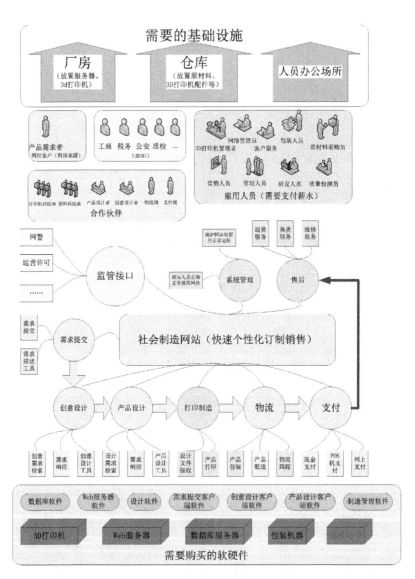

图 8.14　社会制造系统的运营架构

8.6 小 结

3D打印技术和社会制造的发展速度已大大超过我们的预期。以目前的国际发展态势,我们必须立即大力度、大规模地启动社会制造的研发和产业化进程,否则就难以保持我国目前在制造业的优势和地位,无法维持我国的竞争力,更难以实现真正的产业升级和转型。

很明显,社会制造是计算机和互联网引发的继信息革命之后的又一场产业革命,而且是一场虚实结合的革命,其规模和速度都将是前所未有的,意义重大,并更具挑战性。这场革命对从业人员的素质与专业水平以及运营环境的要求都与我们现行的教育科研和产业管理体制有明显的冲突,如果不认真应对,轻则可能发生西方国家所期望的制造业从中国等发展中国家向发达国家回流的现象,重则严重影响中华民族复兴的伟业。

参考文献

Anderson C. The new makerbot replicator might just change your world. http://www. wired. com/design/1012/09/how-makerbots-replicator2-will-launch-era-of-desktop-manufacturing/. 2012.

Blanther J E. Manufacture of contour relief maps. Google Patents,1892.

Bogart M. In art the end don't always justify means. Smithsonian,1979:104—110.

Bourell D, Beaman J, et al. A brief history of additive manufacturing and the 2009 roadmap for additive manufacturing: Looking back and looking ahead. US-Turkey Workshop on Rapid Technologies,2009.

Bourell D, Leu M, et al. Roadmap for additive manufacturing-identifying the future of freeform processing. The University of Texas, Austin,2009.

Campbell T, Williams C, et al. Could 3D printing change the world? Technologies, potential, and implications of additive manufacturing. Strategic Foresight, Report(1),2011.

Christensen A. Additive manufacturing is changing surgery. US Frontiers of Engineering Symposium,2011.

Ciraud P A. Process and device for the manufacture of any objects desired from any meltable material. FRG Disclosure Publication 2263777,1972.

243

Fink C W. An overview of additive manufacturing, Part I. AMMTIAC Quarterly, 2009,4(2).

Gibson I, Rosen D W, et al. Additive manufacturing technologies: Rapid prototyping to direct digital manufacturing. Springer,2009.

Hopkinson N. Additive manufacturing: Technology and applications. 2010.

Housholder R F. Molding process. US Patent,1981.

Lavallee D. New printer to make 3D models at URI college of pharmacy. http://www. uri. edunewsreleases/index. php? id=5711. 2011.

Lipson H. The shape of things to come: Frontiers in additive manufacturing. Frontiers of Engineering,2011:33—44.

Munz O J. Photo-glyph recording. US Patent,1956:2, 758.

President Obama to announce new efforts to support manufacturing innovation, encourage insourcing. http://www. whitehouse. gov/the-press-office/1012/03/09/president-obama-announce-new-efforts-support-manufacturing-innovation-en. 2012-3-9.

Scott J, Gupta N, et al. Additive manufacturing: Status and opportunities. Science and Technology Policy Institute,2012.

Swainson W K. Method, medium and apparatus for producing three-dimensional figure product. US Patent,1977.

Wang F Y. Parallel control and management for intelligent transportation systems: Concepts, architectures, and applications. IEEE Transactions on Intelligent Transportation Systems,2010,11(3): 8.

Wang F Y. From social computing to social manufacturing: A new frontier in cyber-physical-social space. Proceedings of the 2nd International Conference on Social Computing and its Applications,2012a.

Wang F Y. Social manufacturing and intelligent enterprises: From cyber-physical systems to cyber-physical-social systems. Proceedings of the 25th International Conference on Industrial, Engineering and Applications of Applied Intelligent Systems,2012b.

Wang F Y. Toward a paradigm shift in social computing: The ACP approach. IEEE Intelligent Systems,2007,22(5): 65—67.

Wohlers T. Wohlers report 2011: Additive manufacturing and 3D printing, state of the industry. Wohlers Associates,2011.

中科院先进制造战略研究组.中国至2050年先进制造科技发展路线图.北京:科学出版社,2009.

王飞跃.平行系统方法与复杂系统的管理和控制.控制与决策,2004a,19(5):485—489.

王飞跃.从一无所有到万象所归:人工社会与复杂系统研究.科学时报,2004b.

王飞跃.社会计算:科学·技术·人文.中国科学院院刊,2005,20(5).

王飞跃.加式制造与智能产业:3D打印、人肉搜索、社会计算与社会制造.中科院社会计算与平行管理中心,2009.

王飞跃.基于社会计算和平行系统的动态网民群体研究.上海理工大学学报,2011,32(1):8—17.

王飞跃.知识产生方式和科技决策支持的重大变革——面向大数据和开源信息的科技态势解析与决策服务.中国科学院院刊,2012a,(5):10.

王飞跃.自动化与智能产业——从社会计算到社会制造.2012年全国第十七届自动化应用技术学术交流会,中国,吉林,2012b.

王飞跃,刘建军等.3D打印与加式制造现状报告.2012.

秦蕊,刘建军等.3D打印机与加式制造:现状与发展.杭州:浙江大学出版社,2012.

展　望

　　随着信息化和网络化的不断普及与深入,社会动态变化的速度和规模已经提高到了一个前所未有的水平。为保障社会安全与经济的稳定发展,构建和谐社会,在传统以定性为主的社会问题分析的基础上,社会计算的研究目标首先应是为这一新兴学科的建设提供核心建模、实验和管理与控制的理论基础和方法,在社会科学、信息科学和管理科学多学科交叉研究的基础上,搭建通用社会计算实验平台和编程环境,并通过在特定领域中的应用和拓展,对社会安全和应急、社会经济系统安全以及工业生产安全等方面形成有效指导,在逐步完善学科体系的同时,在基础理论、计算方法和实际应用中取得重大原创性成果。具体任务应包括以下内容。

　　• 建立针对网络化社会中的新型问题,构建计算社会学的基础理论框架,为复杂社会问题的建模和实验提供社会科学基础。

　　• 研究社会计算中的计算和学习方法论,建立社会计算中系统建模、实验、真实与计算模型互动的核心理论基础。

　　• 从社会安全、应急管理、经济系统安全、工程安全等领域入手,研究对真实社会系统的监控和管理中涌现出的科学问题并提供针对这些领域的整套技术方案,构建统一的、可编程的社会计算实验平台和实验环境。

9.1 未来研究课题

目前很多国家都将社会计算和面向网络化社会的研究提升到了国家战略层次,但相关研究尚缺乏可计算、可实现、可比较的基础理论和模型方法,在应用实践中扮演重要角色的可操作、可扩展的计算实验平台尚未建立。从社会计算的未来发展趋势看,网民群体通过虚拟网络空间快速组织,网上信息迅速、大范围的扩散,对社会事件形成的助推作用和重大影响不容忽视。因此,基于网络社会媒体信息、面向动态社会群体建模与演化规律分析以及网络化社会态势的计算实验评估将成为社会计算亟待解决的重要研究课题。

1. 海量社会媒体信息的精准实时感知

对海量社会媒体信息的精准、实时获取是社会计算研究的数据基础和前提。由于社会媒体数据同时具有多源性、异构性、混杂性和个体倾向性等特点,精准获取社会媒体数据的难度较大。此外,重大社会事件通常具有瞬时爆发、快速传播、大范围扩散与海量数据积聚等特点,给社会媒体信息的实时感知带来了更大的困难。为此,社会计算研究需要解决社会媒体数据的精准感知和主动获取的难题,通过自适应地构建和优化部署社会传感网络,提高社会媒体信息获取的效率和质量。

2. 动态社会群体线上线下行为互动演化规律分析

动态社会群体是指针对某一话题或事件,在短期内聚集在一起,参与、讨论并共同实施某些社会行为的社会群体。其在网络虚拟空间中的信息/知识共享、行动规划、情感传播等行为与现实物理世界群体行为之间具有强关联性和耦合性。他们的线上线下互动可以诱发社会热点事件并激化其发展态势,直接或间接地影响现实社会,最终产生巨大的社会影响力。而针对这种线上线下群体行为的高度不确定性和自组织性,即面向动态社会群体的数据建模和行为建模面临极大的挑战。为此,挖掘社会群体的线上线下行为特征、相应观点与情感的线上线下信息流动模式和协同演化规律,成为社会计算研究的重要课题。

247

3. 网络化社会态势的计算实验评估

社会热点信息通常借助社会媒体的表现形式和网络传播尺度的膨胀效应,激发、扩大事态影响,同时通过动态网民群体心理、情感与行为等社会态势要素的感染与同化,反过来促进热点信息的大范围传播和扩散。为有效把握网络化社会态势,社会计算研究需探究基于社会媒体信息和网民群体行为的社会态势分析与预警的计算实验方法,通过设计计算实验场景和热点信息主动推送等方法,研究社会媒体信息与网络化社会态势的互动与反馈机理,揭示动态网民群体行为诱发突发事件的机制。

9.2 社会计算发展线路图

在社会计算的未来研究中,应紧密围绕基于网络信息的社会计算核心方法体系,结合新兴网络环境下实时信息收集、海量存储与大规模并行计算等技术支撑,重点解决社会安全态势实时感知、海量异构网络内容的深度理解与智能分析、基于网络信息的预警与决策支持以及社会安全态势的平行管理与控制等关键科技问题。为此,要加强相关应用平台建设,凝练创新战略目标,前瞻性地规划我国信息网络安全的未来发展布局,引领我国科技创新在社会科学领域应用实践的跨越式发展,从而实现智能化和自动化的网络安全态势分析、预警与决策机制,为社会的稳定、和谐和可持续发展提供支撑与保障。

1. 总目标

建立健全基于网络信息的社会计算方法体系,通过创新着力解决网络社会安全态势的全面感知、深度分析、实时预警与智能决策支持等重大科技问题,实现网络信息安全的平行管理与控制。全面提供网络信息安全保障能力,促进我国信息化健康发展,维护国家安全、社会稳定和经济发展。同时,形成以中国本土研究为主体,具有高度创新性的学科和科学方法体系,使得我国成为世界信息网络安全领域可依靠、可信赖和不可替代的战略科技力量。总体路线图如图 9.1 所示。

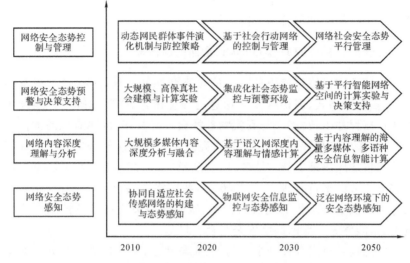

图 9.1　目前至 2050 年的社会计算领域发展路线图

249

2. 短期目标(2010—2020 年):重点跨越阶段

建立基于互联网信息的社会安全态势动态感知、深度分析与预警决策技术体系;研究社会传感网络基础理论,建立全面覆盖社会媒体的安全态势实时感知网络;突破海量跨媒体网络信息聚融与深度分析关键技术;研究大规模、高保真网络社会建模与群体行为建模方法,形成一套可计算、可实现、可比较的基于网络信息的预测、预警与防控决策支持体系。至 2020 年,全面奠定我国在信息网络安全领域的国际领先地位,集群产出一批具有自主知识产权的创新性研发成果,形成基础性、战略性和前瞻性研究有机结合的发展布局与态势。

3. 中期目标(2021—2030 年):持续提升阶段

研究物联网信息全面感知、可靠传输与智能处理等关键技术,建立深度融合物联网数据的态势感知技术体系,全方位、多层次地监控虚拟网络社会与真实物理社会;突破网络态势"被动感知"模式,建立语义敏感的网络舆情理解机制与安全态势"主动预测、预警"体系;基于增强现实与真三维显示技术研究虚拟真三维情境计算实验方法,建立高度集成化与智能化的社会态势监控与预警决策平台;至 2030 年,建立基于动漫游戏与虚拟现实的科学计算实验、基于人工社会的常态仿真与模拟以及经验与知识的数字化、动态化和即时化等方法体系,实现信息网络安全事件的精准预警与智能决策支持。

4. 长期目标(2030—2050 年):全面跨越阶段

研究泛在网络环境下的社会安全态势感知方法体系,建立海量多媒体、多数据格式、多语种安全信息的深度聚合、内容理解与智能计算模式;"培育并生长"多个与真实物理社会平行共存、协同演化的虚拟人工社会,形成平行智能网络空间;研究发展平行智能网络空间中的计算实验与自适应决策支持方法体系,实现泛在、普惠网络环境下国家与社会安全态势的平行管理。至 2050 年,我国将具备面向国家、企业与个人等多层次安全态势的超实时预警、智能化决策支持以及控制与反控制能力,能够充分保障国家安全与社会稳定。

信息技术对当今社会中人与人、人与社会、人与自然交互方式的深刻改变,强烈冲击着目前的社会结构和生态。正如现代科学问题的解决需要现代科学理论与方法一样,社会计算的理论与方法也必将为网络化社会的新型问题提供重要的解决方案和途径。

附录 1

王飞跃研究团队组织的社会计算会议及专刊列表

形式	时 间	名 称	本团体的作用
会 议	2005.4	国际社会安全与社会计算研讨会	组织
	2005.8	中科院信息学部论坛:"科学·技术·人文"	特邀主题报告
	2006.4	情报与安全信息学研讨会(WISI 2006)	组织
	2006.5	第四届 IEEE 情报与安全信息学国际会议(IEEE ISI 2006)	组织
	2007.4	第 299 次香山科学会议"社会计算的基础理论和应用"	建议组织
	2007.4	首届亚太情报与安全信息学国际研讨会(PAISI 2007)	组织
	2007.7	第 99 次东方科技论坛"万维学的基础理论和应用"	建议组织
	2008.6	第 20 期中国科协学术沙龙"社会计算——社会能计算吗?"	建议组织
	2008.6	第六届 IEEE 情报与安全信息学国际会议 第二届亚太情报与安全国际研讨会(IEEE ISI 2008、PAISI 2008)	组织
	2008.6	首届社会计算研讨会(SOCO)	组织
	2008.11	Web Science Research Initiative	理事
	2009.6	国际社会计算大会(ICSC 2009)	组织
	2009.12	第一届全国社会计算会议	组织
	2009.8	IEEE 国际社会计算会议(SocialCom)"Social Computing: An Approach Based on Artificial Societies, Computational Experiments, and Parallel Execution"	特邀主题报告

续表

形式	时 间	名 称	本团体的作用
会议	2010.3	ONR（美国海军研究办公室）社会计算与文化建模研讨会"Human Flesh Search：A Case Study in Social Computing"	特邀主题报告
	2010.12	第二届全国社会计算会议	组织
	2011.7	第九届 IEEE 情报与安全信息学国际会议、第三届社会计算国际研讨会（IEEE ISI 2011、SOCO 2011）	组织
	2011.11	第三届全国社会计算会议	组织
	2012.11	第四届全国社会计算会议	组织
专著	2006.3	《中国计算机学会通讯》"信息科学和社会科学交叉研究"专刊	倡议
	2007.9	IEEE Intelligent Systems"社会计算"专刊	主编
	2009.8	《Journal of Computer Science and Technology》"安全信息学与社会计算"专刊	主编
	2008.	IEEE Transactions on Knowledge and Data Engineering"情报与安全信息学"专刊	主编
	2009.5	IEEE Intelligent Systems"智能体与数据挖掘"专刊	共同主编
	2009.10	IEEE Transactions on Systems，Man，and Cybernetics"社会媒体分析"专刊	主编
	2009.11	IEEE Intelligent Systems"社会学习"专刊	共同主编
	2010.11	IEEE Intelligent System"社会媒体与社会智能"专刊	主编
	2011.11	IEEE Intelligent System"社会与经济计算"专刊	主编
	2012.6	Information Systems and e-Business Management"社会计算与电子商务"专刊	主编

附录 2

王飞跃研究团队发表
的社会计算相关论文汇总

Cao Z, Zeng D, et al. Scientific problems of emergency management for the influenza a (H1N1) cluster outbreak incidents. Proceedings of International Symposium on Engineering Management,2009: 283—287.

Cao Z, Zeng D, et al. Epidemiological features and spatio-temporal evolution in the early phase of the Beijing H1N1 epidemic. Acta Geographica Sinica 65(3), 2010: 361—368.

Cao Z, Zeng D, et al. Spatio-temporal evolution of Beijing 2003 SARS epidemic. Science China Earth Sciences,2010,53(7): 1017—1028.

Chau M, Wang G A, et al. Intelligence and security informatics: Pacific Asia Workshop, PAISI 2011. Springer,2011.

Chen H, Wang F Y, et al. Intelligence and security informatics for homeland security: information, communication, and transportation. IEEE Transactions on Intelligent Transportation Systems,2004,5(4): 329—341.

Chen H, Zeng D, et al. A national center of excellence for infectious disease informatics: Project summary. Digital Government Society of North America,2005.

Zeng D, Chen H,Yan P. Infectious disease informatics and syndromic surveillance. Digital Government, Chapter 26, Springer,2007.

Chen H, Zeng D, et al. Infectious disease informatics: Syndromic surveillance for public health and bio-defense. Springer,2009.

Chen W, Li X, et al. Estimating collective belief in fixed odds betting. Proceedings of the 2011 IEEE International Conference on Intelligence and Security Informatics,2011:54—63.

Cheng J S, Sun A, et al. An information diffusion-based recommendation framework for micro-blogging. Journal of the Association for Information Systems, 2011,12(7): 463—486.

Cui K, Cao Z, et al. A geospatial analysis on the potential value of news comments in infectious disease surveillance. Proceedings of the 2011 IEEE International

Conference on Intelligence and Security Informatics Lecture Notes in Computer Science,20116749: 85—93.

Ge A, Mao W, et al. Story extraction from the Web: A case study in security informatics. Proceedings of the 2010 IEEE International Conference on Service Operations and Logistics and Informatics,2010:306—310.

Ge A, Mao W, et al. Extracting action knowledge in security informatics. Proceedings of the 2012 IEEE International Conference on Intelligence and Security Informatics,2012:174—176.

Hu P J H, Zeng D, et al. Information management and sharing-evaluating an infectious disease information sharing and analysis system. Lecture Notes in Computer Science,2005,3495:412—417.

Hu P J H, Zeng D, et al. Informatics infrastructure and case studies-A Web-based system for infectious disease data integration and sharing: Evaluating outcome, task performance efficiency, user. Lecture Notes in Computer Science ,2007, 4506: 134—146.

Hu P J H, Zeng D, et al. System for infectious disease information sharing and a-nalysis: Design and evaluation. IEEE Transactions on Information Technology in Biomedicine,2007,11(4): 483—492.

Huang Z, Zeng D, et al. Analyzing consumer-product graphs: Empirical findings and applications in recommender systems. Management Science,,2005,53(7): 1146—1164.

Huang Z, Zeng D, et al. A comparative study of recommendation algorithms in e-commerce applications. IEEE Intelligent Systems,2007,22(5): 68—78.

Huang Z, Zeng D D. Why does collaborative filtering work? Transaction-based recommendation model validation and selection by analyzing bipartite random graphs. Informs Journal on Computing,2011,23(1): 138—152.

Jiang X P, Liu B, et al. Modularity in the genetic disease-phenotype network. Febs Letters,2098,582(17): 2549—2554.

Li H Q, Xia F, et al. Exploring social annotations with the application to Web page recommendation. Journal of Computer Science and Technology,2009,24(6): 1028—1034.

Li L, Zeng D, et al. Equilibrium bidding strategy for GSP keyword auctions. Proceedings of the 19th Workshop on Information Technologies and Systems, 2009:109—126.

Li X, Liu Y, et al. Publisher click fraud in the pay-per-click advertising market: Incentives and consequences. Proceedings of the 2011 IEEE International Conference on Intelligence and Security Informatics,2011:207—209.

Li X, Mao W, et al. Forecasting complex group behavior via multiple plan recognition. Frontiers of Computer Science,2012,6(1): 102—110.

Li X, Mao W, et al. Agent-based social simulation and modeling in social computing. Proceedings of 2008 IEEE International Conference on Intelligence and Security Informatics,2008:401—412.

Li X, Mao W, et al. Automatic construction of domain theory for attack planning. Proceedings of the 2010 IEEE International Conference on Intelligence and Security Informatics,2010:65—70.

Li X, Mao W, et al. Forecasting group behavior via multiple plan recognition. Proceedings of the 2011 IEEE International Conference on Intelligence and Security Informatics,2011:184—186

Li X, Zeng D, et al. Online communities: A social computing perspective. Proceedings of The 2008 IEEE International Conference on Intelligence and Security Informatics,2008:355—365.

Li X, Zeng D, et al. Click fraud and the adverse effects of competition. IEEE Intelligent Systems,2011,26(6): 31—39.

Li X, Mao W, et al. Performance evaluation of machine learning methods in cultural modeling. Journal of Computer Science and Technology, 2009, 24 (6): 1010—1017.

Liu Y, Liang M, et al. Disrupted small-world networks in schizophrenia. Brain, 2008,131(4): 945—961.

Lu H M, Zeng D, et al. Prospective infectious disease outbreak detection using Markov switching models. IEEE Transactions on Knowledge and Data Engineering,2010,22(4): 565—577.

Luo Y, Zeng D, et al. Using multi-source Web data for epidemic surveillance: A case study of the 2009 Influenza A (H1N1) pandemic in Beijing. Proceedings of the 2010 IEEE International Conference on Service Operations and Logistics and Informatics,2010:76—81.

Li Y, Mao W, et al. Extracting opinion explanations from chinese online reviews. Proceedings of the 2012 IEEE International Conference on Intelligence and Security Informatics,2012:221—223.

Liu Z, Zhang W M, et al. Cyber-physical-social systems for command and control. IEEE Intelligent Systems,2011,26(4): 92—96.

Ma J, Zeng D, et al. Spatial-temporal cross-correlation analysis: A new measure and a case study in infectious disease informatics. Lecture Notes in Computer Science,2006,3975:542—547.

Ma J, Zeng D, et al. Modeling the growth of complex software function dependency networks. Information Systems Frontiers,2012,14(2): 301—315.

Mao W, Zeng D, et al. Social modeling and reasoning for security informatics. Proceedings of the 2007 IEEE International Conference on Intelligence and Security Informatics,2007:321—322.

Mao W, Gratch J, et al. Probabilistic plan inference for group behavior prediction. IEEE Intelligent Systems,2012,27(4):27—36.

Mao W, Gratch J. Modeling social causality and responsibility judgment in multi-agent interactions. Journal of Artificial Intelligence Research, 2012, 44: 223—273.

Mao W, Ge A, et al. From causal scenario to social causality: An attributional approach. IEEE Intelligent Systems,2011,26(6):48—57.

Mao W, Gratch J. Modeling social inference in virtual agents. AI & Society,2009, 24(1):5—11.

Mao W, Tuzhilin A, et al. Social and economic computing. IEEE Intelligent Systems,2011,26(6):19—21.

Mao W, Wang F Y. Advances in intelligence and security informatics. Academic Press,2012.

Martinovski B, Mao W. Emotion as an argumentation engine: Modeling the role of emotion in negotiation. Group Decision and Negotiation, 2009, 18 (3): 235—259.

Miao Q, Li Q, et al. Mining fine grained opinions by using probabilistic models and domain knowledge. Proceedings of the 2010 IEEE/WIC/ACM International Conference on Web Intelligence and Intelligent Agent Technology, 2010: 358—365.

Miao Q L, Li Q D, et al. Fine-grained opinion mining by integrating multiple review sources. Journal of the American Society for Information Science and Technology,2010,61(11):2288—2299.

Morstatter F, Liu H, et al. Opening doors to sharing social media data. IEEE Intelligent Systems,2012,27(1):47—51.

Nie C, Zeng D, et al. Modeling open source software bugs with complex networks. Proceedings of the 2010 IEEE International Conference on Service Operations and Logistics and Informatics,2010:375—379.

Peng J, Zeng D. Exploring information hidden in tags: A subject-based item recommendation approach. Proceedings of 19th Workshop on Information Technologies and Systems,2009:73—78.

Peng J, Zeng D. Topic-based web page recommendation using tags. Proceedings of the 2009 IEEE International Conference on Intelligence and Security Informat-

256

ics,2009:269—271.

Peng J, Zeng D. Tag-based smoothing for item recommendation. Proceedings of the 2010 IEEE International Conference on Service Operations and Logistics and Informatics,2010:452—456.

Peng J, Zeng D, et al. Collaborative filtering in social tagging systems based on joint item-tag recommendations. Proceedings of the 19th ACM International Conference on Information and Knowledge Management,2010:809—818.

Su P, Mao W, et al. Employing cost-sensitive learning in cultural modeling. Proceedings of the 2010 IEEE International Conference on Service Operations and Logistics and Informatics,2010:398—403.

Su P,Mao W, et al. Mining actionable behavioral rules from group data. Proceedings of the 2011 IEEE International Conference on Intelligence and Security Informatics,2011:181—183

Su P, Mao W, et al. Mining actionable behavioral rules. Decision Support Systems,2012,54(1):142—152.

Su P, Mao W, et al. Handling class imbalance problem in cultural modeling. Proceedings of the 2009 IEEE International Conference on Intelligence and Security Informatic,2009:251—256.

Su P, Mao W, et al. An empirical study of cost-sensitive learning in cultural modeling. Information Systems and e-Business Management, in press,2012.

Sun A, Zeng D, et al. Burst detection from multiple data streams: A network-based approach. IEEE Transactions on Systems, Man and Cybernetics Part C: Applications and Reviews,2010,40(3):258—267.

Sun A R,Cheng J, et al. A novel recommendation framework for micro-blogging based on information diffusion. The 19th Workshop on Information Technologies and Systems,2009.

Tan Z, Li X, et al, Agent-based modeling of netizen groups in Chinese Internet events. SCS M&S Magazine,2012,3(2):39—46.

Tan Z, Mao W, et al. Acquiring netizen group's opinions for modeling food safety events. Proceedings of the 2012 IEEE International Conference on Intelligence and Security Informatics,2012:114—119.

Wang F Y. Social computing: Concepts, contents, and methods. International Journal of Intelligent Control and Systems,2004,9(2):91—96.

Wang F Y. The science of artificial for modeling and analysis of complex systems. International Journal of Intelligent Control and Systems,2004,9(3):166—172.

Wang F Y, Tang S. Artificial societies for integrated and sustainable development of metropolitan systems. IEEE Intelligent Systems,2004,19(4):82—87.

257

Wang F Y, Zeng D, et al. Social computing: From social informatics to social intel-
 ligence. IEEE Intelligent Systems,2007,22(2):79—83.

Wang F Y. Toward a paradigm shift in social computing: The ACP approach.
 IEEE Intelligent Systems,2007,22(5):65—67.

Wang F Y. Social computing: Fundamentals and applications. Proceedings of the
 IEEE International Conference on Intelligence and Security Informatics,,2008.

Wang F Y, Sun N, et al. Security informatics and social computing. Journal of
 Computer Science and Technology,2009,24(6):997—999.

Wang F Y. Is culture computable?. IEEE Intelligent Systems,2009,24(2):2—3.

Wang F Y. The emergence of intelligent enterprises: From CPS to CPSS. IEEE In-
 telligent Systems,2010,25(4):85—88.

Wang F Y. Human flesh search: A case study in social computing. 2010 Workshop
 on Social Computing and Cultural Modeling,2010.

Wang F Y. Recollections of people and ideas. IEEE Intelligent Systems,2010,25
 (6):2—7.

Wang F Y, Zeng D, et al. A study of the human flesh search engine: Crowd-pow-
 ered expansion of online knowledge. IEEE Computer,201043(8):45—53.

Wang F Y. Social media and the Jasmine revolution. IEEE Intelligent Systems,
 2011,26(2):2—4.

Wang F Y. From piecemeal engineering to Twitter technology: Toward computa-
 tional societies. IEEE Intelligent Systems,2012,27(4):2—3.

Wang F Y. From social computing to social manufacturing: A new frontier in cy-
 ber-physical-social space. The 2nd International Conference on Social Compu-
 ting and its Applications,2012.

Wang F Y. Social manufacturing and intelligent enterprises: From cyber-physical
 systems to cyber-physical-social systems. The 25th International Conference on
 Industrial, Engineering and Applications of Applied Intelligent Systems,2012.

Wang L, Xu Y, et al. The epidemiological investigation and intelligent analytical
 system for foodborne disease. Food Control 21(11): 1466—1471,2010.

Wang T, Zhang Q P, et al. On social computing research collaboration patterns: A
 social network perspective. Frontiers of Computer Science 6 (1): 122—
 130,2012.

Wang Y, Zeng D, et al. The impact of community structure of social contact net-
 work on epidemic outbreak and effectiveness of non-pharmaceutical interven-
 tions. Proceedings of the 2011 IEEE International Conference on Intelligence
 and Security Informatics,2011:108—120.

Wang Y,Zeng D, et al. Patterns of news dissemination through online news media:

A case study in China. Proceedings of the 21st Workshop on Information Technologies and Systems,2012;1—14.

Wang Y, Zeng D, et al. Propagation of online news: Dynamic patterns. Proceedings of the 2009 IEEE International Conference on Intelligence and Security Informatics,2009;257—259.

Wang Y, Mao W, et al. Listwise approaches based on feature's ranking discovery. Frontiers of Computer Science 6(6): 647—659.

Wang Y, Mao W. FeatureRank: A non-linear listwise approach with clustering and boosting. Proceedings of the 2nd IEEE Youth Conference on Information, Computing and Telecommunications,2010;81—84.

Wang Y, Mao W, et al. Boosting rank with predictable training error. Proceedings of the 2011 IEEE International Conference on Intelligence and Security Informatics,2011;407—409.

Wu X D, Zhu X Q, et al. Ubiquitous mining with interactive data mining agents. Journal of Computer Science and Technology,2009,24(6): 1018—1027.

Xiao B H, He H G, et al. Cyberspace community analysis and simulation using complex dynamic social networks. Lecture Notes in Computer Science,2006, 3917;177—178.

Yang C, Chen H, et al. Intelligence and Security Informatics: PAISI, PACCF and SOCO Workshops. Springer,2008.

Yang C, Mao W, et al. Intelligent systems for security informatics. Elsevier,2012.

Yang Q, Zhou Z, et al. Social learning. IEEE Intelligent Systems,2010,25(4);9— 11.

Yao Y,Wang F Y, et al. Rule+exception strategies for security information analysis. IEEE Intelligent Systems,2005,20(5);52—57.

Zeng D, Chen H, et al. Infectious disease informatics and outbreak detection. Medical Informatics,2005;359—395.

Zeng D, Chen H, et al. West Nile virus and botulism portal: A case study in infectious disease informatics. Proceedings of the 2004 IEEE International Conference on Intelligence and Security Informatics,2004;28—41.

Zeng D, Chen H, et al. Towards a national infectious disease information infrastructure: A case study in West Nile virus and botulism. Digital Government Society of North America,2004;45—54.

Zeng D, Chen H, et al. Part III-Extended abstracts for posters and demos-information management and sharing-bioportal: Sharing and analyzing infectious disease information. Lecture Notes in Computer Science,2005,3495;612—613.

Zeng D,Chen H, et al. Infectious disease informatics and syndromic surveillance.

259

Digital Government, 2008:531—559.

Zeng D, Chen H, et al. Special section on intelligence and security informatics. IEEE Transactions on Knowledge and Data Engineering, 2008, 20 (8): 1009—1012.

Zeng D, Chen H, et al. Disease surveillance based on spatial contact networks: A case study of beijing 2003 SARS epidemic. IEEE Intelligent Systems, 2009, 24 (6):77—82.

Zeng D, Chen H, et al. Infectious disease informatics and biosurveillance. Springer, 2010.

Zeng D, Chen H, et al. Social media analytics and intelligence introduction. IEEE Intelligent Systems, 2010, 25(6):13—16.

Zeng D, Li H. How useful are tags? An empirical analysis of collaborative tagging for Web page recommendation. Proceedings of the 2008 IEEE International Conference on Intelligence and Security Informatics, 2008:320—330.

Zeng D, Wang F Y, et al. Social computing. IEEE Intelligent Systems, 2007, 22 (5):20—22.

Zeng D, Wang F Y, et al. Efficient Web content delivery using proxy caching techniques. IEEE Transactions on Systems, Man, and Cybernetics, Part C: Applications and Reviews, 2004, 34(3):270—280.

Zeng D, Wei D H, et al. Chinese word segmentation for terrorism-related contents. Lecture Notes in Computer Science, 2008, 5075:1—13.

Zeng D, Wei D H, et al. Domain-specific Chinese word segmentation using suffix tree and mutual information. Information Systems Frontiers, 2011, 13 (1): 115—125.

Zeng D, Zhang L, et al. A Web portal for terrorism activities in China. Lecture Notes in Computer Science, 2007, 4430:307—308.

Zhang C L, Zeng D, et al. Polarity classification of public health opinions in Chinese. Lecture Notes in Computer Science, 2008, 5075:449—454.

Zhang C L, Zeng D, et al. Sentiment analysis of Chinese documents: From sentence to document level. Journal of the American Society for Information Science and Technology, 2009, 60(12):2474—2487.

Zhang D, Mao W, et al. Special issue on social computing and e-Business. Information Systems and e-Business Management, 2012, 10(2):161—163.

Zhang Q P, Wang F Y, et al. Understanding crowd-powered search groups: A social network perspective. Plos One, 2012, 7(6):e39749.

Zhang Z, Li Q, et al. Evolutionary community discovery from dynamic multi-relational CQA networks. 2010 IEEE/WIC/ACM International Conference on

Web Intelligence and Intelligent Agent Technology,2010:83—86.

Zhang Z,Li Q, et al. Mining evolutionary topic patterns in community question answering systems. IEEE Transactions on Systems,Man and Cybernetics Part A:Systems and Humans,2011,41(5):828—833.

Zhang Z,Li Q, et al. User community discovery from multi-relational networks. Decision Support Systems. In Press,2012.

Zheng N,Li Q. A recommender system based on tag and time information for social tagging systems. Expert Systems with Applications,2011,38(4):4575—4587.

Zheng X,Ke G, et al. Next-generation team-science platform for scientific collaboration. IEEE Intelligent Systems,2011,26(6):72—76.

Zheng X,Zeng D, et al. Network-based analysis of Beijing SARS data. Biosurveillance and Biosecurity,2008:64—73.

Zheng X,Zeng D, et al. Analyzing open-source software systems as complex networks. Physica a-Statistical Mechanics and its Applications,2008,387(24):6190—6200.

Zhou H,Zeng D, et al. Finding leaders from opinion networks. Proceedings of the 2009 IEEE International Conference on Intelligence and Security Informatics,2009:64—73.

曹志冬,曾大军等.北京市甲型 H1N1 早期流行的特征与时空演变模式.地理学报,2010,65(3):361—368.

曹志冬,曾大军等.北京市 SARS 流行的特征与时空传播规律.中国科学:地球科学,2010,40(6):776—788.

李慧倩,曾大军等.基于开源软件的有向图研究.复杂系统与复杂性科学,2008,5(1):6—13.

李悦群,毛文吉等.面向领域开源文本的因果知识抽取.计算机工程与科学,2010,32(5):100—104.

毛文吉.多智能体交互环境下的社会推理计算模型.模式识别与人工智能,2008,21(6):713—720.

毛文吉.基于 MASIM 的社会推理与计算系统.系统科学与数学,2008,28(11):1432—1440.

毛文吉,曾大军等.社会计算的研究现状与未来.中国计算机学会通讯,2011,7(12):8—12.

毛文吉.多 Agent 交互环境下的社会推理计算模型.第二届中国 Agent 理论与应用学术会议,2008.

商秀芹,刘建军等.社会制造的平行控制与管理.浙江大学出版社,待出版.

王飞跃.从一无所有到万象所归:人工社会与复杂系统研究.科学时报,2004.

王飞跃.复杂系统与智能科学的研究方向和发展策略.实验室研究与探索,2004,23(5):74—76.

王飞跃.关于复杂系统研究的计算理论与方法.中国基础科学,2004,6(5):3—10.

王飞跃.计算实验方法与复杂系统行为分析和决策评估.系统仿真学报,2004,16(5):893—897.

王飞跃.平行系统方法与复杂系统的管理和控制.控制与决策,2004,19(5):485—489.

王飞跃.人工社会、计算实验、平行系统——关于复杂社会经济系统计算研究的讨论.复杂系统与复杂性科学,2004,1(4):25—35.

王飞跃.关于社会物理学的意义及其方法讨论.复杂系统与复杂性科学,2005,2(3):1—9.

王飞跃.社会计算:科学·技术·人文.中国科学院院刊,2005,20(5):370—376.

王飞跃.社会计算—科学,技术与人文的数字化动态交融.中国基础科学,2005,7(5):5—12.

王飞跃.社会计算与情报安全学发展规划.中科院复杂系统与智能科学技术报告,2005.

王飞跃.社会计算与数字网络化社会的动态分析.科技导报,2005,23(9):4—7.

王飞跃.关于复杂系统的建模、分析、控制和管理.复杂系统与复杂性科学,2006,3(2):26—34.

王飞跃.社会计算的意义及其展望.中国计算机学会通讯,2006,2(2):28—35.

王飞跃.关于社会物理学的意义及其方法讨论.复杂系统与复杂性科学,2008,2(3):13—22.

王飞跃.加式制造与智能产业:3D打印、人肉搜索、社会计算与社会制造.中科院社会计算与平行管理中心报告,2009.

王飞跃.SciTS:21世纪科技合作的灯塔?.科技导报,2011,29(12):81—81.

王飞跃.基于社会计算和平行系统的动态网民群体研究.上海理工大学学报,2011,33(1):8—17.

王飞跃.面向赛博空间的战争组织与行动:关于平行军事体系的讨论.军事运筹与系统工程,2012,26(3):5—10.

王飞跃.社会计算还是社会化计算.中国计算机学会通讯,2012,8(2):57—59.

王飞跃.自动化与智能产业——从社会计算到社会制造.2012年全国第十七届自动化应用技术学术交流会报告,中国,吉林,2012.

王飞跃.从零星工程到微博技术:迈向计算社会.中国计算机学会通讯,2012,8(12):40—41.

王飞跃,曾大军等.应急2.0:万维社会媒体及群体态势建模与分析.中国应急管理,2009(1):21—25.

王飞跃,曾大军等.网络虚拟社会中非常规安全问题与社会计算方法.科技导报,

2011,29(12):17—24.

王飞跃,曾大军等.社会计算的意义、发展与研究状况.科研信息化技术与应用,
2010,1(2):3—15.

王飞跃,牛文元.社会计算—社会能计算吗?.中国科协学术沙龙,中国,北京,2008.

王飞跃,史帝夫·兰森.从人工生命到人工社会——复杂社会系统研究的现状和展
望.复杂系统与复杂性科学,2004,1(1):39—47.

王友忠,曾大军等.基于复杂网络理论的互联网新闻媒体分析.复杂系统与复杂性
科学,2009,6(3):11—21.

张杰,王涛等.社会运动组织与网群运动组织.浙江大学出版社,待出版.

郑晓龙,曾大军等.开源软件的复杂网络分析及建模.复杂系统与复杂性科学,
2007,4(3):1—9.

郑晓龙,钟永光等.基于网络信息的社会动力学研究.复杂系统与复杂性科学,
2011,8(3):5—16.

索 引